心理学入門コース 2

認知と感情の心理学

認知と感情の心理学

心理学入門コース 2

高橋雅延

岩波書店

編集にあたって

　現在，心理学は，社会学や教育学から脳科学や情報科学にいたるまで，さまざまな周辺諸科学との学際的な連携を深め，多方向に進展をみせている．また，現実社会で起きている多様な「心の問題」に対して，具体的で有効な解決策を提示しはじめている．いまや，心理学は「ただの教養の学」としてではなく「実際に使える応用の学」としての色彩を着実に強めつつある．

　しかし，こうした心理学のもっともおもしろくホットな部分は，一部の研究者によって知られているのみで，いまだ広く一般の人々の共有するところにはなり得ていない．また，残念ながら多くのテキストが古典的な学説と旧来の伝統的枠組みを紹介することにとどまりがちである．そのため，心理学のアクティブな動向に早くからふれて鋭い眼力を養うべき学生も，あふれんばかりの知的好奇心を満たすことができず，そのポテンシャルも十分に開花させられないでいる．

　こうした現状認識のもとに，基本的なテキストの要件と体裁とを備えつつ，同時に，現代心理学の到達点，およびそれに絡むホットな論争，さらにはその可能性と豊かな未来とをやさしくかつおもしろく紹介する「心理学入門コース」を立ち上げる．この新シリーズの刊行を通して，種々の心理学の授業風景に新しい風を吹き入れることができれば幸いである．

＊基本的には「テキスト」としてのスタイルを採る．すなわち，
　各領域の理論の大枠および基本事項を精選し，章構成やその

配列にも配慮した．そして，大学・短大等のさまざまな形態の授業において広く活用しやすいものにした．また，読者自身による自習も可能となるように，用語の解説や理論の説明等に細やかな工夫を凝らした．

* テキストブックとしての要件を備える一方で，現代心理学のフロンティア（最先端部分）を大胆かつホットに紹介することにも配慮した．また，そうした新しい動きが，これまでのどのような研究，知見の蓄積や論争等の上に生じてきたのか，その歴史的および因果的な流れが容易に把捉できる内容・構成を工夫した．

* 章末には「まとめ」や「問題」を付け，巻末には「読書案内」や「参考文献」を付けた．各心理学と社会との連携がどのような形で具現されるべきかについて提言を行なう．

* 本シリーズの構成は以下の通りである．
  1. 知覚と感性の心理学
  2. 認知と感情の心理学
  3. 学校教育と学習の心理学
  4. 発達と加齢の心理学
  5. 社会と人間関係の心理学
  6. 臨床と性格の心理学
  7. 脳科学と心の進化

2007年1月

著者一同

目　次

編集にあたって

序　認知と感情を学ぶということ …………………… 1
- 0-1　認知の意味　　2
- 0-2　認知心理学の成立の背景とその枠組み　　3
- 0-3　認知心理学の研究方法　　5
- 0-4　認知と感情　　11
- 0-5　本書の目的と特色　　13

1　感情の基礎 ……………………………………………… 15
- 1-1　主観的体験と身体的変化からみた感情──情動と気分　　16
- 1-2　基本情動と表情の文化差　　17
- 1-3　感情の測定の方法　　19
- 1-4　感情の生まれるしくみ　　24
- 1-5　感情の操作の方法　　32

2　注意と意識 ……………………………………………… 37
- 2-1　聴覚における注意──注意されなかった情報の処理　　38
- 2-2　視覚における注意──意図的注意と自動的注意　　45
- 2-3　感情を喚起する刺激に対する自動的注意　　53
- 2-4　注意されない（意識できない）情報の処理　　54
- 2-5　制御的処理と自動的処理　　60

3　短期記憶と長期記憶 ………………………………… 67
- 3-1　記憶の3つの段階　　68

3-2　どのように忘れられていくのか？——忘却と保持時間　69
3-3　記憶の二重貯蔵庫モデル——短期記憶と長期記憶　74
3-4　二重貯蔵庫モデルを支持する証拠——自由再生における系列位置効果　76
3-5　短期記憶の新しい考え方——保持と処理を行うワーキングメモリ　81
3-6　長期記憶の形成のための方法　85
3-7　長期記憶からの想起のための方法　92
3-8　長期記憶と感情——ネットワーク説　94

4　自伝的記憶と潜在記憶　99

4-1　長期記憶の分類——エピソード記憶と意味記憶　100
4-2　自己に関するエピソード記憶——自伝的記憶　102
4-3　自伝的記憶と感情　109
4-4　自伝的記憶の再構成的想起　111
4-5　目撃記憶と自伝的記憶　116
4-6　潜在記憶としての技能とプライミング効果　118
4-7　潜在記憶の特徴　120

5　知識と表象　125

5-1　定義的属性による概念の表象　126
5-2　個々の概念やカテゴリに関する表象のモデル　129
5-3　概念どうしの関係に関する表象のモデル　133
5-4　知識の構造に関する表象のモデル　136
5-5　イメージの特徴——「心の目」によって「心の絵」を見る？　141
5-6　イメージと視覚の類似性　144

6　言語理解と言語産出　151

6-1　言語のモジュール性と系列性　152

6-2 文字の認知から単語の認知まで──単語解析　155
6-3 文の統語解析　159
6-4 意味的表象の形成における知識と推論の役割──文からテキストへ　161
6-5 言語産出のプロセス　168
6-6 会話にみられる意図の伝達と理解──会話の公準と語用論　172

7 問題解決と意思決定　177

7-1 目標と問題　178
7-2 問題解決に関する情報処理モデル　181
7-3 類推による問題解決　185
7-4 問題解決と感情　190
7-5 演繹的推論としての三段論法　192
7-6 演繹的推論としてのウェイソンの選択課題　196
7-7 帰納的推論とヒューリスティックス　199
7-8 意思決定とプロスペクト理論　203
7-9 意思決定と感情　208

8 認知と感情の心理学の新しい流れ　213

8-1 並列処理と分散表象を特徴とするコネクショニズム　214
8-2 環境との相互作用を重視する状況的認知　219
8-3 適応と進化の観点を強調する進化心理学　223

あとがき　229
　読書案内──さらに学習するために　230
　参考文献　234
　索　　引　247

図版／上村一樹

コラム

- 0-1 学際的アプローチとしての認知科学　10
- 1-1 脳神経にもとづいたアプローチによる感情の測定　23
- 1-2 認知なしでも感情は生み出されるか？——閾下単純接触効果　31
- 2-1 大量の情報の一時的貯蔵庫としての感覚記憶　43
- 2-2 2つの不注意——非注意による見落としと変化の見落とし　51
- 2-3 「サブリミナル効果」は存在するのか？　58
- 3-1 なぜ忘却が起こるのか？——減衰説と干渉説　72
- 3-2 新たに長期記憶を形成できない健忘症の事例　79
- 3-3 ワーキングメモリ容量の個人差と言語理解　84
- 3-4 並外れた記憶力をもつ人々——イメージと意味づけ　90
- 4-1 エピソード記憶と意味記憶を分ける脳神経にもとづいた証拠　102
- 4-2 幼い頃の自伝的記憶——幼児期健忘　104
- 4-3 回復された記憶・偽りの記憶論争　113
- 4-4 展望的記憶とメタ記憶　115
- 4-5 顕在記憶と潜在記憶を分ける証拠　123
- 5-1 家族的類似性　128
- 5-2 概念の階層構造と基礎レベル　132
- 5-3 感情の概念の構造　139
- 5-4 イメージは本当に「心の絵」なのか？——イメージ論争　143
- 5-5 イメージと感情　149
- 6-1 言語が認知に及ぼす影響——言語相対性仮説　153
- 6-2 テキストの理解の際の感情の推論　167
- 6-3 喉まで出かかる現象と言い間違い　171
- 6-4 類人猿とのコミュニケーション　175
- 7-1 学習の分野での問題解決の方法——試行錯誤と洞察　180
- 7-2 問題解決における表象の役割——機能的固着　184
- 7-3 創造的思考の意識的プロセスと無意識的プロセス　189
- 7-4 三段論法とメンタルモデル　194
- 7-5 意思決定における無意識の身体反応の役割——ソマティックマーカー　210
- 8-1 コンピュータは知性をもつか？——チューリングテストと中国語の部屋　217
- 8-2 現実は社会的に構築される——社会構築主義　222

序 認知と感情を学ぶということ

　「認知」とは，記憶，思考，判断などの知性に関するすべてを指し，とりわけ，喜怒哀楽といった感情と密接に関連している．近年，よく耳にする認知症とは，認知（知性）がうまくはたらかなくなることであるが，感情のはたらきは比較的保たれていることが多い．この認知（知性）と感情のはたらきのアンバランスによって，生活上のさまざまな問題が起こってくるのが認知症である．この章では，認知の定義，認知心理学の歴史と方法，認知と感情の関係について考える．

［キーワード］
▼

認　　知
認知心理学
情報処理
モジュール
実　　験
コンピュータ・シミュレーション
神経心理学
認知科学
感　　情
生態学的妥当性
適　　応

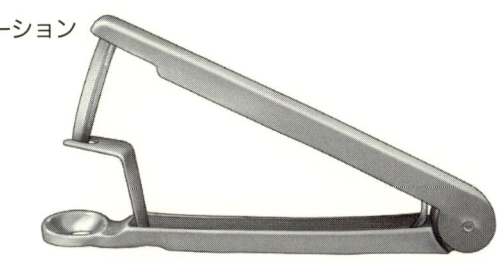

これは何をする道具であろうか．当たり前のことであるが，知らないものは，それが何かはわからない．

0-1 認知の意味

認知(cognition)とは，きわめて狭く定義すると，自分やまわりの世界の事物の意味を「知ること(識ること)」「わかること」である(哲学では，認知ということばの代わりに，同じ意味を示す用語として伝統的に「認識」という訳語が使われている)．日常生活のなかで使われる認知ということばは，「日本でも環境問題の重要性が認知されるようになってきた」というように，どちらかといえば，「知ること」に重点が置かれている．

前のページ(章の扉)に載せた絵は，図 0-1 に示したように，サクランボの種だけを取りのぞく道具である．最初見たときにはわからなかったとしても，この図 0-1 を見た瞬間に，それが何かがわかった(すなわち，認知できた)はずである．つまり，単に見ること(知覚)と，わかること(認知)は違うのである．ただし，この場合，もしサクランボを一度も見たことのない人には，図 0-1 を見せても，やはりわからないはずである．したがって，この道具を認知するためには，サクランボや種に関して(記憶されている)**知識**(knowledge)をもとに，ほかの道具(穴あけパンチやステープラーなど)との類似点を考えたり，この道具を使うようすを頭のなかでイメージすることが必要となる．このように考え

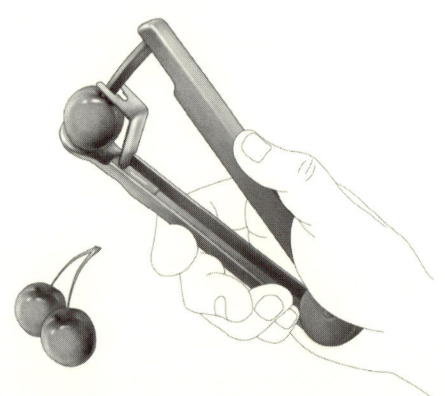

図 **0-1**　サクランボの種取り器の使い方．

ると，認知とは広くいえば，われわれの頭のなかで起こる知性にかかわるプロセス（記憶，思考，イメージなど）ということになる．

0-2 認知心理学の成立の背景とその枠組み

一般に，哲学から分かれて成立した心理学は，1879年にドイツのヴント（Wundt, W.）に始まるとされる．ヴントは，自分の心を自由に観察するという古代ギリシアの時代から哲学で使われてきた**内観**(introspection)をもとに，それをより厳密にした方法を使った．つまり，心理学で使われる内観とは，訓練された観察者が，音やことばなどの**刺激**(stimulus)が与えられたときに，自分の意識にのぼる内容を観察して報告するという方法である．しかし，たとえば，「ステーキ」ということばを聞いた場合，人によって（肉が好きかそうでないかなど），あるいはまた，同じ人でも状況（空腹か満腹かなど）によって，異なる意識内容が報告されてしまう．また，いわゆる**無意識**(unconsciousness)と呼ばれるプロセスに関しては，内観では調べることができない．このように，内観という方法は，信頼性や客観性の点で，当初から問題をもっていた．

このような状況のなか，科学としての信頼性や客観性を高めるために，1920年代以降，アメリカのワトソン（Watson, J. B.）やスキナー（Skinner, B. F.）を中心に**行動主義**(behaviorism)と呼ばれる心理学が盛んになりだした．行動主義のもとでは，心という得体の知れないものは目に見えないブラックボックスとして棚上げされ，客観的に誰もが観察できる外側にあらわれる**行動**(behavior)だけが研究の対象となった．行動主義は，誰もが一度は聞いたことのあるロシアのパブロフ（Pavlov, I.）による**条件づけ**(conditioning)の影響を強く受けている．条件づけとは，イヌにベルの音と一緒にえさを与えることを何度も繰り返すと，やがてベルの音（刺激）を聞いただけで（あたかもえさを期待するかのように）唾液を流すという**反応**(response)が見られるようになるというものである．ただし，重要なことは，心のなかのことはいっさい考えずに，刺激と反応の関係だけを検討するのが行動主義の心理学である．確かに行動主義に

よって，研究の信頼性や客観性は高まったものの，結局のところ，心については何もわからないままであった．

このように行動主義の行き詰まりが見えてきた1950年代後半にあらわれたのが**認知心理学**(cognitive psychology)である．認知心理学は，心のなかで起こっていると仮定される認知プロセスを明らかにすることを目的としていた．そして，このような認知心理学の後押しとなったのが，コンピュータの発展である．現在のようなコンピュータの原型は1940年代頃に出現した．コンピュータは，キーボードやスキャナによって入力された情報を規定のプログラム（ソフトウェア）にしたがって，その内部で加工，変換し，その結果をモニタやプリンタによって出力する**情報処理**(information processing)のシステムである．つまり，コンピュータの内部では，全体を制御するプログラムの命令にしたがって，複数のプロセスからなる情報処理が行われる．このコンピュータの情報処理のようすに注目したミラー(Miller, G. A.)やサイモン(Simon, H. A.)らは，人間をコンピュータになぞらえて，図0-2に示したように，全体をコントロールする制御システムのもとに，系列的な複数のプロセスからなる情報処理システムとして考えたのである．

たとえば，今，この本を読んで理解するプロセスを単純化してスローモーションで見てみると次のようになる．すなわち，まず印刷されている単語に注意を向ける．次に，その単語の形や発音がどのようなものかを識別する（これは

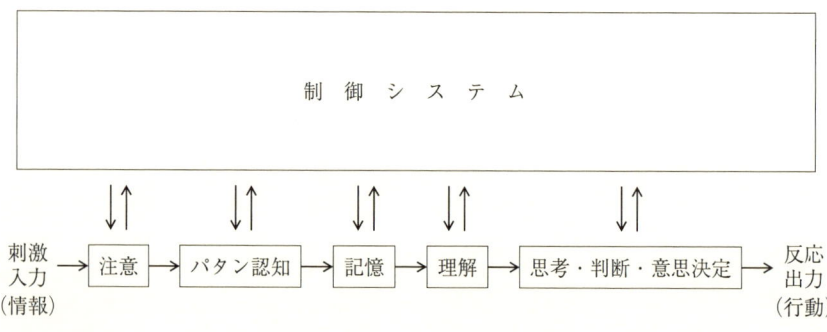

図0-2 コンピュータになぞらえた人間の情報処理システムのようす．

パタン認知と呼ばれる）．こうして識別された単語を一時的に記憶として覚えておいて，次の単語の識別を行い，個々の単語の意味を記憶から呼び出すと同時に，文法的知識によって，これらの単語を主語，述語，目的語のように組み立てて全体の意味を理解する．このように，理解の際には，複数のプロセスが順番に起こっていると仮定するのである(6-1節を参照)．これは慣れない外国語を理解するときのことを考えれば直観的にも納得できるだろう．

　このように，認知心理学の特徴は，認知をいくつものプロセスに分けて，それぞれのプロセスのはたらきや，プロセスどうしの関係を解明しようという枠組みにある(Neisser, 1967)．このような個々のプロセスは，しばしば**モジュール**(module)と呼ばれる(Foder, 1983)．モジュールとは，あまり聞き慣れないことばかもしれないが，それだけで独立にはたらく基本単位であり，モジュールが集まって情報処理システムが構成される．認知心理学の枠組みのもととなったコンピュータの内部には，メモリ，演算装置，中央制御装置などのモジュールがあり，これらが協力し合って報処理を行っている．これは，ちょうど，野球といったチームプレーのスポーツでは，ピッチャー，キャッチャー，内野手，外野手といった分業のもとに，全員で一つのチームを作り上げて守りや攻撃のシステムを作っているのと同じことである．このように，人間の心の内部にも，図0-2で示したような，さまざまなモジュールが考えられているのである．

0-3　認知心理学の研究方法

(a) 実験

　実験(experiment)は，心理学の伝統的な方法であり，多くの場合，実験室という統制された環境のなかで行われる．すなわち，参加者(以前は被験者と呼ばれていた)を対象に，実験者が調べたい条件を設定し，それぞれの条件で起こる反応の違いを検討することによって，頭のなかで何が起こっているかを推測するというものである(この点で，頭のなかのプロセスをいっさい問題に

しない行動主義の心理学とは根本的に異なっている).

　たとえば，章扉の絵の道具の認知プロセスを考えてみよう．この道具の認知の際に，サクランボや種といった知識が関与しているのであれば，それらの知識に目を向けさせることで，認知されやすくなることが予想される．そこで，扉絵を見せる際に，何もヒントを与えない条件と，「サクランボ用の調理器具の一種」というヒントを与える条件を設定して，何をする道具であるかをたずねてみる．そして，この2つの条件で，正しく答えられる**正答率**を比較する（この場合，正答率だけではなく，正答までの**反応時間**(reaction time)を比較することも可能である）．おそらく「サクランボ用の調理器具の一種」というヒントを与えた条件のほうが，正答率が高くなるはずである．このような結果から，認知の際に確かに頭のなかにある関連知識が使われたのだろう，ということを推測することができる．

　ここで，実験者の設定する条件は参加者の行動とはまったく無関係に（独立に）設定できるという意味で**独立変数**(independent variable)と呼ばれ，その反応（正答率や反応時間）は，独立変数の違いに応じて決まる（従属する）という意味で**従属変数**(dependent variable)と呼ばれる（ここで使われる変数という用語は，固定されていないといった意味である）．また，これらの条件の間の反応率や反応時間の違いを比較する際には，多くの場合，**統計学**(statistics)が使われる．統計学によって，条件の間の違いが偶然ではなく意味のある違いなのかどうかを客観的に調べることが可能となる．

　このように，認知心理学で使われる実験では，独立変数の違いによって起こる従属変数の変化をもとに，頭のなかでどのようなプロセスが起こっているかを明らかにしていくのである．

(b) コンピュータ・シミュレーション

　コンピュータ・シミュレーション(computer simulation)という方法は，認知心理学に特徴的なものである．シミュレーションとは「ものまね」「模擬」といった意味なので，コンピュータ・シミュレーションとは，コンピュータに

人間の「ものまね」をさせるということになる．具体的には，人間が行っていると仮定される認知プロセス(たとえば，思考)をコンピュータにプログラムとして与え，人間と同じ反応出力が認められるかどうかを調べる．もしコンピュータの反応出力が人間のものと同じであれば，人間の頭のなかでもそれと同じプロセスが起こっていると推測できるし，反応出力が異なっていれば，仮定したプロセス(すなわちプログラム)とは違っていると考えられる．とりわけ，どの段階まではコンピュータがうまく動いて，どの段階からうまく動かないかを明らかにすることによって，個々のモジュールのはたらきを細かく検討することが可能となる．

このコンピュータ・シミュレーションの代表的なものが，サイモンらによる人間の思考をまねたプログラムである(7-2 節を参照)．このプログラムによって，人間の思考のプロセスの理解が大きく進んだ．また，近年の**コネクショニストモデル**(connectionist models)と呼ばれるコンピュータ・シミュレーションは，言語，記憶，学習，思考などのきわめて広い範囲の認知プロセスをうまくまねることに成功し，注目を集めている(8-1 節を参照)．

(c) 脳神経にもとづいたアプローチ

脳神経にもとづいたアプローチとは，大脳や小脳などの脳神経との関係から認知の各モジュールのはたらきを解き明かそうというものである(**神経心理学**(neuropsychology)とも呼ばれている)．このアプローチは，脳の一部に損傷を受けた脳損傷者について調べる損傷アプローチと，健常者の脳神経の活動を画像化して調べる脳画像アプローチの2つに分けることができる．

前者の損傷アプローチとは，事故や病気などで脳に損傷を受けることで出現する認知の障害(ことばを失う，記憶を失うなど)の症例を検討するものである．たとえば，19世紀後半(1861年)，フランスのブローカ(Broca, P.)は，他人の話すことは理解できるのに，自分では意味をなさないことばしか話せなくなってしまった症例について報告している．この症例では，図0-3に示した(ブローカが発見したので)**ブローカ野**と呼ばれる大脳の部分に損傷を受けているこ

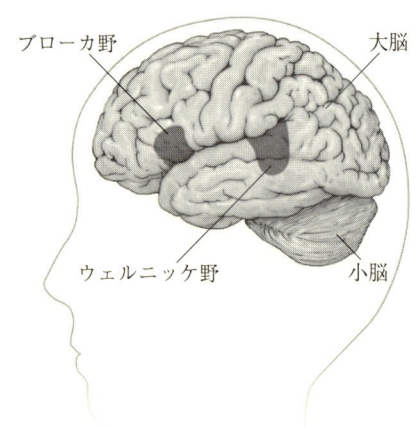

図 0-3 話すことに関与するブローカ野と理解することに関与するウェルニッケ野．(Stirling, 2000 より改変)

とが明らかにされている．この場合，ことばを発するのに必要な唇や舌の筋肉には障害が認められなかったので，脳の損傷が話せない原因であると考えることができる．さらに，その後(1874年)，ドイツのウェルニッケ(Wernicke, C.)は，話すことには問題がないにもかかわらず，ことばの理解ができない症例をいくつか報告している．これらの症例では，図 0-3 に示した(ウェルニッケが発見したので)**ウェルニッケ野**と呼ばれる大脳の部分に損傷の認められることがわかったのである．このように，損傷を受けた脳の部分の違いに応じて，ことばを話すことの障害か，理解することの障害のいずれかが認められることから，ことばを話すことと理解することの神経基盤が異なると結論できる(Stirling, 2000)．

　一方，後者の脳画像アプローチは，脳の活動を画像化する脳画像技法の急速な発展にともなって，爆発的に使われるようになってきた方法である．この方法の最大の特徴は，脳損傷者だけではなく，いわゆる健常者の脳の活動をリアルタイムで画像化して調べることができるという点にある．この点で，脳画像アプローチは，脳が発する微弱な電気的活動，すなわち**脳波**(EEG：electroencephalogram)を調べるという古くからの方法の延長線上にある．具

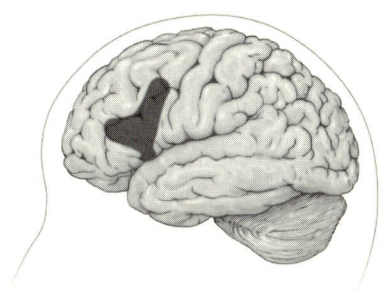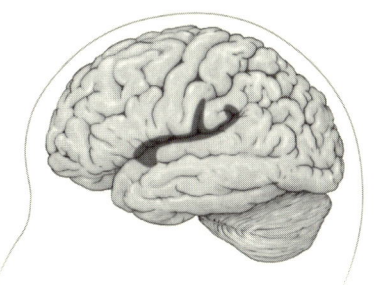

　　　　ことばを話す　　　　　　　　ことばを聞く
　図 0-4　PET を使ったことば(単語)を話す場合，聞く場合の脳の
　　活動部分の違い．(Medin et al., 2005 より改変)

体的には，放射性同位体を注入して脳内の血流量，酸素消費量などを画像化する**陽電子断層撮影法(PET**：positron emission tomography)，高周波磁場を使って脳の構造やはたらきを画像化する**機能的磁気共鳴断層撮影法(fMRI**：functional magnetic resonance imaging)，脳活動の際の微小な磁場の変化を測定する**脳磁図(MEG**：magnetoencephalography)，頭皮上から近赤外光を照射し，脳の血液中のヘモグロビンの変化をとらえる**近赤外線分光法**(**NIRS**：near infrared spectroscopy)などの技法が使われる(近赤外線分光法は**光トポグラフィ**(optical topography)とも呼ばれる)．このような脳画像技法を使うことで，損傷アプローチよりもさらに詳細に，かつリアルタイムの認知機能の神経基盤を解明できるようになってきている(Posner & Raichle, 1994)．たとえば，図 0-4 は，これらの脳画像技法によって，ことば(単語)を話す場合と聞く場合のそれぞれで脳が活動している部分を示したものである．これらの活動している部分は，損傷アプローチから得られた知見と多少のズレはあるものの，ほぼ一致していることが見てとれる．

　損傷アプローチでは，脳損傷者のデータをもとに，脳のどの部分がどの認知モジュールに関与しているかが大まかにわかるだけである．これに対して，脳画像アプローチでは，はるかに多くのデータをもとに，脳と認知モジュールの対応づけのできることに加えて，どのような時間的順序で脳の活動の変化が認

められるかも明らかにできるという利点をもっている．最近では，単に画像化するだけではなく，強力な磁気刺激を脳の一部に照射して一時的に神経活動を混乱させ擬似的な脳損傷状態を作るという**経頭蓋磁気刺激法**（**TMS**：transcranial magnetic stimulation）と呼ばれる方法が使われることもある．

コラム 0-1　学際的アプローチとしての認知科学

　認知科学（cognitive science）とは，複数の学問領域が緊密に協力し合って，単独の学問領域だけでは十分明らかにできない人間の知性の解明を目指す**学際的アプローチ**を特色とする学問であり，1970年代後半に成立した．認知科学を構成する学問領域は，認知心理学以外に，**人工知能**（artificial intelligence），**神経科学**（neuroscience），**言語学**，**哲学**，**人類学**などである（Gardner, 1985）．
　このような複数の学問領域が協力しあう最大の利点は，それぞれの学問領域ごとに異なっている研究アプローチや研究対象を使えることにある．認知科学が成立する以前には，認知心理学の場合，主に，人間(多くは大学生)を対象とした実験を行ってきた．人工知能の研究では，コンピュータに人間と同等の知性や，人間以上の知性をもたせるためのコンピュータ・プログラムが研究されていた．神経科学は，脳そのものの特性の解明を目指し，認知心理学と同様に，主として実験を行うが，その対象が脳に障害をおった脳損傷者であるのが，1970年当時は一般的であった．言語学では，チョムスキー（Chomsky, N.）の大きな影響のもと，人間の言語の基本構造を支える文法理論の解明に重点が置かれていた．哲学は，古代ギリシア以来の長い伝統にしたがって，心に関するさまざまな問題を理論的に明らかにしようとしていた．人類学では，人間の思考が文化の違いによってどのようにはたらくのかを**民族誌学**（ethnography）と呼ばれる観察を主としたアプローチを使って調べていた．民族誌学とは，ある特定の文化を構成しているメンバーとそれらのメンバーどうしの相互作用を解明しようというものであり，**エスノグラフィ**とも呼ばれる．このようにバラエティに富んだ研究アプローチや研究対象をもった学問領域の学際的な協力のもと認知科学が生まれたのである．
　確かに，認知科学の目指した学際的アプローチは，それぞれの学問領域の研究アプローチや研究対象を広げたことは間違いない．たとえば，現在の認知心

理学では，本文でみたように，実験だけではなく，人工知能や神経科学のアプローチも使われている．しかし，認知科学そのものは，成立当初から，単に複数の学問領域の寄せ集めにすぎないと批判され続けてきた．実際，異なる学問領域の研究者たちが当初は物珍しさも手伝って新たな研究アプローチに興味を示すものの，それを必ずしも十分に消化できているわけではない．ましてや，それぞれの学問領域をこえた認知科学独自の新たなアプローチやアイデアが生み出されたわけでもない．したがって，認知科学は独立した学問というよりは，学問領域ごとに存在していた研究アプローチや研究対象の垣根を取り払ったという点に大きな意義があるといえよう．その後，認知科学の影響を受けて，**認知神経科学，認知言語学，認知人類学，認知哲学**といった学問領域が次々に生み出されてきている．これらは他領域の視点や研究アプローチを積極的に取り入れるという柔軟性のもとで，人間の知性を研究しているという特徴をもち，これまでにない知見やアイデアを生み出している．

0-4 認知と感情

(a) 感情の位置づけ

いうまでもなく，われわれは認知のはたらきだけで生きているわけではない．誰もが喜怒哀楽といった**感情**(affect)をもっている．しかし，日常生活を振り返ってみると，感情というものは認知を妨害する非合理的なはたらきに思われる．たとえば，冷静に考えればもっとよい解決策があるにもかかわらず，怒りのあまり我を忘れて取り返しのつかない選択をしてしまうことがある．あるいはまた，「恋は盲目」「あばたもえくぼ」といわれるように，激しい恋愛感情のため相手の欠点を判断できなくなってしまうこともある．これらは，いずれも認知に及ぼす感情の悪影響の例である．

歴史的にみても，感情は常に認知より一段劣ったものとして扱われてきた．たとえば，古代ギリシアの哲学者プラトン(Plato)は，その著作『パイドロス』のなかで，馬車を引っ張る2頭の馬のうちの1頭を知性(認知)に，もう1頭の

馬を感情にたとえ，感情の馬を制御するのはむずかしいと主張している．このような考え方は，ずっと時代が経った後世の思想家たちにも引き継がれている．たとえば，ルネサンス時代のエラスムス(Erasmus, D.)は，『痴愚神礼賛』のなかで，心臓や身体に宿る怒りや欲求などの感情を，頭のなかに押し込まれた知性(認知)がコントロールすることの重要性を主張している．このように，古くから，感情は知性(認知)にとって悪影響を及ぼす非合理的なものとして低く位置づけられてきたのである．

　人間の心を研究対象とする心理学においては，感情の研究そのものは古くから行われ，多くの感情理論が提出されてきた(1-4節を参照)．しかし，さまざまな感情の理論は互いに矛盾していることが多く，あまり説得力がなかったために，感情の心理学がこれまで心理学の主流になることは一度もなかった(戸田, 1992)．ましてや人間の知性(認知)を研究対象とする認知心理学では(人間をなぞらえたコンピュータにはそもそも感情がなかったことも加わって)，認知だけが検討の対象とされ，長い間，感情は除外されてきた．

(b) 認知と感情の関係に対する関心の高まり

　ところが，次に述べるような2つの理由で，1980年前後を境に，認知心理学においても，認知と感情の関係に研究者の関心が移り出した(もっとも，社会心理学における**態度**(attitude)の分野では，それ以前から，認知と感情の関係に興味がもたれていた)．

　すなわち，第1の理由は，いわゆる**生態学的妥当性**(ecological validity)の高い研究に認知心理学者の関心が移ったということである．生態学的妥当性とは，実験室という特殊な環境で得られた知見が，日常生活のような別の環境にどの程度適用できる(一般化できる)かという概念である．先にみたように，日常生活において，われわれの認知や行動は感情に大きな影響を受ける．だとすれば，認知と感情の関係について明らかにしなければ，どれほど精密に人間の認知について研究したとしても，その知見を一般化することはできないということになる(Norman, 1980)．たとえば，認知心理学の成立に大きくかか

わったナイサーは，100年間にわたる記憶研究の不毛性を痛烈に批判した(Neisser, 1978)．そして，その不毛性の原因の1つとして，心を多くの部分に分割する考え方を中世の心理学の名残りと指摘した上で，そのような考え方を放棄し，記憶と感情の関係について検討することの重要性を強く主張している．

第2の理由は，非合理的とされていた感情も，**適応**(adaptation)という観点からみると，実は合理的なものであるという考え方が次第に優勢になってきたということである．たとえば，今，500円の品物を盗まれて怒り狂った被害者が，死にものぐるいで犯人を見つけ，さらに見つけた犯人を罰するために10万円の裁判費用を支払うことにしたとしよう．金銭的な観点からみるのならば，このような行動は，怒りに駆られた非合理的なものと考えられ，誰もが500円の損失だけで，品物さえ戻れば，それ以上の出費を避けるはずである．しかし，このように，怒りに駆られた「非合理的な」行動(500円のために，死にものぐるいで犯人を探したり，高額な裁判費用を支払うなど)によって，その人から物を盗むと必ず罰を受けるということがまわりの人々に伝われば，結果として，誰もその人から物を盗まなくなるはずである．この例のように，喜怒哀楽といった感情は，適応という観点からみるならば，意味のあるものだという認識が広がってきたのである(8-3節を参照)．

このような理由から，現在の認知心理学では，認知と感情の関係について，さまざまな角度から積極的に検討され，数多くの知見が見いだされてきている．

0-5 本書の目的と特色

本書の目的は，認知心理学の基本的な知見を紹介すると同時に，認知と感情の関係についての最新の知見を紹介することにある．基本的な知見として選んだのは，欧米の定評のある認知心理学のテキスト(Anderson, 2004; Eysenck & Keane, 2005; Medin et al., 2005; Sternberg, 2006)で触れられている知見とした．一方，これらのテキストでは，脳神経にもとづいた知見の記述はみられ

るものの，認知と感情の関係についてはほとんど何も触れられていない．したがって，認知と感情の関係を積極的に盛り込んだという点が本書の一番の特色といえよう．

 このような特色をもつとはいえ，限られた紙数のために，取り上げることのできるトピックスは残念ながら限りがある．そこで，まず，1章の「感情の基礎」で感情の理論や研究方法に関する基礎的な知見を学ぶ．2章の「注意と意識」では，注意とは何か，注意されない情報はどのような処理を受けているのかなどについて学ぶ．3章の「短期記憶と長期記憶」では，実験的な課題における記憶の知見を学び，4章の「自伝的記憶と潜在記憶」では，自分に関連した思い出（自伝的記憶と呼ばれる）について，事故や事件の目撃記憶という実践的な問題とあわせて学ぶとともに，いわゆる無意識の記憶について学ぶ．5章の「知識と表象」ではわれわれの心のなかにどのような形で知識と呼ばれるものが保存され，また利用されるのかについて学ぶ．6章の「言語理解と言語産出」では，ことばの理解や産出をめぐる知見を学び，7章の「問題解決と意思決定」では，推理や判断といった思考に関する知見を学ぶ．そして，8章の「認知と感情の心理学の新しい流れ」では，本書で述べた認知や感情とは異なる角度から今後の方向性を明らかにする．

 いうまでもなく，新たな知識を得ることは誰にとっても大切なことである．本書を読むことで，認知のさまざまな面だけなく，認知と感情の関係について，新たな知識を得ることができるはずである．しかし，知識はそれだけでは何の価値もない．「知行合一(ちぎょうごういつ)」ということばで知られているように，知識は日常生活のなかに生かされることこそ重要なのである．そのような意味で，認知と感情を学ぶことは，単に知識を得ることだけにとどまらず，よりよく生きることにつながる第一歩なのである．

1 感情の基礎

　感情とは自分や他人の「情」を個々人が「感じる」という主観的体験なので，同じ出来事に接しても十人十色の感情が生まれてくる．また，多くの場合，感情には何らかの身体的変化がともなう（たとえば，心臓がドキドキする，顔が赤くなる）．この章では，どのように感情が生み出され，どのような身体的変化が起こるのか，また，感情の測定と操作の方法について考える．

［キーワード］
▼
気　　分
覚　　醒
情　　動
表　　情
基本情動
自律神経系
扁桃核
ジェームズ-ランゲ説
2要因理論
ストレス
評　　価

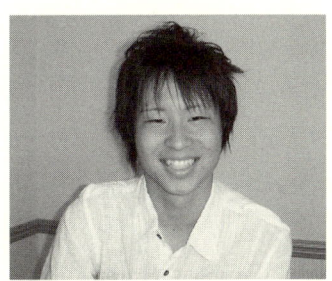

表情とは「情」を「表す」という意味である．この2人に会ったことがなくても，それぞれの表情から，どのような感情(喜び，嫌悪)を表しているかが簡単にわかるはずである．

1-1 主観的体験と身体的変化からみた感情——情動と気分

われわれは，毎日の生活のなかで，実にさまざまな感情を経験している．たとえば，梅雨どきの月曜日の朝，目を覚ますと，外では激しく雨が降っていたとしよう．にもかかわらず，出席をとる授業があるので，満員電車に乗って大学に行かなければならないとしたら，それだけで誰もが憂うつな気持ちになるだろう．また，激しい雨のなか，駅に歩いて行く途中，猛スピードで横を走り去っていった車に泥水をかけられれば，その車の運転手に対して，怒りを感じるだろう．

この2つの例は，一言で感情といっても，少なくとも2つの種類に分けられることを示している．まず，最初の憂うつな気持ちというのは，**気分**(mood)と呼ばれる．気分はどちらかといえば，いい気分とか悪い気分などのように，漠然としたものである．また，その強度(しばしば覚醒(arousal)と呼ばれる)は比較的弱いものの，ある程度の時間の幅をもって続くのが特徴である．さらにまた，何となく気分がよくないというように，必ずしもはっきりとした理由がわからず，身体的変化も明確でないことが多い．

これに対して，2番目の怒りは，**情動**(emotion)と呼ばれる．情動は怒り，喜び，嫌悪のように，細かい区分が可能である．また，その強度は強いが，きわめて短時間しか続かない．さらにまた，その情動を引き起こした原因がはっきりしている．これらに加えて情動の場合，血圧が上昇したり，心臓がドキドキするなどの身体的変化の起こることが一般的である．

このように，気分と情動は，区分の細かさ，強度，持続時間，原因の明確性，身体的変化といった点で異なっている．一般の人の考える感情とは情動を指すことが多い．本書では，気分と情動をまとめて感情と呼び，必要に応じて，気分と情動を区別する．

なお，情動そのものは，先に述べたように，喜び，怒り，悲しみ，憎しみなど実に多種多様である．しかし，認知心理学で検討される場合には，このよう

に細かく分けずに，ポジティブ感情(喜びなど)と，ネガティブ感情(怒り，悲しみ，憎しみなど)の2つにまとめられている(しかも，圧倒的にネガティブ感情に焦点を当てた研究のほうが多い)．

1-2 基本情動と表情の文化差

(a) 表情の理解

この章の扉の顔写真からもわかるように，**表情**(facial expression)を見れば，その人の情動がわかる．このような表情は，広い意味で，情動にともなう身体的変化と考えることができる．古く，ダーウィンは，種をこえて表情が類似していることに着目し，情動は生得的なものとして進化してきたと考えた(Darwin, 1872)．もし情動が生得的なものであるのならば，文化が異なっても表情に違いは認められないはずである．しかし，一方で，欧米人と比べると日本人は無表情であり，何を考えているのかわからないといわれる．では，そもそも情動と密接に結びついた表情には文化による違いがあるのだろうか．

この問いに関しては，長年にわたって研究が行われてきた結果，おおむね6種類の情動(喜び，怒り，嫌悪，悲しみ，驚き，恐怖)が文化の違いをこえて共通であることが明らかにされてきている．これらの情動は，いずれもお互いにはっきりと区別できるだけではなく，どの文化にも認められる(すなわち生得的である)ことから，**基本情動**(basic emotion)と呼ばれている．

たとえば，エクマンによる研究では，章扉に示したような表情(ただし白人)の写真をさまざまな国(アメリカ，ギリシア，トルコ，香港，日本など)の人々に見せて，それぞれの表情がどのような情動をあらわしているかを複数の感情用語(喜び，怒り，嫌悪など)のなかから選ばせた(Ekman & Friesen, 1975; Ekman et al., 1987)．その結果，図1-1に示したように，文化の違いに関係なく，それぞれの表情が示す情動をほぼ正しく答えることができたのである．このような結果から，表情をもとに基本情動を理解する能力には文化をこえた普遍性が存在すると考えられるようになった．

18 —— 1 感情の基礎

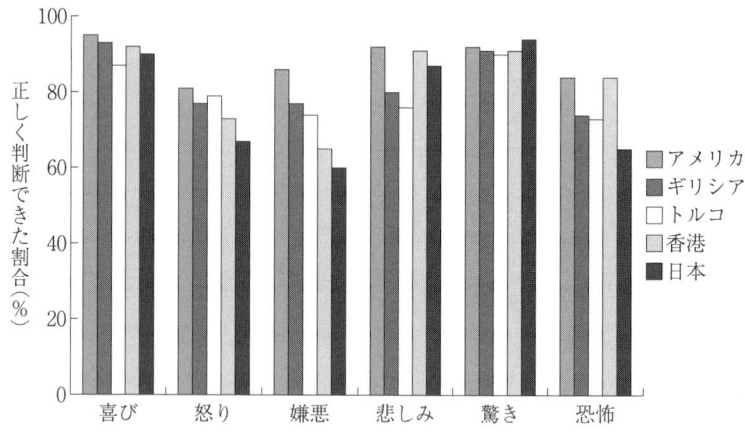

図 1-1 表情から読みとれる感情を正しく判断できた人々の割合.
(Ekman et al., 1987 より改変)

（b）表情の表出

　では基本情動(表情)の表出についてはどうだろうか．経験的にもわかるように，表情には思わずそれが出てしまう場合と，自分で意識的にコントロールできる場合がある．たとえば，ポーカーフェイスということばが示しているように，われわれは自分の情動が表情からもれ出ないように努力することがある．あるいはまた，たとえ悲しくなくても，たとえば葬式の場なら，悲しそうな表情を意識的に作ることもある．

　このような基本情動の表出の文化差を調べるために，エクマンは，残虐なシーンの含まれた映画を見ているときの参加者の表情についても調べている (Ekman & Friesen, 1975)．その結果，最初に無意識的に出てしまう表情(この場合，嫌悪)は，文化(アメリカ，日本)に関わりなく，きわめて類似していた．ところが，興味深いことに，そばに他人がいる場合には，表出の直後に日本人だけが嫌悪の表情を意識的に抑制したのである．

　したがって，無意識的な情動の表出に関しては，情動の理解の場合と同様に，文化をこえて生得的なものと考えることができる．一方，意識的なコントロールの及ぶ段階の情動の表出に関しては，文化による違いがあるといえよう．

(c) 基本情動の問題点

　しかし，ここで述べたような基本情動が必ずしも普遍的であるとはいえないという反論もある．第1に，普遍的な基本情動が存在するのならば，その数は研究者が違っても同じになるはずなのに，実際には，その数が2～11というように，研究者の間で一致していない．たとえば，イザードは，悲しみを含めずに，喜び，怒り，嫌悪，驚き，恐怖，に加え，軽蔑，苦痛，罪悪感，興味，恥，の10種類を基本情動としている(Izard, 1991)．

　第2に，研究者によって基本情動とされる情動(愛，恥，罪悪感，誇りなど)のなかには，文化によるバリエーションが多く見られる．たとえば，経験的にも理解できるように，欧米などの西洋社会は個人を尊重する文化である．これに対して，日本などの東洋社会は他者との関係性を重視する文化であるといわれる(Markus & Kitayama, 1991)．そのため，西洋では個人に付随する情動(誇り)の感じられることが多い．一方，東洋では他者との関係性に直結した情動(恥，罪悪感)のほうが感じられやすいという違いが存在している．

　第3に，表情の理解能力を調べる際には，章扉にあったように，顔写真といっしょに複数の情動語(怒り，喜び，嫌悪など)のなかからいずれかを選ばせるという方法が使われる．しかし，このような方法では，正答率が不当に高くなってしまうという危険性がある．実際，情動用語を与えずに，自由に答えさせると正答率は大幅に下がってしまい，文化をこえた一貫性は必ずしも認められなくなってしまう．

　したがって，何を基本情動と考えるかという定義の問題と，どうやってその基本情動を調べるかという測定の方法の問題の両方について考えていくことが重要であると思われる．

1-3　感情の測定の方法

　感情を測定する方法は，心理的測定法，行動的測定法，精神生理学的測定法の3つに分けることができる．これら3つの測定方法には，以下にみるように，

それぞれ長所と短所があるので,できるだけ複数の方法を組み合わせて使うのが望ましいとされる.なお,最近では,脳神経にもとづいたアプローチによる測定法もあわせて使われることが増えてきている(コラム1-1を参照).

(a) 心理的測定法

心理的測定とは,感情に関する自己報告のことである.ただし,今どんな感情をどの程度の強さで感じているかを自由に答えさせるのではなく,ほとんどの場合,あらかじめ用意された質問紙の評定尺度が使われる.たとえば,特定の感情を「まったく感じていない」「あまり感じていない」「少し感じている」「はっきり感じている」の4段階で評定して,それを数値化するのである.評定尺度を使った心理的測定法には,情動や気分など,さまざまなタイプの質問紙が数多く作られている(高橋,2002).

この自己報告にもとづいた心理的測定法は,手軽に使えるだけではなく,感情が主観的体験であるということを考えれば,回答者の主観的判断にもとづいているという意味で妥当な方法であるといえる.

しかし,問題点としては,参加者がどこまで正確に自分の感情をモニターできているかわからないこと,かりに正確にモニターできていたとしても,感じていることを正直に報告しているという保証がないこと,あるいはまた,正直に報告しようとしても,そもそも感情に注意を向けることによって本来感じている感情とは性質の異なるものが報告されてしまう危険性があること,などが指摘されている.

(b) 行動的測定法

行動的測定法とは,外にあらわれる参加者の行動を対象として感情を測定しようとするものである.たとえば,基本情動の箇所で述べた表情以外に,まばたき,姿勢,しぐさ,声の抑揚や速度などが使われる.

表情に関しては,楽しいことを考えると思わず笑顔になったり,悲しいことを考えるとしかめつらになることからわかるように,ポジティブ感情やネガテ

ィブ感情のそれぞれに対応した顔面の筋肉に変化があらわれる．そこで，このような表情に関した筋肉の動きの変化を筋電図という方法で調べて，感情を測定するのである．

　一方，まばたきは，好きなテレビゲームなどの楽しい作業に従事しているときには，その回数が減少する．また，突然の雷に身のすくむことがあるという経験と同様に，大きな音や強い光に対して，反射的にまばたきが起こる．興味深いのは，これらのまばたきの反射は，ポジティブ感情時には抑制され，ネガティブ感情時には促進されるのである．したがって，まばたきの回数や反射のようすを調べることで，感情を測定することができる．

　どのような方法が使われるにしろ，これらの行動的測定法の場合は，筋肉運動という行動が感情を反映しているという前提がある．しかし，これらの行動的測定法はかなり大まかなものであるので，微妙な感情の違いを測定することはむずかしいという欠点がある．

（c）精神生理学的測定法

　「怒りではらわたが煮えくりかえる」「恐怖で心臓が止まる思いをした」など感情を表現する慣用句には，身体的反応の変化に焦点を当てたものが少なくない．実際，感情を感じているときには，血圧，心拍，体温，呼吸，発汗といった身体的反応に大きな変化が起こる（これは**自律神経系**（autonomic nervous system）の交感神経のはたらきが原因である）．これらの身体的反応の変化を測定することで感情を調べようというものが，精神生理学的測定法である．

　たとえば，エクマンは参加者に6種類の基本情動に対応する表情を作ってもらうと同時に，それぞれの情動の表出時の心拍数と体温（皮膚温）の変化を調べてみた（Ekman et al., 1983）．その結果，図1-2①に示したように，心拍数に関しては，怒り，恐怖，悲しみで大きく変化したのに対して，喜び，驚き，嫌悪はあまり変化しなかった．また，図1-2②に示したように，体温（皮膚温）に関しては，怒りのときの変化がもっとも大きく，喜びや嫌悪の変化がそれに続き，恐怖，悲しみ，驚きはあまり変化しなかった．

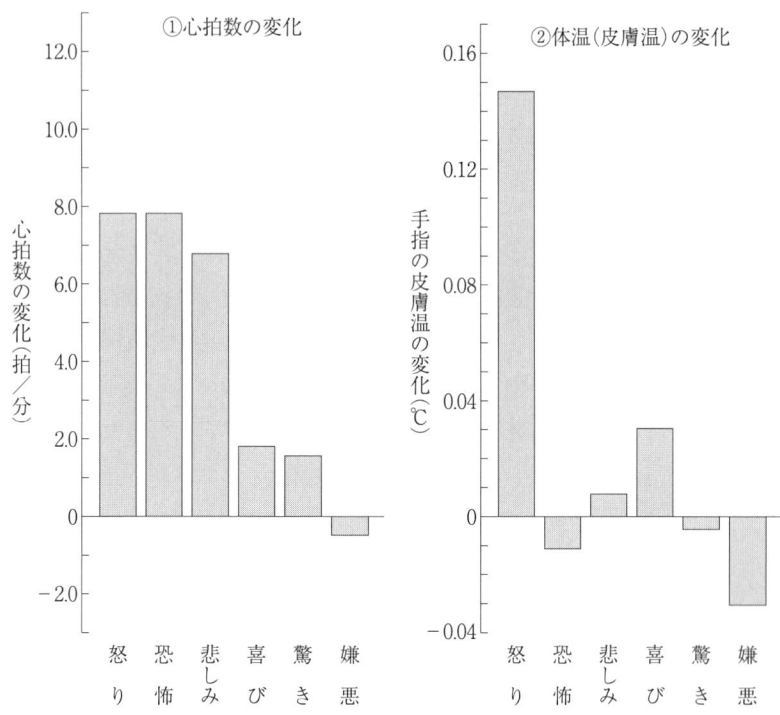

図1-2 ①6種類の基本情動の心拍数の変化と，②6種類の基本情動の体温(皮膚温)の変化．(Ekman et al., 1983 より改変)

　また，発汗に注目した精神生理学的測定法には，**皮膚伝導反応(SCR：skin conductance response)** と呼ばれるものがある．これは電極を2本の指に装着して，ごく微弱な電流を流し，その抵抗値を測定するという方法である．もし緊張してわずかでも発汗すれば，抵抗が小さくなり，電流が多く流れることになる．皮膚伝導反応は，ポジティブ感情のときにもネガティブ感情のときにも変動する(中野，2005)．この測定法の利点は，本人自身が明確に気づいていない微妙な感情の変化も測定できるという点にある．

　ただし，感情の種類によってさまざまに身体的反応が異なるという研究に対して，そのような関係が認められないという研究や，認められたとしてもそれほど明確ではないという研究も少なくない(先ほどのエクマンの研究でも，

個々の感情ごとに異なる反応が対応しているのではなく，ごく大ざっぱな対応しか認められていない）．したがって，感情の精神生理学的測定法は，感情の変化をある程度調べることができるものの，感情の内容そのものについては，ごく大まかにしか知ることができないといえる．

コラム 1-1　脳神経にもとづいたアプローチによる感情の測定

　感情に関与する脳の場所は，視床下部や側頭葉など複数あるが，近年，重要視されているのが扁桃核(へんとうかく)(amygdala)である．古くから，扁桃核が障害を受けたり破壊されると，恐怖感情がなくなってしまうことは知られていた（クリューヴァー－ビューシー症候群(Klüver-Bucy syndrome)と呼ばれる感情障害がその代表的なものである）．扁桃核とネガティブ感情の関連性を調べる近年の研究の一つでは，扁桃核に障害を受けた人に，さまざまな表情の顔写真を見せて，その表情が示す感情の種類と強さをたずねてみた．すると，喜びや悲しみの表情の場合，正しくその感情の種類や強さを答えることができたにもかかわらず，恐怖の表情に関しては，恐怖を感じていると判断することもできず，ましてや恐怖感情の強さを判断することはできなかったのである．
　扁桃核が恐怖感情などのネガティブ感情とかかわっているということは健常者を対象にした脳画像アプローチからも明らかにされている．たとえば，fMRI を使って，無表情，喜び，恐怖といった顔写真を見せた場合の扁桃核の活動を調べてみると，恐怖の顔に関してだけ，扁桃核の活動が高くなる．また，意識できないほど瞬間的に，怒りの顔写真を見せた場合にも，皮膚伝導反応が起こり，PET で調べてみると扁桃核の活動が活発になることも明らかにされている．さらにまた，このような扁桃核の活動は表情以外の写真を使った研究でも確認されている．たとえば，恐怖や嫌悪といったネガティブ感情を生み出す写真（手足を切断された胴体など）を見せると，心拍数，皮膚伝導反応などに変化が見られると同時に，PET で調べてみると扁桃核が活発に活動していることが明らかにされている．なお，最近の研究では，扁桃核の活動は一部ポジティブ感情ともかかわっていることも明らかにされてきている．
　このように，脳神経にもとづいたアプローチにより，感情に関与する脳の場

所に関して興味深い知見が多く得られてきている(Bear et al., 2007).

1-4 感情の生まれるしくみ

　感情は主観的体験に加えて身体的反応がともなう．どの研究者も，喜怒哀楽といった主観的体験は最終的に大脳皮質で起こるということでは一致している．一方，身体的反応と感情の関係をどのように考えるかは，感情の研究者によってさまざまな立場がある．そのため，それぞれの研究者は，身体的なプロセスをどの程度重視するかという連続体上のいずれかの場所に位置づけることができる．つまり，この連続体上の一方の端には，感情が生まれる際に，身体的プロセスだけしか考えない研究者がいる．しかし，もう一方の端には，身体的プロセスは不要であると考え，感情が生み出される際には，その状況の即時的な意味づけを行う**評価**といった認知的プロセスだけを重視する研究者もいる．そして，これら両極端の立場の間に，身体的プロセスと認知的プロセスの両方を重視する研究者も存在している．以下にみるように，身体的反応の役割をどのように考えるのかということに関しては，現在もなお，活発に研究が行われている．

(a) 身体的プロセスを重視する考え方

　われわれの常識的な見方からすれば，図1-3①に示したように，恐ろしい事態(ヘビの出現)を知覚するとそれを恐ろしいことであると判断して感情が生み出され，その後に，身体的変化(恐怖の表情，心拍数の増大，口の渇きなど)があらわれるというように考えられている．これに対して，ジェームズは，認知に先だって身体的変化が起こり，それに続いて感情が起こると主張している(James, 1884)．すなわち，図1-3②に示したように，ヘビを知覚すると，大脳皮質で恐怖感情が生み出される前に，末梢的な身体的変化が引き起こされるという．そして，この末梢的な身体的変化が大脳皮質に伝えられ，それに「恐

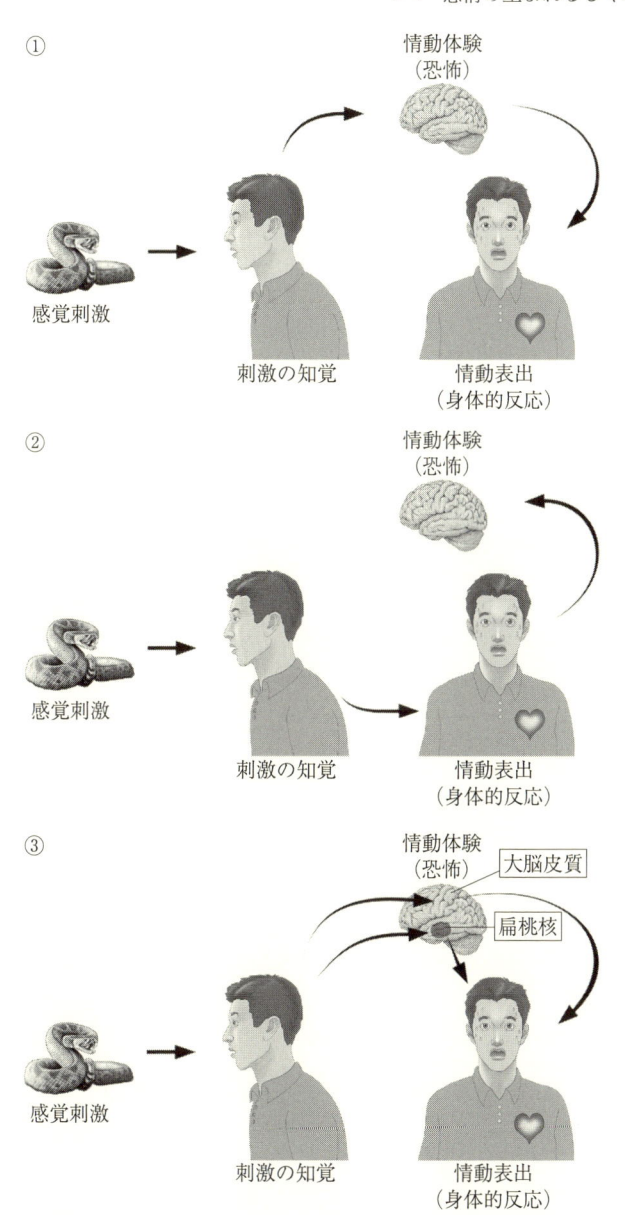

図 1-3 ①感情の生起に関する常識的な見方，②感情の生起に関するジェームズ-ランゲ説(Bear et al., 2007 をもとに作図)，③感情の生起に関するレドゥーの2つの経路の考え方．(LeDoux, 1996 をもとに作図)

ろしい」というラベルをはること(評価)で感情が生み出されるというのである.ここで重要なことは,末梢的な身体的変化とは,自分では十分に意識できない自律神経系(内臓器官など)の変化も含まれているという点である.このような末梢的な身体的変化を感情の原因として重視する考え方は,ジェームズと同時期に同様の主張を行ったランゲ(Lange, C. G.)とともに,**ジェームズ-ランゲ説**と呼ばれている.

　このジェームズ-ランゲ説は,脊髄の損傷のために,自律神経系の変化が大脳皮質に伝わらない人々が感情を感じなくなったという報告から支持されている(Hohmann, 1966).また,ほほえんだ顔を作ると幸福感を感じ,怒った顔を作ると怒りを感じるようになるという,表情の違いによって感情が生み出されるという興味深い知見も得られている.これは精神生理学的測定法の箇所で述べたエクマンの研究から考えると,表情が自律神経系の変化を生み出し,そのために感情が生み出されたと考えることができる.

　このような身体的変化を重視する立場は,現在では,神経心理学者レドゥーによる感情理論につながっている(LeDoux, 1996).レドゥーは,図1-3③に示したように,感情が生み出される際に2種類の経路を仮定している.1つは,知覚された情報がまだそれが何かはっきりとわからないまま扁桃核に送られ,自律神経系の反応を開始させるきわめて自動的な経路である(これはジェームズ-ランゲ説と一致している).もう1つの経路は,少し時間をかけて大脳皮質を経由してそれが何であるかを判断し主観的体験の感情を生み出すと同時に,さらに自律神経系にはたらきかけるのである(この経路はわれわれの常識的な見方と一致している).

(b) 身体的プロセスと認知的プロセスの両方を重視する考え方

　シャクターとシンガーは,身体的プロセスと認知的プロセスの2つを仮定する感情の**2要因理論**(two factor theory)と呼ばれる考え方を提唱した(Schachter & Singer, 1962).すなわち,感情が生じるためには,まず第1段階として,何らかの身体的変化にわれわれが気づくことが必要であり,次の第

2段階では,この身体的変化に対して適切な意味づけ(評価)を行わなければならないというのである.とりわけ興味深いのは,この第2段階の評価の際には,われわれは周囲の状況などを考慮に入れながら,自分の感情状態を推測するという仮定である.したがって,ときには,誤ったラベルづけをしてしまい,本来とは異なる感情を感じてしまうことが起こり得るというのである.

そして,彼らはこの感情の2要因理論を実証するユニークな実験を行っている.図1-4には,理解を深めるために彼らの行った実験全体のごく一部を示した(Lindsay & Norman, 1977).まず最初に,参加者全員に「怒り」を感じるときと類似の身体的反応(発汗,心拍数の増加など)を起こさせるアドレナリンをビタミン剤といって注射した.そして,このアドレナリンが引き起こす身体的反応について教えるグループと,このような身体的反応に関しては何も教えないグループに分けた.次に,プライバシーに立ち入った質問に答えさせて,「怒り」を感じても当然な状況にしたのである.しかも,同じ質問に答えていたもう1人の参加者が,これらの質問に対して「怒り」をあらわにしていた(実はこの参加者は実験者に演技をするように頼まれた実験協力者であった).このような状況で,アドレナリンによる身体的反応の情報を教えられたグループと,教えられなかったグループは,いずれも自分の感じている「怒り」の強さを評定するように求められた.

さて,結果はどうなっただろうか.重要なことは,いずれのグループでもアドレナリンによって同じような身体的反応が起こっているということである.もし,この身体的反応がダイレクトに感情を生み出すのならば,「怒り」の程度にはグループの間に差が見られないはずである.

ところが,実際には,身体的反応に関する情報について教えられていたグループよりも,何も教えられていなかったグループのほうが,「怒り」を強く感じたのである.つまり,アドレナリンによる身体的反応について教えられていたグループは,自分の身体的反応の原因をアドレナリンの作用に求めることができた.これに対して,何も教えられなかったグループは,自分の身体的反応の本当の原因がわからず,目の前の状況(プライバシーを侵害する質問,他者

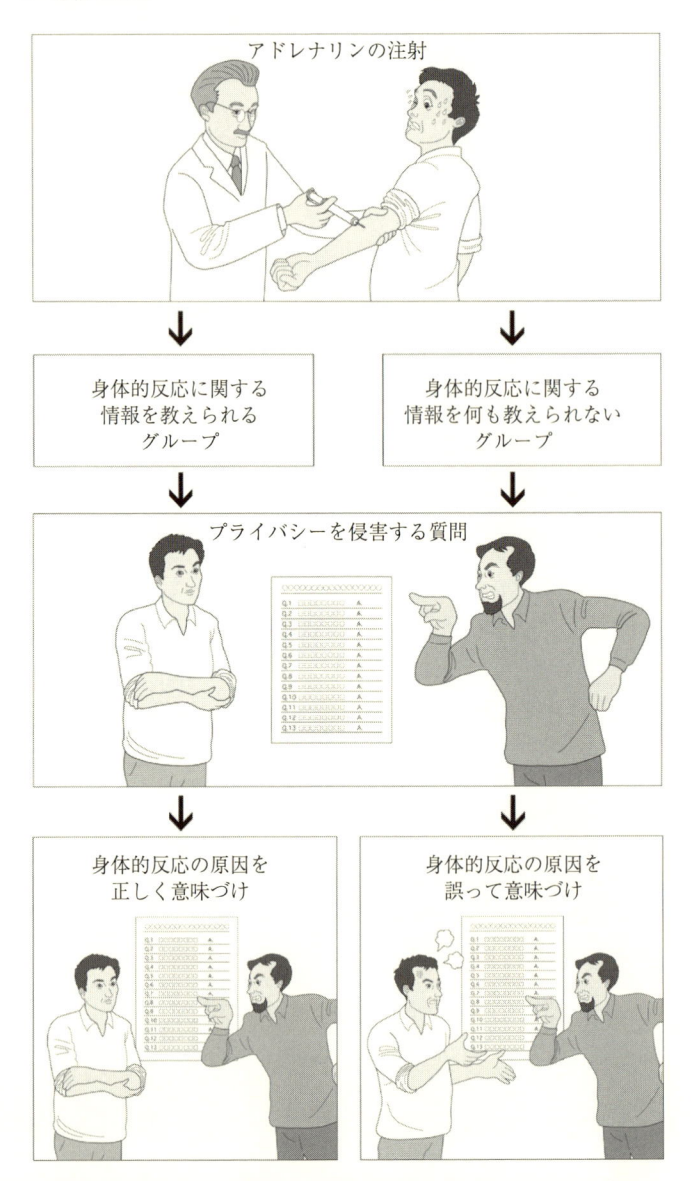

図1-4 「怒り」に関する2要因理論を実証するための実験のようす．(Lindsay & Norman, 1977 より改変)

が怒っているなど)が自分の感じている身体的反応の原因であると誤って意味づけしてしまったために,「怒り」を強く感じてしまったというのである.

このような感情の2要因理論はその後の研究では必ずしも支持されているわけではないものの,感情において身体的プロセスだけではなく,認知的プロセスも必要であるということを明らかにしたという意味では大きな意義があるといえよう.

(c) 認知的プロセスを重視する考え方

失恋や受験に失敗するといった挫折体験をしても,その原因が自分に落ち度があったのか,それとも単に運が悪かったかによって,感情が変わることは誰にでも経験のあることである.この例のように,感情が生み出される際に,身体的プロセスではなく,その状況をどのように意味づけるかという認知的プロセス(すなわち評価)だけを重視する研究者もいる.ここでいう評価とは,自分の過去経験や知識をもとにした意味づけのことであるが,きわめて短時間で自動的に起こるのが特色である.

このような評価を重視した研究者のなかでもっとも影響力の強いのがラザルスである(Lazarus, 1991).彼は感情のなかでも,特に**ストレス**(stress)に注目している.ここでいうストレスとは,目の前の状況(挫折体験など)そのものではない.目の前の状況をどのように意味づけるかによって,それがストレスになることもあれば,ストレスにならないこともある.ラザルスは,目の前の状況が自分にとって脅威となるものであるか,脅威とならないものであるかを区別するプロセスを**評価**(appraisal)と名づけた(Lazarus & Folkman, 1984).

この評価は,さらに1次的評価と2次的評価の2種類に分けられ,1次的評価は,目の前の状況が脅威となるかどうかを評価するプロセスとされ,そこから快か不快のいずれかの感情が生み出される.2次的評価は1次的評価によって脅威と評価された刺激に対して,どのように対処すればよいかを評価するプロセスで,とられる対処法に応じてさまざまな感情が生み出されるという.そして,これらの評価プロセスによって,感情が生まれると考えたのである.

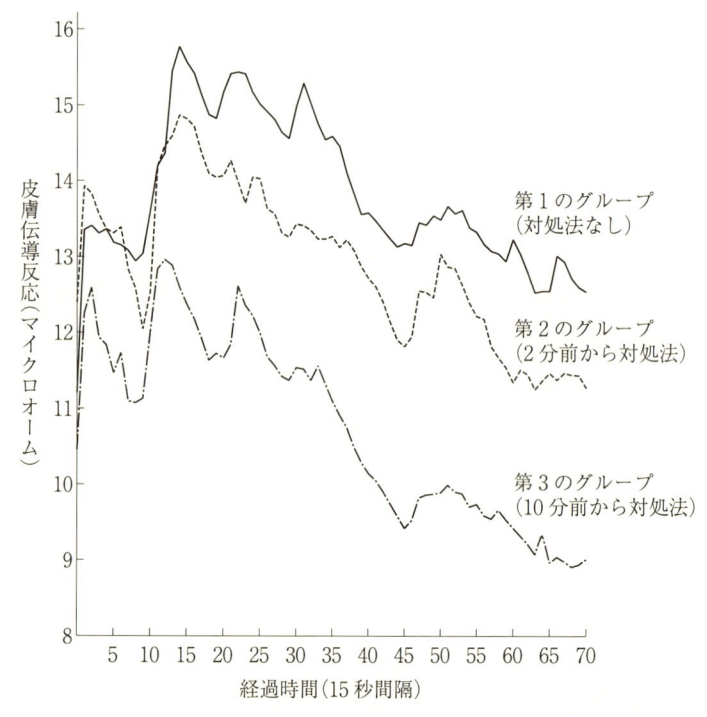

図1-5 残虐な映像を見ている際の3つのグループの皮膚伝導反応の変化．(Lazarus & Alfert, 1964より改変)

そこで，ラザルスとアルファートは，ストレス(脅威)となるような残虐な映像(ひどい出血と痛みをともなう儀式の映像)を参加者に見せて，その映像を見ている間の感情の変化を皮膚伝導反応によって測定した(Lazarus & Alfert, 1964)．最初に，参加者は3つのグループに分けられた．第1のグループは，この映像に関する説明(対処法)をまったく与えないグループであった．第2のグループは，この儀式は実はそれほど痛いものではなく，むしろ楽しいものであるという説明を映像を見せる2分前からずっとテープで流し，映像の意味づけ(対処)を変えたグループであった．第3のグループは第2のグループと同じ意味づけのテープを映像を見る10分前からずっと流し続けた．

その結果，図1-5に示したように，何も説明を与えない第1のグループに見

られるストレスの強さと比較すると、映像の意味づけを変えた第2,第3のグループのほうが、皮膚伝導反応で測定されたストレスの程度が低くなることが明らかになった(説明をほぼ同時に流す第2のグループよりも、見る前から流し続けた第3のグループのほうがより低くなった)。したがって、目の前の状況をどのように評価するかによって、生み出される感情は変わってくる。

このように感情にとって認知的プロセスが必要であるという考え方に対して、ザイアンスは感情には認知的プロセスが不要だと主張した(Zajonc, 1980)。ザイアンスの主張の根拠は、認知が関与できないはずの無意識に刺激を瞬間提示しても、その刺激に対する好みが形成されるという実験結果であった(コラム1-2を参照)。しかし、ザイアンスは評価を意識的なものに限定しているのに対して、ラザルスのいう評価はかなり自動的で必ずしも意識的ではないものも含んでいる。したがって、ザイアンスの実験結果についても、ラザルスの考え方によって説明することができると思われる。

現在では、ラザルスと同様に、評価によって感情が変わると主張している研究者は数多くいるが、それらの違いは状況を評価する際の次元として何を想定するか(結果の重要性や望ましさなど)の違いにすぎない。目の前の状況の評価や意味づけといった認知の仕方が異なると、生み出される感情が異なるという考え方は、落ちこみや抑うつなどの治療方法に対しても大きな影響を与えている。すなわち、認知と感情の関係を応用した心理療法として、ベックの**認知療法**(cognitive therapy)や、エリスの**論理療法**(rational therapy)が生み出されてきている(Beck, 1979; Ellis & Harper, 1975)。

コラム 1-2 認知なしでも感情は生み出されるか？
―― 閾下単純接触効果

コマーシャルを思い浮かべるとわかるように、何度も目にふれたり耳にするうちに、その刺激に対して親しみや好みを感じることがある。これは**単純接触効果**(mere exposure effect)と呼ばれ、実験的にも、特定の刺激(図形、単語、

写真など)を何度も提示することによって，その刺激に対する好みが形成されることがザイアンスによって実証されている(Zajonc, 1980)．このような単純接触効果は，刺激を意識できないほど瞬間的に提示しても認められる(このような提示は閾下あるいは**サブリミナル**(subliminal)と呼ばれる)．

たとえば，クンスト=ウィルソンとザイアンスは，20種類の図形を1回あたり1ミリ秒(1000分の1秒)ずつ，それぞれ5回ずつ閾下提示した(Kunst-Wilson & Zajonc, 1980)．次に，先に閾下提示した図形と提示していない図形を2つ1組にして，どちらの図形のほうを「見た」と思うかという再認判断と，どちらの図形のほうが「好き」かという好意度判断を求めた．その結果，提示された図形を正しく選択できた再認率(48%)は，まったくでたらめに選ばれる偶然のレベル(50%)とほぼ同じであった．一方，好意度判断では，実際に提示された図形のほうを選択する確率(60%)が偶然のレベル(50%)よりも高かった．つまり，意識的には知覚できていない刺激であっても，繰り返し提示された刺激に対して好意的な感情反応が形成されたのである．

このような**閾下単純接触効果**(subliminal mere exposure effect)の実験結果をもとに，ザイアンスは，感情反応が認知反応に先行すると主張した(Zajonc, 1980)．ザイアンスによれば，感情システムと認知システムは別々のシステムであると仮定され，感情反応は刺激に対する最小限の処理だけで，刺激が認知されるよりも速く生じるという．実際，脳神経にもとづいたアプローチによっても，感情システムと認知システムという2つのシステムや，認知をともなわない感情反応の存在することが支持されている(LeDoux, 1996)．

1-5 感情の操作の方法

認知に与える感情の影響を調べる際には，何らかの方法で独立変数となる感情を操作して，従属変数となる課題の成績(記憶や思考などの正答率や反応時間の変化)を調べなければならない．一般に，情動にしろ気分にしろ，いずれもが一時的な**感情状態**であるのに対して，もっと長期間にわたって安定した個人に特有な感情は**感情特性**と呼ばれる(Izard, 1991)．そのため，感情を操作する方法も，感情状態の操作方法と感情特性の操作方法に分けることができる．

(a) 感情状態の操作方法としての実験的誘導法とその問題点

　一時的な感情状態を操作する**実験的誘導法**は，感情の誘導の際に言語を用いるかどうかによって，言語的誘導法と非言語的誘導法に分けられることが多い(高橋, 2002)．すなわち，言語的誘導法としてもっともよく使われる方法が，ヴェルテン法と呼ばれる方法である．この方法では，特定の感情を示した文を参加者に多数読ませることによって，目的とする感情を誘導する．たとえば，ネガティブ感情(抑うつ気分)を誘導する場合には，「私は疲れ果てて憂うつで，何もしないまま座っていることが多い」といった文をいくつも読ませる．一方，ポジティブ感情(高揚気分)を誘導する場合には，「いいぞ，私は実に気分がいいし，気持ちも高ぶってきている」といった文を多数読ませるのである．このヴェルテン法以外にも，過去のネガティブな感情体験やポジティブな感情体験を参加者に想起させることによって特定の感情を誘導する方法，さらにはまた，これらの想起の際に催眠を使って，誘導された感情状態をより長く維持させる方法が使われることもある．

　一方，言語を使わない感情の非言語的誘導法としては，目的の感情に対応した曲調をもつ音楽を聞かせるという方法がよく使われる．この音楽誘導法の利点は，メインとなる課題である認知課題と同時に音楽を流し続けることができるために，より長時間にわたって特定の感情を維持し続けることができるという点にある．このほかの非言語的誘導法としては，映画の一場面などの映像を見せる，匂いを使う，特定の感情と対応した表情を作らせる，などがある．さらにはまた，実験とはまったく関連のない課題を最初に行わせ，その成績の偽りのフィードバックを与える方法もある(「よい成績」とフィードバックすればポジティブ感情が誘導され，「悪い成績」とフィードバックすればネガティブ感情が誘導される)．

　ただし，これらの実験的誘導法に関しては，要求特性，ニュートラル群(条件)の操作方法，参加者の感情修復傾向，の3つの問題点が指摘できる．第1の参加者の要求特性とは，参加者が実験の意図を感じとり，本来とは異なる行動を示すというものである．たとえば，ヴェルテン法では，それぞれの文を読

む際に，その文に合致した感情を感じるようにと強調される．そのため，参加者が実験の意図(感情が認知課題に及ぼす影響を調べるということ)を見ぬき，実験者の期待にそうように行動しているという可能性は否定できない．したがって，感情誘導と気づかせない工夫や，感情誘導と認知課題が無関係であると思わせる工夫によって，要求特性を最小限に抑えることが必要であろう．

　第2のニュートラル群(条件)の操作方法の問題とは，操作された感情が認知に及ぼす影響を調べる際に，ニュートラルな感情状態にあるニュートラル群(条件)が基準として設定されることに関係している．このニュートラル群(条件)の感情状態は，その名の通り，何も感情を感じていないと仮定されているが，本当にニュートラルであるという保証はない．たとえば，ヴェルテン法のニュートラル群では，当たりさわりのないことが書かれた文ばかりを読まされるために，参加者は何も感じないというよりも，むしろ退屈さやいらだちを感じてしまう．したがって，ニュートラル群(条件)に何をやらせるのかについて，十分に考慮しなければならない．

　第3の参加者の感情修復傾向というのは，ネガティブ感情の誘導時に問題となる点である．すなわち，ポジティブ感情の場合，参加者は，その感情を維持しようとするが，ネガティブ感情の場合には，その感情から脱しようとする修復傾向が認められる．そのため，実験者が誘導したネガティブ感情が，認知課題の際には，もとに戻ってしまっていることがある．したがって，どのような誘導法を使うにしても，誘導された感情が持続するような実験設定を工夫することが必要である．

(**b**) **感情特性の操作方法としての個人差にもとづく比較とその問題点**

　長期間にわたって安定した個人に特有な感情特性を対象にした操作方法は，**個人差にもとづく比較**と呼ばれるものである(高橋，2002)．この方法では，抑うつや不安などの感情特性を質問紙などの方法を使って測定する．そして，次に，これらの測定結果にもとづいて，検討したい感情特性に障害をもつ臨床群と障害のない非臨床群を選び出して，両者の認知課題の比較が行われる．ある

いはまた，非臨床群だけを対象として，目的とする感情特性を有する傾向の高い者と低い者を選び，認知課題の成績が比較される．

しかし，このような個人差にもとづく比較の際には，臨床群と非臨床群の異質性の問題，非臨床群内での群分けの基準の問題，がある．第1の臨床群と非臨床群の異質性の問題とは，両群の参加者が感情だけではなく，それ以外の特性でも異なっているという可能性のことである．たとえば，抑うつ者は抗うつ薬を服用していることが多く，認知課題に認められる違いが感情の影響ではなく，薬物の影響であるという可能性が残ってしまう．したがって，感情以外の特性については可能な限り等質になるように配慮することが必要である．

第2の非臨床群内での群分けの基準の問題とは，ある感情特性の高い群と低い群に分ける場合の群分けの基準が研究によって一貫していないという問題である．つまり，多くの研究では，質問紙の得点分布をもとに，上位群と下位群に分けるが，対象となる参加者が研究間で異なるために，ある研究で上位群とされた得点であっても，別の研究では下位群になることも起こる．したがって，どのような参加者を対象に，どのような基準で群分けするのかという点に留意しなければならない．

まとめ

感情は主観的体験と身体的反応から成り立っている．古くから，文化をこえて普遍的な基本情動に関する研究が行われてきたが，今なお，この問題は解決されていない．感情の測定法には，心理的測定法，行動的測定法，精神生理学的測定法，脳神経にもとづいたアプローチによる測定法，があり，それぞれに長所と短所がある．どのようにして感情が生み出されるかについては，身体的プロセスと認知的プロセスの両面からさまざまな考え方が出されている．おそらく，感情の多様性から考えるのならば，これら両方のプロセスがさまざまな形で関与していると思われる．感情が認知に及ぼす影響を調べるためには，何らかの方法で感情を操作しなければならない．これらの方法には問題点もある

ので，その点に注意しながら，研究の目的に応じた方法を選択することが必要であろう．

〈問題〉

- 気分と情動はどのような点が違うのかについて説明してみよう．
- 感情を調べる4つの方法(心理的測定法，行動的測定法，精神生理学的測定法，脳神経にもとづいたアプローチによる測定法)のそれぞれの長所と短所を説明してみよう．
- 自分が何らかの感情を感じるときに，脳と身体で起こっていることについて考えてみよう．
- 過去に感情的になって失敗した体験を思い出して，感情の影響のある場合とない場合を実験で調べるための方法を考えてみよう．

2 注意と意識

われわれのまわりには無数の情報が存在している．注意とは，これらの無数のなかからどれか1つの情報に意識の焦点を絞ることである．この注意のはたらきのおかげで，たとえば，まわりの雑音を無視して携帯電話で友人と会話もできるし，人混みのなかから友人を見つけ出すこともできる．この章では，注意とはどのようなものであるのか，どのようにして調べればいいのか，注意されない情報はどうなるのか，練習によって注意はどのように自動化されるのか，などについて考える．

[キーワード]
▼
両耳分離聴取
初期選択モデル
後期選択モデル
容量モデル
視覚探索
空間的手がかり
意図的注意，自動的注意
特徴統合理論
半側空間無視
プライミング効果
制御的処理，自動的処理
ストループ効果

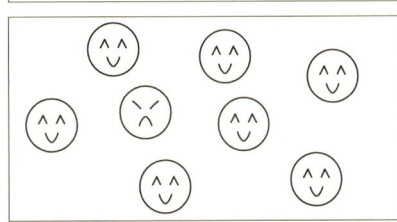

(上)さまざまな表情のなかの1つの怒り顔．
(下)笑顔のなかのたった1つの怒り顔．
ここにあるたくさんの顔のなかから1つだけ異なる顔を探してみよう．(上)は注意深く探さないと見つからないが，(下)は「飛び出してくる」ように感じるはずである．

2-1 聴覚における注意——注意されなかった情報の処理

われわれのまわりにある多種多様な情報は，まずごく短時間の間，そのままの形で感覚記憶に保存されると考えられている(コラム2-1を参照)．**注意**(attention)とは，外界のコピーのような情報の一部に，**意識**(consciousness)を向けることである．たとえば，おおぜいの人が集まっていて騒々しい立食パーティであっても，まわりの雑音を無視して，目の前にいる人と会話を楽しむことができる(これは，しばしば**カクテルパーティ現象**(cocktail party phenomenon)と呼ばれる)．このようなことが可能なのは，不要な情報を無視して必要な情報だけを選択するという注意のはたらきのおかげである．しかし，このような意図的な注意を相手の話に向けている最中に，会場内でグラスが落ちて割れる音がすれば，そちらに自動的に注意が向いてしまう．このように，注意は，意図的注意と自動的注意という2つに分けることができる．ここではまず，意図的な注意について聴覚の研究から述べることにしよう．

注意の研究は，このカクテルパーティ現象をヒントにした右耳と左耳に聞こえてくる情報を分離して聞き取るという**両耳分離聴取**(dichotic listening)という方法を使った研究からはじまった．両耳分離聴取では，図2-1に示したように，右耳と左耳に，それぞれ別々の情報(たとえば，右耳に文章，左耳に単語など)が同時に提示される．そして，どちらか一方の耳に提示される情報に注意を向けるようにいわれる．この状況は，ちょうどカクテルパーティでまわりの雑音を無視して目の前にいる人の話に注意しているのと同じである．ただし，このとき，注意していることが客観的に確認できるように，注意を向けているほうの情報を聞こえたとおりに，そのあとを追って声に出して繰り返すという**追唱**(shadowing)が求められる．このような両耳分離聴取を使った数多くの実験によって，聴覚における注意のモデルが生み出されてきた．これらのモデルの中心となった問題は，注意されなかった情報は完全に無視されるのか，それとも何らかの処理を受けるのかということに関するものである．

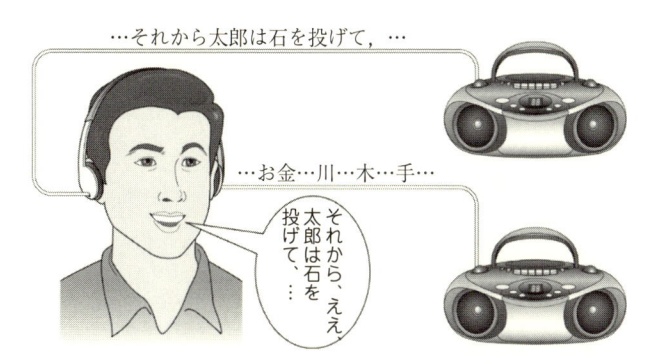

図 2-1 両耳分離聴取の手続きの例．この例では自分の右耳に聞こえてくる情報に注意してそれを追唱している．

(a) 注意されなかった情報は処理されない——注意のフィルターモデル

　両耳分離聴取では，指示された側の情報だけに注意を向けて追唱を行い，反対側の情報を無視しなければならない．この作業は少し練習をすればそれほどむずかしいことではない．この場合，注意していない耳に提示された情報に関しては，話し手が女性から男性に変わるなど，声の強さや高さといった物理的特徴が変化した場合には気づくが，その言語が途中から外国語に変わっても気づかない．つまり，知っている言語かどうかという意味的特徴の分析は行われていない．また，追唱後に，その内容をたずねても何も覚えていない．

　ブロードベントは，このような両耳分離聴取による実験結果から，図 2-2 ①に示したような注意の**フィルターモデル**(filter model)を提案した(Broadbent, 1958)．このモデルでは，すべての情報はまず感覚記憶に入る．その後，その物理的特徴(音の強弱や高低，聞こえてくる空間的な位置の違いなど)にもとづいて，注意というフィルターにかけられて選別を受ける．そして，フィルターを通りすぎた情報だけが意味的特徴の分析を受けて記憶にとどまると考えられたのである．このように，フィルターモデルは，情報の選択が情報処理系列のごく初期の段階で起こると仮定していることから，**初期選択モデル**(early selection model)と呼ばれる．

40 — 2 注意と意識

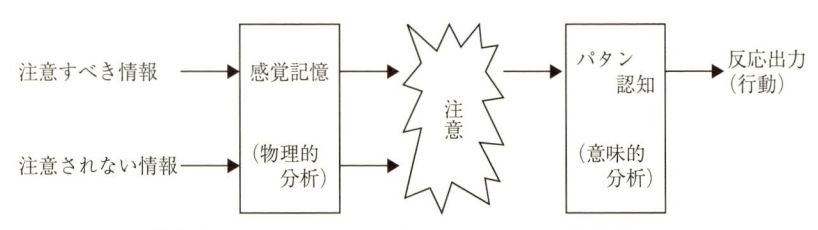

①注意のフィルターモデル（Broadbend, 1958 より改変）

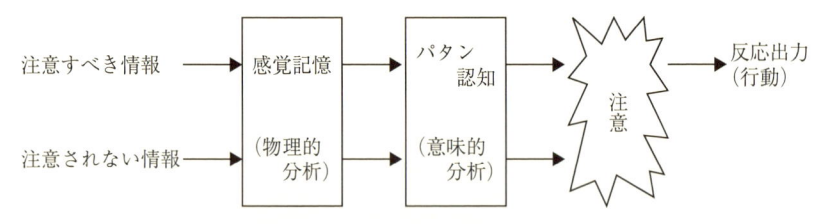

②注意の反応選択モデル（Deutsch & Deutsch, 1963 より改変）

図 2-2　注意の初期選択モデルと後期選択モデル.

(b) 注意されなかった情報も処理される──注意の反応選択モデル

　注意が物理的特徴の分析段階でフィルターの役目を果たすというフィルターモデルに対しては，すぐに反論があらわれた．まず，たとえ立食パーティで目の前の人の話に注意を向けているときでも，離れた場所で自分の名前が話題に出るとそれに気づくことが多いという事実である．このことは，注意されていない情報に対してもある程度の処理が行われていることを示唆している．

　また，注意されていないはずの情報であっても，物理的特徴だけではなく，意味的特徴まで分析を受けるということが多くの実験によって明らかにされたのである．たとえば，トリーズマンは，まず注意すべき側の耳に，物語を提示し，それを参加者に追唱させた（Treisman, 1960）．そして追唱の途中で，突然，その物語を打ち切り，別の物語を提示すると同時に，もとの物語の続きを注意していない側の耳に提示してみた．この場合，フィルターモデルのいうように，情報の物理的特徴（聞こえてくる空間的な位置など）だけに注意が向けられて選択が行われているのであれば，参加者は即座に（注意している耳に提示された）別の物語の追唱を始めるはずである．しかし，実際には，注意してい

ない側の耳に提示された物語の続きを追唱してしまったのである(多くの参加者は2, 3語追唱したところで間違いに気づいた).このような結果は,注意されていない側の情報も意味的特徴に関した分析を受けている可能性を示している.

このような意味的特徴までも分析を受けている可能性を示した多くの実験結果を根拠として,ドイッチェ夫妻は,**反応選択モデル**を提唱した(Deutsch & Deutsch, 1963).彼らの主張によれば,注意のはたらきとは,入ってくる情報にフィルターをかけて選択するのではなく,外にあらわれる反応を選択するという.すなわち図2-2②に示したように,すべての情報は自動的に意味的特徴の分析までの処理を受け,その処理の結果がごく短時間,記憶に貯蔵される.そして,それをもとに反応する段階になって初めて注意によって選択されると考えたのである.このような考え方は,情報の選択が後期の処理段階で起こるということを強調しているので,**後期選択モデル**(late selection model)と呼ばれる.

(c) 注意の容量モデル

これまで述べてきた初期選択か後期選択かという問題は,要するに,情報の処理段階のどこに構造的な注意フィルターを置くかということである.これに対して,カーネマンは,注意を構造ではなく,電気のような容量として考え,注意の**容量モデル**(capacity model)を提唱した(Kahneman, 1973).ここでいう容量は,**注意資源**(attentional resource)や**心的努力**(mental effort)と呼ばれることもある.

この注意の容量モデルの中心となる考え方は,われわれが何らかの課題を行うためには,一定の注意の容量が必要であるという点にある.むずかしい(慣れていない)課題には多くの注意の容量が必要で,やさしい(慣れている)課題は少なくてよい.たとえば,初心者ドライバーは,慣れていない運転に多くの注意が必要である(主観的には,かなりの集中力が必要と感じられる).一方,長年ハンドルを握っている熟練ドライバーにとっては少ない注意の容量でよい

(まるで自動的に運転しているようにさえ感じられる).

　しかも，一度に使える注意の容量は無尽蔵ではなく限界があるために，2つの課題を同時に行う場合には，それぞれの課題に注意をうまく割り振らなければならない．したがって，このモデルによれば，ある課題をうまくこなせないのは，別の課題に多くの注意の容量が奪われてしまい，その課題に使える注意の容量が足りなくなるためと考えられる．たとえば，初心者ドライバーは慣れない運転に多くの注意が奪われるので，同乗者との会話を楽しむ余裕はない．

　このような注意の分割のようすを調べるには，一度に2つの課題を与える**二重課題**(dual task)と呼ばれる手続きが使われる．すなわち，メインとなる**一次課題**(primary task)を実行させると同時に，無関連な別の**二次課題**(secondary task)を行わせ，それぞれの課題の成績を調べる．一次課題に多くの注意の容量が必要なら，二次課題に使える注意の容量が少なくなり，二次課題の成績が悪くなると考えることができる．

(d) 注意の容量モデルによる初期選択と後期選択の解釈

　注意を容量として考えると，両耳分離聴取において，一次課題である追唱に必要な注意の容量によって，初期選択か後期選択のいずれかの現象が生じると考えることができる(Kahneman & Treisman, 1984)．つまり，図2-3①に示したように，一次課題(追唱)を実行するための注意の容量が多くなれば，注意されない情報に対する注意の容量の残存量が少なくなる．そのために，意味的特徴の分析まで処理が進まず，注意されない情報は分析されないという初期選択のような結果が得られる．一方，図2-3②に示したように，一次課題(追唱)に使われる注意の容量が少なければ，注意されない情報に対する容量が多く残る．すると，その情報の処理を押し進める余裕ができ，注意されない情報も意味的特徴の分析を受けるという後期選択の現象としてあらわれる．その後，このような考え方は，**知覚的負荷理論**(perceptual load theory)と呼ばれる理論によって，さらに精密に体系化されている(八木ら，2004)．

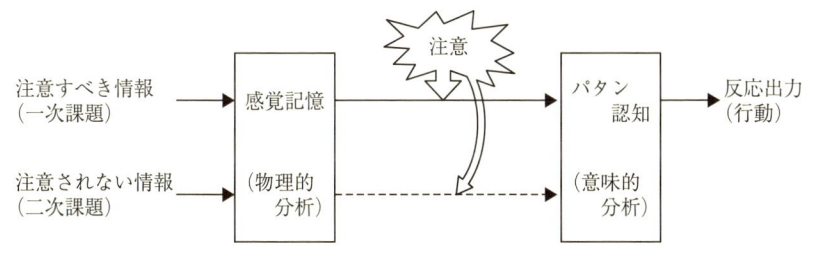

①一次課題(追唱)に対する注意の容量が多い場合の情報処理

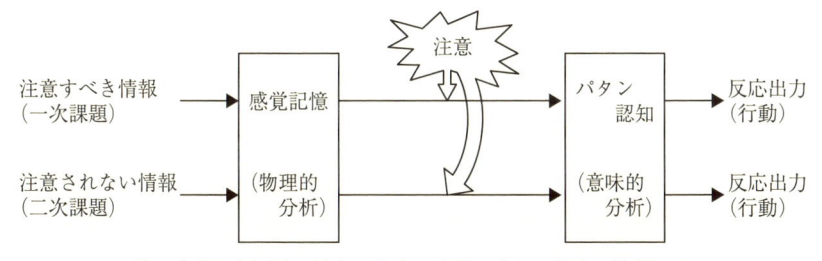

②一次課題(追唱)に対する注意の容量が少ない場合の情報処理

図2-3 注意の容量モデルによる初期選択と後期選択の説明.

コラム 2-1 | 大量の情報の一時的貯蔵庫としての感覚記憶

　われわれは視覚や聴覚などの五感を通して，まわりの世界から膨大な量の情報を受け取っている．注意によって，必要な情報だけを選択するためには，これらの情報を選択までのごく短い時間の間だけ貯蔵しておく必要がある．このような一時的な貯蔵庫が**感覚記憶**(sensory memory)である．そこでは入力されただけでまだ何も情報処理が行われていないことを強調するために，**感覚登録機**(sensory register)と呼ばれることもある．

　スパーリングは，巧妙な方法によって，視覚における感覚記憶の存在を実証し，その持続時間が1秒間であることを明らかにした(Sperling, 1960)．まず彼は，図2-4①に示したような12個の文字刺激を50ミリ秒というごく短時間だけ提示し，その直後に，覚えている文字をすべて答えさせた．このような場合，平均して4文字が報告された．これは見えている全体を報告させるので**全体報告法**(whole report method)と呼ばれる．しかし，このような全体報告法

では，実際にはもっと見えていても，すべてを報告しなければならないために，報告の途中でそれらを忘れてしまう．

そこで，スパーリングは文字刺激の一部分だけを報告すればよいという**部分報告法**(partial report method)と呼ばれる方法を考え出した．具体的には，12個の文字が提示された後で，音の高さを変えた手がかりによって，どの行の4文字を報告すればよいかが指示される（高い音なら一番上の行，中くらいの音なら真ん中の行，低い音なら一番下の行というように，あらかじめ決めておいた）．このようにして，1行(4文字)あたり何文字を報告できるかがわかれば，実際に見えていた全体の文字数を推定できる（この例の場合，部分報告法で答えられた文字数を3倍すればよい）．さらにまた，文字の提示から音の手がかりを出すまでの時間を遅くすれば，この感覚記憶の持続時間を調べることができる．

その結果，図2-4②に示したように，文字の提示直後(0ミリ秒)に手がかりが与えられた場合，部分報告法による文字数をもとに推定された文字数は10文字であることが明らかにされた．これは全体報告法の4文字よりはるかに多い．また，どの行を報告すればよいかという手がかりの提示が遅くなるにつれて，（報告される文字数から）推定された文字数は減少し，1000ミリ秒(1秒)で4文字，つまり全体報告法と同じ成績になった．これらの結果から，刺激の提

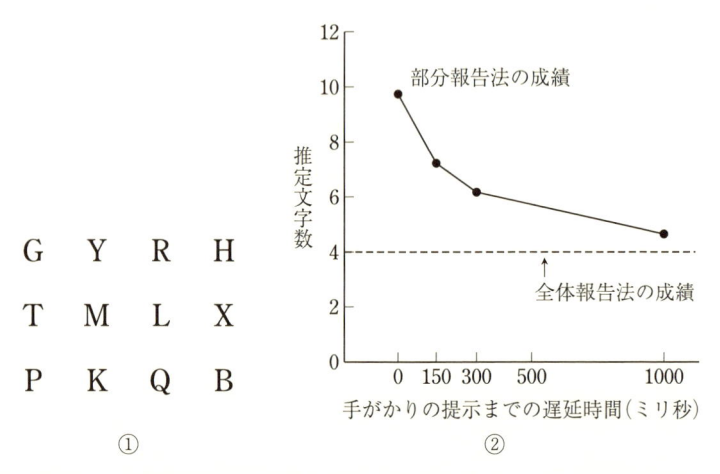

図2-4　①視覚における感覚記憶の実験で使われた文字刺激の例(Sperling, 1960)，②手がかりの遅延時間と（部分報告法から）推定される文字数の関係．(Sperling, 1960より改変)

示後にも大量の情報を貯蔵できる感覚記憶の存在が確認され,その持続時間が1秒間であることが明らかにされたのである.さらにまた,この感覚記憶では高次な処理は行われず,刺激をそのまま写し取っただけのコピーのようなものであることも明らかにされている(Sperling, 1960).その後,聴覚においても同様の感覚記憶の存在が明らかにされ,感覚記憶は,五感それぞれの感覚ごとに存在していると考えられている.

2-2　視覚における注意——意図的注意と自動的注意

　聴覚における注意の研究では,注意とは意図的なものとして考えられてきた.一方,視覚における注意の研究からは,注意とは意図的なものばかりではなく,自動的なものも考えなければならないということが明らかにされている.

　視覚を使った注意の研究では,『ウォーリーをさがせ』というゲーム絵本や,この章の扉に載せた顔の探索課題と同様に,無関連な情報(妨害刺激と呼ばれる)のなかから必要な情報(ターゲット刺激と呼ばれる)を探し出す**視覚探索**(visual search)と呼ばれる課題が使われてきた.その後,時間的に厳密な検討を加えるために,ターゲット刺激の提示される位置を**空間的手がかり**(spatial cue)として与える課題も使われるようになっている.これらの課題はいずれもターゲット刺激を見つけ出すまでの反応時間を調べることで,注意には**意図的注意**と**自動的注意**のあることを明らかにしてきた(コラム 2-2 も参照).

(a) 視覚探索課題

　実験に使われる視覚探索の課題は,章扉の顔の探索課題のように,多数の妨害刺激のなかから,あらかじめ決められたターゲット刺激をできるだけ速く見つけ出すという課題である(熊田, 1992).章扉の課題では,さまざまな表情のなかから怒り顔を探すよりも,笑顔ばかりのなかから怒り顔を探すほうが簡単に感じたはずである.これとよく似たことは,たとえば,図 2-5 ①と図 2-5 ②

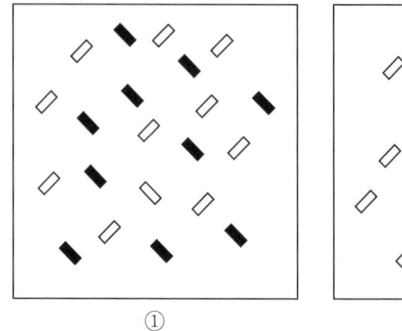

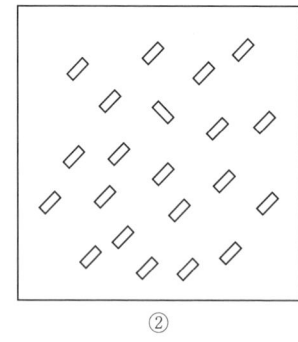

図 2-5 妨害刺激のなかからターゲット刺激(◇)を探す視覚探索課題の例(熊田, 1992). ①2つの特徴を調べる必要のある結合探索の例, ②単一の特徴だけ調べればよい特徴探索の例.

のそれぞれのなかから、ターゲット刺激を見つけ出す際にも体験できる.

どちらの図の場合も、同一のターゲット刺激(◇)を探し出さなければならないが、図2-5①よりも図2-5②のほうがはるかに簡単である. その理由は、図2-5①の場合、妨害刺激とターゲット刺激が向きと色という2つの特徴で異なっていて、向きが同じだが色の違うもの、向きは違うが色の同じもの、が混在しているために、これらの特徴の両方に関して常に注意を向けて調べなければならないからである. 2つの特徴を合わせて調べるので**結合探索**(conjunction search)と呼ばれる. これに対して、図2-5②の場合、妨害刺激とターゲット刺激は向きだけが異なっているので、ターゲット刺激がまるで「飛び出してくる」ように見えて、自動的に注意が引きつけられる. 調べる特徴は1つだけなので、**特徴探索**(feature search)と呼ばれる.

(b) 視覚探索課題での意図的注意と自動的注意——注意の特徴統合理論

それでは図2-5①と図2-5②の妨害刺激の数がもっとずっと多くなったとしたら、ターゲット刺激を見つけるまでの反応時間はどうなるだろうか. 実験の結果、図2-5①のような結合探索の場合には、一つ一つの刺激を意識的に注意深く調べなければならないために、妨害刺激の数が増えるにつれてターゲット

刺激を見つけ出すまでの時間も長くなった．これに対して，図2-5②のような特徴探索では，たとえ妨害刺激の数がいくら増えても，ターゲット刺激を見つけ出すまでの時間はほぼ一定のままであった．

　トリーズマンは，このように，結合探索よりも特徴探索のほうが速いという結果の違いを説明するために，注意の**特徴統合理論**(feature integration theory)を提唱している(Treisman, 1986)．この理論の核心は，意図的注意と自動的注意の2つを分けて考える点にある．すなわち，図2-5①のような結合探索では向きや色という特徴のそれぞれに対して，意図的に注意を向けてこれらを統合しなければならない．これに対して，図2-5②のような特徴探索では，ターゲット刺激の特徴が自動的に注意を引きつけるので，意図的に注意を向ける必要はないというのである．

　しかし，その後，特徴統合理論では十分に説明できない現象が明らかにされてきた．たとえば，結合探索か特徴探索かという刺激側の要因だけではなく，ターゲット刺激に関する参加者の事前の知識によっても，探索時間が影響を受ける．そこで，特徴統合理論の枠組みを残しながら，知識の要因を加えた**誘導探索**(guided search)という考え方があらわれてきている．

(c) 空間的手がかり課題

　視覚探索では，目の動き，すなわち**眼球運動**(eye movement)によって注意を移動している．しかし，眼球運動が起こらない場合にも，空間的な位置に対して選択的に注意を向けることができる．これは，ちょうど舞台すべてを見渡せる場所にいて，自分は動かずに，舞台上のさまざまな場所にスポットライトを当てていることにたとえることができる．このような空間的な注意を調べるために，ポズナーにより開発されたのが，空間的手がかり課題である(Posner, 1980)．

　空間的手がかり課題では，画面上の2つの空間的位置が指示され，この位置のどちらかにターゲット刺激が提示されるので，それをできるだけ速く見つけ出さなければならない．たとえば，図2-6①では，眼球運動が起こらない状態

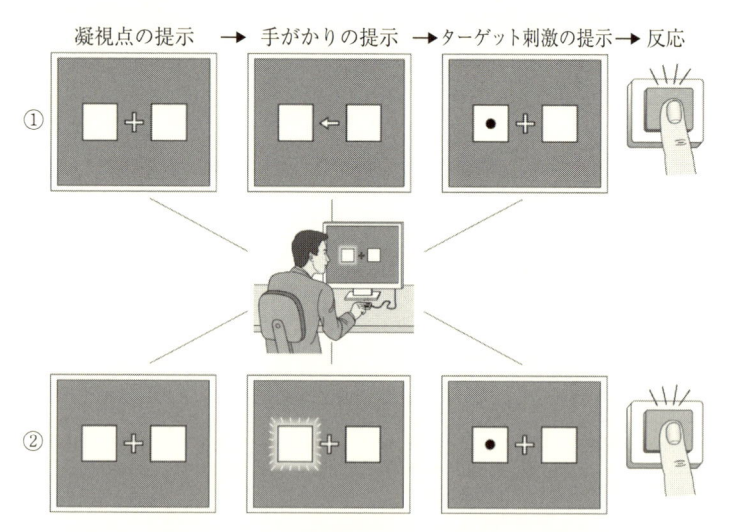

図 2-6 空間的手がかりを間接的に与える場合と直接的に与える場合の手続き．①空間的手がかりを間接的に与える場合の有効条件の例，②空間的手がかりを直接的に与える場合の有効条件の例．

を保つために，画面の中央の一点(図では「✢」で示されている)を参加者に見つめさせる(じっと見つめることは凝視(fixation)というので，このような一点は凝視点と呼ばれる)．次に，この凝視点に矢印(左向きか右向きのいずれか)を提示することで，参加者に注意すべき空間的な位置に関する手がかりを間接的に与える．図 2-6①では矢印「⇐」が左側を指しているので，左側に注意を向けることになる．次に，ターゲット刺激(図ではドット「●」で示されている)が，左右どちらかの位置に提示されるので，参加者はターゲット刺激の提示に気づいたら，できるだけ速くボタンを押して反応しなければならない．矢印のような手がかりは，参加者がそのシンボルの意味を考えるために注意の意図的な操作を行わなければならない．

一方，このように空間的手がかりを間接的に与えるかわりに，図 2-6②のように，画面の左右どちらかの正方形を光らせることによって，位置に関する手がかりを直接与えることもできる．図 2-6②では左側の正方形が光っているの

で，左側に注意を向けることになる．ターゲット刺激の位置に提示される光の手がかりは，光そのものが自動的に注意を引きつける．これは，ちょうど稲妻が光るとそれに注意が自動的に引きつけられることと同じである．

ただし，実際の実験では，この図2-6①や図2-6②のように，空間的手がかりの位置にターゲット刺激が提示される場合（これは有効条件と呼ばれる）だけではなく，手がかりと反対側の位置にターゲット刺激が提示される場合もある（これは手がかりが役に立たないので無効条件と呼ばれる）．さらには空間的手がかりをまったく与えない条件も設けるのが一般的である（このような条件は，比較の基準とするために設定されるので，**統制**(control)**条件**と呼ばれる）．

(**d**) 空間的手がかり課題での意図的注意と自動的注意

すぐに想像できるように，間接的手がかりであろうが，直接的手がかりであろうが，手がかりによって指示された位置にターゲット刺激が出現する有効条件のほうが，手がかりが役に立たない無効条件や統制条件よりも，ターゲット刺激に気づくまでの時間が速い．つまり，眼球運動が起こらなくても，われわれは空間的な位置に対して選択的に注意を向けることが可能なのである．このような実験結果をもとに，ポズナーは注意とはスポットライトのようなものであり，そのスポットライトで照らされた情報だけが選択されると考えた(Posner, 1980)．

さらにまた，実験の結果，図2-6①のように間接的に与える手がかりよりも，図2-6②のように直接的に与える手がかりのほうが，ターゲット刺激を速く見つけ出すことができる．これは，矢印などの間接的な手がかりの場合，参加者は手がかりをもとに指示された位置に意図的に注意を向けなければならない（おおむね300ミリ秒かかる）．これに対して，光によって位置を指示されるような直接的な手がかりの場合は，参加者の意図の関与は不要で，光刺激によって自動的に注意がその位置に素早く（おおむね50ミリ秒で）引きつけられるためと考えられている（興味深いことに，ターゲット刺激が提示されるまでの時間間隔が長い場合には，ターゲット刺激を検出する反応時間が遅くなる）．

これら空間的手がかりの与え方による注意のはたらきの違いをもとに，視覚における注意は意図的注意と自動的注意という2つのタイプに分けて考えられている(Posner, 1980)．

（e）損傷アプローチと脳画像アプローチによる意図的注意と自動的注意

意図的注意と自動的注意という2つのタイプの注意の存在は，**半側空間無視**(unilateral spatial neglect)と呼ばれる視覚障害の事例からも裏づけられている．半側空間無視とは，脳卒中や事故などにより片側の大脳半球(多くは右半球)に障害を受けることによって，視覚が正常であるにもかかわらず，視野の片側(多くは左側)の対象に注意を向けられなくなってしまうという障害である(Robertson & Halligan, 1999; 山鳥, 1985)．半側空間無視の人々は，部屋の左側半分にいる人に気づかないまま右側にいる人と会話したり，食事の際に皿の左側半分をいつも残してしまう．これらの人々に，たとえば図2-7①のような絵を見本として見せて，それを模写させると，図2-7②のように，左側半分を無視して模写してしまう．模写後に，もとの絵の左側半分に意図的に注意を向けさせると，その存在に気づいて驚くのである．このように，彼らは意図的

図2-7 半側空間無視の男性による模写の例(山鳥, 1985)．①見本の絵，②模写された絵(左側が完全に欠落している)．

注意は可能であるが，目の前の刺激により喚起される自動的注意に障害を受けているようである(Corbetta & Shulman, 2002)．実際，半側空間無視の人々に対して，あらかじめ注意すべき部分を予告して意図的注意を向けさせると，半側空間無視の症状が軽減されることが明らかにされている．

また，脳画像アプローチを使った研究からも，意図的注意と自動的注意で脳の活動場所の異なることが明らかにされている(Corbetta & Shulman, 2002)．たとえば，自動的注意よりも意図的注意のほうが，活性化される脳の領域が大きいことや，あるいはまた，自動的注意は脳の右半球での活動が活発であることが明らかにされている．

コラム 2-2 | **2 つの不注意**
―非注意による見落としと変化の見落とし

カクテルパーティ現象と同様な現象は視覚でも起こる．すなわち，夕暮れどきに，明かりのついた部屋からガラス窓を通して外を見る場合，照明が適度な明るさならば，ガラス窓を通した外の風景とガラス窓に映った部屋の光景の両方が見え，注意の向け方次第で2つの光景をたやすく切り替えることができる．
　そこで，ナイサーとベクレンは，たとえば，2人の人が手をたたきあっている映像(図2-8①)と，3人の男性が動き回ってボールを投げあっている映像(図2-8②)を図2-8③に示したように，2重写しにして参加者に見せた(Neisser & Becklen, 1975)．そして，どちらかの映像を注視し，他方を無視するように指示した．この際，両耳分離聴取課題と同様に，注意していることを客観的に確認するために，たとえば，手をたたくゲームに注意する場合には，手がたたかれた回数を数えさせた．すると，注意を向けていない映像のほうの予期できない出来事(ボールを投げあっている者同士が握手する)にはほとんどの者が気づかなかった．その後の同様の研究でも，注意を向けていない映像のなかに，白い傘を差した女性や，ゴリラの着ぐるみを着た人物があらわれても，気づかれにくかった．このように，意図的注意を向けられていない対象では，変わった出来事が起こってもそれに気づかないことが多い．このような現象は，**非注意による見落とし**(inattentional blindness)と呼ばれている．

一方，非注意による見落としに関連した現象に，**変化による見落とし**(change blindness)と呼ばれる現象がある．変化による見落としは，意図的注意を向けている対象が大きく変化しても，その変化に気づきにくいという現象である（非注意による見落としが，意図的注意を向けていない対象で生じ，その対象に意図的注意を向けさせれば，ほとんどの場合，それが消失するのとは対照的である）．変化による見落としの実験では，画面の一部を大きく変化させた 2 枚の映像を交互に見せたり，ある画像から徐々に別の画像へと変化させて，その変化に気づくかどうかを調べる．これらの課題では変化を見つけるようにいっても，参加者の多くはそれを見つけることができない．さらにまた，実験者が街頭で道をたずねている途中で（気づかれないように）別の実験者と入れ替わってもそれに気づかない者もいる．このような 2 種類の見落とし現象は，

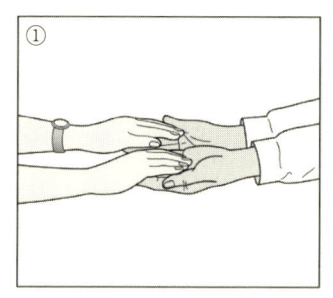

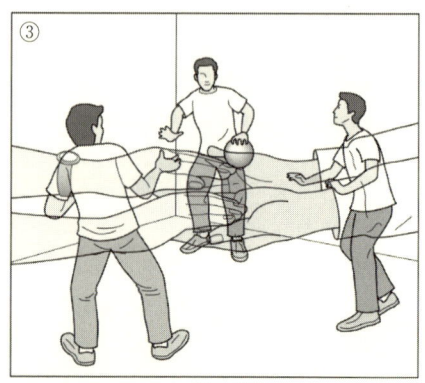

図 2-8 ①手をたたきあっている映像の例，②ボールを投げあっている映像の例，③二重写しにした映像の例．（①〜③は Neisser & Becklen, 1975）

注意について新たな研究を多く生み出している(横澤・大谷, 2003).

2-3 感情を喚起する刺激に対する自動的注意

これまで嬉しい，悲しいといった感情とは無関係な刺激の注意について述べてきた．では，感情を引き起こす刺激における注意のはたらきはどのようになっているのだろうか．視覚探索課題と空間的手がかり課題で，ポジティブ感情やネガティブ感情を喚起する画像や単語を使った実験が多く行われている．その結果，ネガティブな感情刺激に対しては，意図的に注意する前の段階で，自動的注意が強力に引き起こされてしまうことが明らかにされている．

(a) 視覚探索課題における自動的注意

人混みのなかで満面に笑みを浮かべながら近づいてくる人物と，怒りをあらわにしながら近づいてくる人物のいずれのほうが気づきやすいだろうか．このような問題意識のもとに，章扉の顔の探索課題のような視覚探索を使った研究が行われている(Hansen & Hansen, 1988)．これらの研究では，感情を喚起する刺激として，笑顔(ポジティブ感情)と怒り顔(ネガティブ刺激)を用い，多数の同一の表情の顔(妨害刺激)のなかから，1つだけ表情の違う顔をターゲット刺激として探索させる(多くの実験では，ニュートラル刺激として真顔も使われる)．その結果，ターゲット刺激が笑顔(や真顔)である場合よりも，怒り顔である場合のほうが，それを素早く見つけ出すことができたのである．

また，ネガティブ感情を喚起するネガティブな画像(ヘビやクモなど)と，ニュートラル画像(花など)とを視覚探索課題の刺激とした場合でも，ターゲット刺激がニュートラル画像よりもネガティブ画像であるほうが速く見つけ出すことができた(Öhman et al., 2001)．しかも，ヘビやクモが嫌いな者ほど，このような傾向が顕著であることが明らかにされている．

(b) 空間的手がかり課題における自動的注意

　視覚探索課題で得られた結果と同様に，空間的手がかり課題の手がかりとして，ネガティブ語(「絶望」「恥辱」など)を用いた研究でも，自動的注意が喚起されることが明らかにされている．この場合の基本的な手続きは，直接的な位置手がかりとして，凝視点をはさんで(上下いずれかの位置に)ネガティブ語をごく短時間だけ提示する(統制条件として，ニュートラル語を使う条件もあった)．そして，その直後に，上下のどちらかの位置にターゲット刺激(ドット「・」)を提示して，どの位置に提示されたかをできるだけ速く答えさせるというものであった．その結果，抑うつ傾向や不安傾向の高い大学生のほうが，そのような傾向のない大学生よりも，ネガティブ語が手がかりとして提示された位置に出されたターゲット刺激の検出時間が速かった(Mogg et al., 1995)．さらにまた，一般の大学生を対象に，悲しい音楽を聞かせながら悲しい出来事を想起させてネガティブ気分に誘導した場合にも，やはりネガティブ語の提示によるターゲット刺激の検出が速くなったのである(Bradley et al., 1997)．

　これらの研究結果から明らかなように，ネガティブ感情を喚起するような刺激は，本人の意図とは無関係に自動的注意を引き起こしてしまうといえよう．

2-4　注意されない(意識できない)情報の処理

　注意が，意図的なものであれ，自動的なものであれ，それによって意識が注意の向けられた対象に引きつけられる．つまり，注意とは意識の焦点化であり，意識のなかでも，「何かに気づいている」状態を指す**自覚**(awareness)とほぼ同じ意味をもっている．では注意されない(自覚されない)情報はどのような運命をたどるのだろうか．

(a) 聴覚における注意されない情報の影響

　この章の両耳分離聴取を使った研究で述べたように，注意されない情報は完全にシャットアウトされているわけではない．このことは，精神生理学的反応

を使った研究からも裏づけられている．たとえば，ある研究では，両耳分離聴取を行う前に，特定の単語の提示と同時に弱い電気ショックを与えることを繰り返した(von Wright et al., 1975)．このような条件づけの手続きを使うと，電気ショックを受けた単語(ここではショック語と呼ぶ)の提示だけで，生理的緊張を示す皮膚伝導反応が出現するようになる．次に，両耳分離聴取のもとで追唱が求められ，注意していない側の耳にいくつかの単語が提示された．これらの単語のなかには，先に電気ショックを受けたショック語もいくつか含まれていた(もちろん，この両耳分離聴取の段階では電気ショックは与えられない)．すると，参加者は注意していない側に提示されたショック語にはまったく気づかなかったにもかかわらず，ほかの単語よりも大きな皮膚伝導反応を示したのである．

さらにまた，注意されない情報が注意されている側の情報の処理にバイアスを与えることも明らかにされている．たとえば，ある研究では，注意すべき側の耳に，同音異義語を含んだ文(「バンク(bank)に向けて石を投げた」など)が提示され，参加者はそれを追唱した(MacKay, 1973)．この例文の「バンク」には，「銀行」と「川岸」という2つの意味がある．追唱と同時に，注意されていない側の耳には，同音異義語の解釈にバイアスを与える単語(この例の場合，「お金」か「川」)が提示された．そして，追唱のあとに，「信用金庫に向けて石を投げた」と「川岸に向けて石を投げた」という文を提示して，どちらを追唱した(聞いた)かをたずねてみた．すると，誰一人として注意していない側に提示されていた単語については気づいていなかったにもかかわらず，「お金」を提示された者は「信用金庫に向けて石を投げた」という文を選び，「川」を提示された者は「川岸に向けて石を投げた」という文を選んだのである．

このように，注意されていない情報は意識的には気づかれなくとも，それらが処理を受け，われわれの意識的な情報処理にも影響を与えることがわかる．

(b) 視覚における注意されない情報の影響——意味的プライミング効果

両耳分離聴取と同様に，注意されていない視覚的刺激によりターゲット刺激

の処理がバイアスを受けることも明らかにされている．たとえば，ある研究では，注意しなければならないターゲット刺激として，同形異義語（「パーム(palm)」など）がきわめて短時間(125ミリ秒)だけ視覚的に提示され，参加者はその単語に注意するようにいわれた(Bradshaw, 1974)．この場合の「パーム」というターゲット刺激には，「手のひら」と「やしの木」という2つの意味がある．そして，ターゲット刺激の提示と同時に，ターゲット刺激の解釈にバイアスを与える単語（この例の場合，「手」か「木」）をその横に提示した．参加者はターゲット刺激だけに注意して，その横の単語はいつも無視するようにいわれていた（実際，提示時間が短いのでターゲット刺激を読みとることで精一杯であった）．このような状況で，ターゲット刺激である「パーム」の意味をたずねると，「手」を提示された者は「手のひら」と答え，「木」を提示された者は「やしの木」と答えたのである．

　さらにまた，同時に提示するのではなく，注意されない刺激（これはプライム刺激と呼ばれる）を先に提示し，それに続いてターゲット刺激を提示する場合にも同様のバイアスが見いだされている．これは**プライミング効果**(priming effect)と呼ばれる．すなわち，プライミング効果とは，時間的に先行するプライム刺激により，後に続くターゲット刺激の意味的処理が促進される現象を指す（「プライミング」には発火とか点火という意味がある）．プライム刺激とターゲット刺激が意味的に関連している場合（プライム刺激が「パン」でターゲット刺激が「バター」など）を**意味的プライミング**(semantic priming)ないしは**連想的プライミング**(associative priming)と呼ぶ．

　プライミング効果を調べる典型的な手続きでは，図2-9①に示したように，ごく短時間提示されるプライム刺激（この例の場合，「パン」）に対しては何も反応を求めず，ターゲット刺激（この例の場合，「バター」）について，それが単語であるか単語でないかを判断させて，その反応時間を調べる．単語であるかどうかの判断は，**語彙決定**(lexical decision)と呼ばれる．そのため，ターゲット刺激が単語ではない条件（たとえば，「ボター」）も含まれている．さらにまた，プライム刺激とターゲット刺激の間に意味的関連性のある関連条件だけではな

2-4 注意されない(意識できない)情報の処理 57

凝視点の提示 → プライム刺激の提示 → ターゲット刺激の提示 → 語彙決定

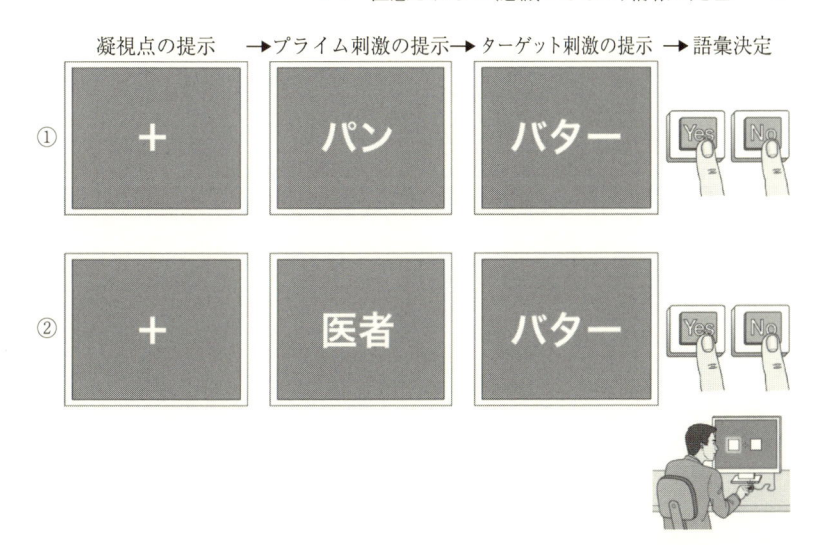

① [＋] [パン] [バター] [Yes/No]

② [＋] [医者] [バター] [Yes/No]

図 2-9 意味的プライミング効果を調べるための手続きの例．
①関連条件，②無関係条件．

く，図2-9②に示したように，両者の間に意味的関連のない無関連条件(「医者」と「バター」など)も含まれる．このような実験では，参加者の課題はターゲット刺激の語彙決定であるので，プライム刺激には注意せず，ターゲット刺激だけに意図的に注意を向けると考えられる．こうして，ターゲット刺激に対する語彙決定時間を比較すると，プライム刺激とターゲット刺激の間に意味的関連性のない場合よりも，両者の間に意味的関連性のある場合のほうが，その反応時間が速い(Meyer & Schvaneveldt, 1971; Neely, 1977)．

　ここで重要なことは，このようなプライミング課題において，プライム刺激が提示されたことがわからない速さで閾下提示された場合にも，プライミング効果が認められるということである(Marcel, 1983)．これらの結果から，意識的に注意できない情報であっても，何らかの意味的な処理が行われ，そこからバイアスを受けていることがわかる(コラム2-3を参照)．

(c) 注意されない情報の感情の影響——感情プライミング効果

プライミング効果は先行刺激の提示により後続刺激の意味的処理が促進される現象であった．これに対して，**感情プライミング効果**(affective priming effect)とは，後続刺激の感情的な処理の促進に焦点を当てたものである．すなわち，感情プライミング効果とは，プライム刺激として，表情(笑顔や怒り顔など)やネガティブ語などの感情バイアスをともなった刺激を使うことで，後続のターゲット刺激に対する感情判断が影響を受けるという現象を指す．

とりわけ，プライム刺激を閾下提示した場合のほうが，このような感情プライミング効果の得られやすいことが多くの研究で明らかにされている．たとえば，マーフィとザイアンスは，最初に，プライム刺激として笑顔か怒り顔のいずれかの顔写真を4ミリ秒だけ閾下提示した(Murphy & Zajonc, 1993)．引き続き，ターゲット刺激として漢字を提示して，5段階の好意度判断を求めた(「1」が「好きでない」，「5」が「好きである」)．この実験を受けたのはアメリカ人であるために，漢字の意味を知っている者はいなかった．その結果，プライム刺激が意識できなかったにもかかわらず，怒り顔の提示後の漢字に対する好意度(2.70)よりも，笑顔の提示後の漢字に対する好意度(3.46)のほうが高かったのである．つまり，意識できない情報のもつ感情バイアスが意識的な処理に影響したのである．

このことは，別の見方をすれば，意識できない情報も何らかの感情的な処理を受けていることを示している．実際，特定の表情を閾下提示した場合の脳の活動を脳画像研究によって調べると，本人がそれを見たという自覚がなくとも，その表情に応じた扁桃核の活動が認められている(Morris et al., 1998)．

コラム 2-3 「サブリミナル効果」は存在するのか？

たびたびマスコミでも話題になる「サブリミナル効果」とは，特定のメッセージを意識できないように閾下提示することによって，他者の考え方や行動に何らかの影響が認められるという現象のことである(そもそも「サブリミナル

効果」という心理学用語は存在しないので，ここでは，カギ括弧を付けることとする)．

「サブリミナル効果」が有名になったきっかけは，1950年代に行われた映画館での実験であろう．すなわち，映画の上映中に，コカコーラやポップコーンという文字を何度も閾下提示したところ，6週間の実験期間中に，コカコーラは18%，ポップコーンは57%も売り上げが増えたというのである．しかし，この実験の信頼性そのものが疑わしい上に，そもそも，比較の基準となる統制条件がないために，売り上げの増えた原因が「サブリミナル効果」なのか，それとも別の原因(たとえば気温や湿度の上昇)なのかを決めることはできない．

残念ながら，その後，統制条件も加えて検討を行った数多くの実験でも，「サブリミナル効果」に関する明確な結論は得られていない．たとえば，ある実験では，「ビーフ(牛肉)」という単語を何度も閾下提示した後で，空腹の程度をたずねると同時に，用意された各種のサンドイッチのなかから食べたいものを自由に選ばせてみた(Byrne, 1959)．すると，「ビーフ」を閾下提示された者たちは，何も提示されていない統制条件の者よりも，空腹の自己評定値は高かったものの，ビーフ入りのサンドイッチを多く選んだわけではなかった．

しかし，これらの実験では，「サブリミナル効果」の定義が明確ではなく，また，実験方法の厳密性も十分ではない．そこで，これらの問題点を改善した実験が行われた結果，ある種の「サブリミナル効果」は確かに存在することが明らかにされている．たとえば，本文中で述べた意味的プライミング効果や感情プライミング効果は，閾下提示された刺激が後続のターゲット刺激の処理に対して影響を与えるという証拠である．また，何度も閾下提示された刺激に対して好みが生み出されるという閾下単純接触効果(1章のコラム1-2を参照)も「サブリミナル効果」に含めることができよう．

このように，一定の前提条件を満たせば，実験室において「サブリミナル効果」は確かに存在しているといえる．しかし，これら意味的プライミング効果，感情プライミング効果，閾下単純接触効果などがあるといっても，本人の意識できないサブリミナルメッセージによって他者の言動に影響を与えることは不可能である．なぜならば，ここで述べたような実験では，「サブリミナル効果」を純粋に取り出すために，閾下提示された刺激以外の情報との接触を避け，また，反応までの時間的余裕を与えないことで意識的プロセスの関与を除去するという前提条件がともなわれているからである．われわれの日常生活を考えると，誰もがさまざまな情報をもとに，時間をかけてあれこれと注意深く検討し

た上で，最善と思われる意思決定を行っている．したがって，このような実験室と日常生活との間の大きなギャップを考えるのならば，他者の言動に影響を与えるような「サブリミナル効果」は日常生活では存在しないと結論できよう．ただし，いわゆるマインドコントロールや洗脳と同じように，ごくわずかの情報から，しかも注意深く検討することもなく，「フィーリング」などで意思決定を行うとすれば，サブリミナルメッセージに影響されるという可能性は否定できないことを忘れてはならない．

2-5　制御的処理と自動的処理

誰もが経験するように，初めて行うような作業に対しては注意が必要であるが，熟練するにつれて，その作業に要する注意が少なくなり，自動的に行えるようになる．たとえば，携帯電話を使ってメールを打つ場合を考えてみよう．はじめのうちは，どの文字がどのボタンなのか見つからず，時間をかけて注意深く打っていただろうが，慣れるにしたがって，ほとんど自動的に打つことができるようになったはずである．このように，われわれが行うさまざまな活動は，意図的注意を必要とする**制御的処理**(controlled processing)と，そのような注意を必要としない**自動的処理**(automatic processing)に分けることができる．また，制御的処理は**練習**(practice)によって**自動化**(automaticity)が進み，処理していることを意識しない自動的処理に変わっていく．

(a) 視覚探索による制御的処理と自動的処理の区分

シュナイダーとシフリンは，制御的処理が練習によって自動的処理に変わっていくプロセスを視覚探索課題を使った実験によって明らかにしている (Schneider & Shiffrin, 1977; Shiffrin & Schneider, 1977)．彼らの使った方法は先に述べた結合探索と特徴探索を変形したものである．

この実験では，図2-10①に示したように，最初にターゲット刺激(文字か数字)が与えられるので，それらを覚えなければならない(1～4項目のいずれか

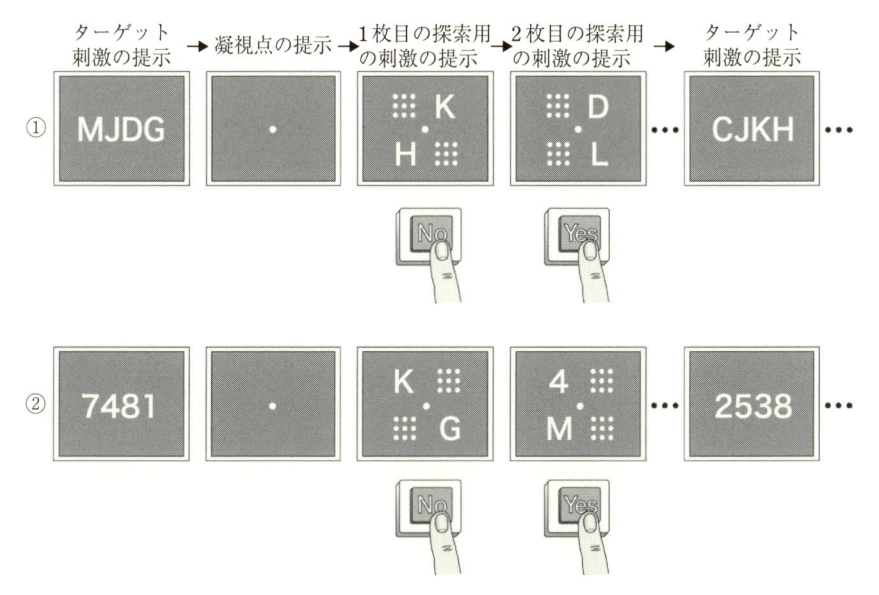

図 2-10 制御的処理と自動的処理を調べるための視覚探索課題．(Shiffrin & Schneider, 1977 より改変)　①制御的処理の必要な視覚探索課題の例，②自動的処理の必要な視覚探索課題の例．

であり，この例では，「M」「J」「D」「G」の4項目がターゲット刺激である)．続いて，探索用の画面が20枚連続して提示されるので，参加者はそれぞれの画面に先ほど覚えたターゲット刺激が含まれているかどうかを毎回ボタンを押してできるだけ速く答えなければならない．各画面は4分割され，ターゲット刺激が含まれる場合と含まれない場合があった(なお，文字や数字のない位置には，図に示したように9個のドットが提示された)．こうして20枚の画面が終了すると，また新たにターゲット刺激(「C」「J」「K」「H」など)が提示され，同じように別の20枚の探索用の画面が提示される．このようなことを何度も繰り返すのである．

この図2-10①では，ターゲット刺激も妨害刺激も同じアルファベット文字から選ばれていて，しかも，ある場合にはターゲット刺激であった項目が別の場合には無関連な妨害刺激というように役割が変わる．したがって，毎回，意

図的注意が必要とされ,課題はかなりむずかしい(本質的に結合探索と同じである).事実,探索用の画面に提示される刺激項目の数が1, 2, 4と増えるにつれて,反応時間が長くなった.これはターゲット刺激と妨害刺激が同じアルファベット文字であるために,1項目1項目について注意深く系列的に探索していかなければならない制御的処理を反映していると解釈された.

一方,図2-10②の場合は,ずいぶんとやさしい.なぜなら,いつもターゲット刺激は数字で,妨害刺激は文字なので,数字にだけ注意すればいいからである(本質的に特徴探索と同じである).このような場合,探索画面の妨害刺激の数が増えても,反応時間はほぼ一定であった.これは,ターゲット刺激と妨害刺激が数字と文字というように種類がまったく異なっているために,ターゲット刺激が「飛び出してくる」という自動的処理になっているためであると思われる.

(b) 練習にともなう熟達化による制御的処理の自動化

さらにまた,シュナイダーとシフリンは,図2-10①のような制御的処理の必要な条件であっても,何千回も回数を繰り返すことによって,次第に,反応時間が短くなり,最終的には,妨害刺激の数に関係なく時間が一定になることを明らかにしている.つまり,練習によって自動化が進み,制御的処理を行うのに必要な注意が不要になったのである(練習による処理の上達は**熟達化**(expertise)と呼ばれる).

熟達化により,ある作業に要する注意が自動化されることで,それと同時に行う別の作業に注意を多く向けることができるようになる.すでに述べた初心者ドライバーの例を引きあいに出せば,最初こそ,慣れない運転に多くの注意が奪われ余裕はないが,運転の熟達化にともなって,やがては運転しながら,同乗者との会話や音楽を楽しむことができるようになる.

同様に,たとえば,アンダーウッドは,両耳分離聴取の初心者と熟達者を対象に,注意すべき側の耳に提示される文字を追唱させた(Underwood, 1974).そして,注意すべき側の耳か,注意していない側の耳のどちらかに,二次課題

として，時折，数字を提示した．参加者には，もし数字が聞こえたら，その時点で追唱をやめて報告するように指示した．その結果，注意している側に数字が出現した場合の報告率は初心者(72%)と熟達者(88%)の間に大きな違いは認められなかった．しかし，注意していない側の報告率に関しては，初心者(8%)よりも熟達者(67%)のほうが，はるかに成績がよかったのである．つまり，このような結果は，熟達者にとっては追唱が自動化されているために，同時に行うほかの作業(数字の報告)にも注意を向けることができるようになることを示している(なお，注意している側の数字に気づかないことは，変化による見落としと本質的に同じであり，注意していない側の数字に気づかないことは，非注意による見落としと本質的に同じであって興味深い)．

(c) 自動的処理による干渉──ストループ効果

熟達化によって確立された自動的処理は注意が不要であり，スムーズにこなすことができるという利点をもっている．たとえば，意味的プライミング効果や感情プライミング効果は，プライム刺激に対する自動的処理が後続のターゲット刺激の処理に促進効果を及ぼす現象として考えることができる．

しかし，いったん自動的処理が獲得されると，自分の意図とは無関係に，その処理が進んでしまい，それがかえって課題に**干渉**(interference)を引き起こす場合がある．先の携帯電話をもう一度例として考えると，長年使ってきた機種をまったく別の機種に変更することで，各種機能の操作法が異なっていて，まごつくことは誰もが経験する．この例ではやがて慣れるだろうが，ほぼ限界まで熟達化が進み自動的処理が獲得されているのが母語である．われわれが母語(日本語)を話す場合と，外国語を話す場合を考えてみよう．日本語を話す場合には，ほとんどの場合，意識することなく自動的にことばが出てくる．これに対して，外国語を話す際には，言いたいことはすぐに日本語で頭に浮かんでも，それがかえって邪魔になってスムーズに外国語を話すことができない．

このように自動的処理が同時に行う別の処理に干渉を及ぼす典型的な現象が，ストループにより初めて報告された**ストループ効果**(Stroop effect)である

64 —— 2 注意と意識

図 2-11 ストループ課題の例(この例はモノクロ印刷の都合上,黒色,白色,灰色の 3 種類を使っている).①色だけの統制条件,②文字の意味と文字の色が一致している条件,③文字の意味と文字の色が一致していない条件.

(Stroop, 1935).ストループ効果とは,図 2-11 のような課題において,印刷された文字の色を言う作業に対して,印刷された文字の意味が干渉を引き起こすという効果である.たとえば,図 2-11 ①の色を左から右へ向かってできるだけ速く声に出して言ってみてほしい(この例はモノクロ印刷の都合上,黒,白,灰の 3 種類を使っている).次に,図 2-11 ②と図 2-11 ③では,文字(黒,灰,白)と無関係にやはり,左から右へ向かってできるだけ速く声に出して色を言ってみてほしい.実際にやってみるとよくわかるが,図 2-11 ②と③はまったく同じ文字の配列なのに,図 2-11 ③のほうがむずかしく感じるし時間もかかる.図 2-11 ③は文字と文字の色がすべて一致していない.すなわち,白色で印刷された「黒」という文字や,灰色で印刷された「白」という文字などである.このような場合,印刷されている文字を無視して色だけを言えばよいにもかかわらず,主観的には文字の意味が邪魔をして,文字と文字の色が一致している図 2-11 ②よりも読むのに時間が長くかかるのである.

ストループ効果に関する理論は数多く提出されているが(嶋田,1994),その一つが自動性による解釈である.つまり,文字を読むという処理は極度に自動的処理となっているために注意が不要であるのに対して,文字の色を言うという処理はほとんど経験のないことなので注意の必要な制御的処理と考えられる.したがって,白色で印刷された「黒」という文字の場合,色に注意を向けてそれを言語化しようという際に,極度に自動化された読みである「黒」という反応の**抑制**(inhibition)が必要となるために,意識的に抑制に注意を向けなければならない.その結果,色を言う作業に注意が十分に向かず,その反応時間も

遅くなってしまうというのである．いずれにしろ，このようなストループ効果は自動的処理がマイナスにはたらいてしまうという例である．

(d) 感情の自動的処理による干渉——感情ストループ効果

　ストループ効果の自動的処理による干渉を感情材料に応用したのが**感情ストループ効果**(emotional Stroop effect)である(Williams et al., 1996)．たとえば，ネガティブ語をさまざまな色で印刷し，単語は無視して，その色だけを言わせて，それに要する反応時間を測定する．この場合，統制条件として，ニュートラル語の色を言うのにかかる反応時間を調べて，それに比べて，ネガティブ語では，どれだけ反応時間が遅くなるかを調べるのが一般的である．このような感情ストループ効果を利用することで，抑うつ傾向や不安傾向の高い者，クモが怖いといった**恐怖症**(phobic)に悩まされている者にとって，どのような種類の感情に関連した単語(すなわち概念)に注意が引きつけられて抑制がむずかしいのかを明らかにできる．

　たとえば，抑うつ傾向の高い者は，ネガティブ語のなかでも，抑うつに関連した単語が使われたときにのみ，その色を言うのに時間がかかる(すなわち，ストループ効果が大きくあらわれる)ことが知られている(Gotlib & McCann, 1984)．また，クモ恐怖症に悩まされている者と，そうでない者を対象にした研究では，ニュートラル語やネガティブ語に加えて，クモに関連した単語(「クモ」「這う」など)を使って比較してみた(Watts et al., 1986)．その結果，いずれのグループでも，ニュートラル語でも，ネガティブ語でも，その色を言うのに長く時間がかかった．これに対して，クモに関連した単語では，クモ恐怖症に悩まされている者だけが，その色を言うのに時間が長くかかったのである．このように，感情ストループ効果からは，特定の感情に関した情報に対して自動的に注意が引きつけられてしまい，それを抑制できない場合のあることがわかる．このような現象は，臨床心理学における診断に役に立つ可能性も指摘されている．

◇ま◇と◇め◇

　注意という概念には，意識のはたらきに共通する部分が多く含まれている．したがって，注意を研究することは，とらえどころのない意識を客観的に研究するための手だての一つとなる．聴覚や視覚における注意を研究するためにさまざまな方法が工夫されてきた．これらの数多くの研究から，意図的注意と自動的注意の特性が明らかにされてきた．また，注意されていない情報も本人の意識とは無関係に処理され，意識的に行われる課題に影響を与えている．確かに，すべての情報に注意を向けて，それらを処理することは効率が悪すぎる．したがって，膨大な時間の練習によって注意が自動化されることは必要であろう．それと同時に，ネガティブな刺激に自動的注意が引きつけられることが多いというのは，有害な事物を素早く避けるという適応的な意味をもっていると思われる．

◇問◇題◇

- 日常生活のなかで注意のはたらきが関わっていると思われる出来事を考えてみよう．
- 意図的注意と自動的注意はどのような点が違うのかを説明してみよう．
- 何かに注意している際に，そうでない情報はどのような処理を受けているかを適切な例をあげて説明してみよう．
- 自分の経験を振り返ってみて，ある作業に熟練することの利点と欠点を考えてみよう．

3 短期記憶と長期記憶

　誰にでもテストにそなえて必死になって覚えた経験が一度や二度はあるだろう．ところが，そうやって覚えたことでも，テストが終わると，すっかり忘れてしまっている．一方，自分が熱中した小説や映画の内容は何年たっても覚えている．このように，記憶は比較的短い時間しか続かない短期記憶と，長続きする長期記憶に分けることができる．この章では，短期記憶と長期記憶の特徴，ワーキングメモリと呼ばれる記憶のはたらき，長期記憶を形成するための方法，長期記憶と感情の関係について学ぶ．

［キーワード］
▼

記銘，保持，想起
忘却曲線
再生，再認
短期記憶，長期記憶
自由再生
海　　馬
ワーキングメモリ
意味的処理
ネットワーク説

ヌサン　アマナ
オキス　イムケ
ヘイヒ

これらのことばは，意味がわからないので覚えにくい．つまり，知らないものは記憶もむずかしい．意味の関与こそ，記憶にとって重要であることがわかってきた．

3-1　記憶の3つの段階

われわれは，さまざまな情報を**記憶**(memory)として覚えておかなければならない．たとえば，授業で教わった内容(漢字，九九，歴史上の出来事，数学の公式，英単語など)は必死になって覚えたはずである．日常生活でも，新しい携帯電話や音楽プレーヤーの使い方，いろいろなゲームのルール，高級レストランでの食事のマナーなど，実にさまざまなことを覚えなければならない．

このように記憶の種類は無数にあるが，覚えてから思い出すまでの時間的な流れに注目すると，どのような記憶であっても，図3-1に示したように，**記銘**(memorization)，**保持**(retention)，**想起**(remembering)と呼ばれる3つの段階に分けることができる．最初の記銘とは，情報を覚えることである．次の保持とは，覚えた情報を頭のなかにたくわえておくことである．最後の想起とは，たくわえておいた情報を思い出すことである．これら3つの段階は，ビデオカメラによる撮影を思い浮かべればよく理解できる．つまり，ビデオカメラの場合，最初に映像を撮影する(記銘)．次に，撮影した映像をテープなどの記録メディアの形で保存しておく(保持)．そして，見たいときに，その記録メディアを再生する(想起)．このように，記憶とは，記銘，保持，想起の段階すべてにかかわるはたらきのことを指す．なお，記銘，保持，想起ということばは，情報処理の用語を使って，それぞれ**符号化**(encoding)，**貯蔵**(storage)，**検索**

図3-1　記憶の3つの段階——記銘・保持・想起．

(retrieval)と呼ばれることもある．

3-2　どのように忘れられていくのか？——忘却と保持時間

　この章の扉にあったことばを思い出してみよう．おそらく，ほとんどのことばを忘れてしまっているだろう．このように情報の再現の失敗が**忘却**(forgetting)である．忘却は，記銘，保持，想起の3つの段階のいずれかに問題のあるときに生じる．つまり，そもそも記銘がうまくいかなかったり，保持の間に情報が消えてしまったり，想起に失敗するなどを考えることができる(コラム3-1を参照)．もちろん，記銘も保持もうまくいかないなど，複数の段階で生じる問題による忘却もある．このように，忘却とは，先ほどのビデオカメラの例をあげると，撮影の際のミス(記銘の失敗)，テープなどの記録メディアの紛失(保持の失敗)，記録メディアの再生不能(想起の失敗)，などと本質的に同じである．ただし，ビデオカメラの記録と，人間の記憶の根本的な違いは，人間の場合，たとえうまく記銘できたとしても，保持している時間の経過にともない忘却が起こるという点にある．

(a) 複数の材料を記銘した場合の忘却のようす

　それでは，覚えてから思い出すまでの保持時間の長さと忘却の関係はどうなっているのだろうか．このような時間経過による忘却のようすをはじめて実験によって調べたのが，ドイツのエビングハウスである(Ebbinghaus, 1885)．
　エビングハウスは，過去の経験から影響を受けない純粋な記憶を研究するために，この章の扉の「ヌサン」のような**無意味綴り**(nonsense syllable)と呼ばれる材料(実際には「WUX」など)を使うことにした．というのは，果物の名前のような意味のある材料を使うと，過去にどれだけ見聞きしたことがあるかという知識によって，その覚えやすさに違いが出てしまうからである．次に，これらの材料を数項目ずつまとめ(これを**リスト**(list)と呼ぶ)，それぞれのリストをすべて完全に暗唱できるようになるまで，記銘した(彼は自分自身を対

象に実験を行っている）．このとき，エビングハウスは，われわれが初めて学ぶ漢字や英単語を覚えるときのように，何度も声に出して繰り返すという**リハーサル**(rehearsal)と呼ばれる方法を使った．リハーサルとは，一般には，演奏や芝居などの舞台の稽古を事前に行うことだが，ここでは刺激を声に出したり頭のなかで繰り返すことを指している．

こうして完全に記銘し終えた後に，さまざまな時間(20分から31日間)をあけて記憶テストを行った．テストでは，先に覚えた無意味綴りをもう一度完全に暗唱できるまでにかかる音読回数を調べた(これは**再学習**(relearning)と呼ばれる)．そして，最初に覚えたときにかかった音読回数と比べて，再度覚えるまでの回数が節約された割合を記憶の指標としたのである．たとえば，最初，暗唱までに10回かかったのが，テストのときには6回で暗唱できたとすれば，4回分(40%)節約できた(つまり記憶が残っていた)ことになる．

このようにして，エビングハウスは，図3-2に示したように，時間経過による忘却の進むようすをはじめて数量的に明らかにしたのである(これは**忘却曲線**(forgetting curve)と呼ばれる)．図3-2を見ると，2つのことが読みとれる．第1に，記銘してから1時間後にかけて急速に忘却が進むこと(1時間後で44%まで減少)，第2に，それ以降はあまり忘却が進まなくなること(6日後で25%，31日後でも21%の保持率)，である．

エビングハウスは，再学習という方法を使って記憶を測定したが，その後の多くの研究では，**再生**(recall)と**再認**(recognition)という方法が使われる．学校のテストでいえば，再生は論述式テストに，再認は多肢選択式テストに，それぞれ相当する．つまり，再生テストでは，覚えた材料を「**再**びゼロから**生**み出す」ことができるかどうかを調べる．たとえば，「この章の扉で覚えたことばをすべて思い出してください」などという指示を与える．これに対して，再認テストでは，覚えた材料を「**再**びそれと**認**める」ことができるかどうかを問題とし，「この章の扉で覚えたことばに「ヌサン」があったかどうかを判断してください」といった聞き方をする．ただし，提示された材料ばかりが続くと，答える側は途中からすべてにイエスと答えてしまうので，実際には覚えていな

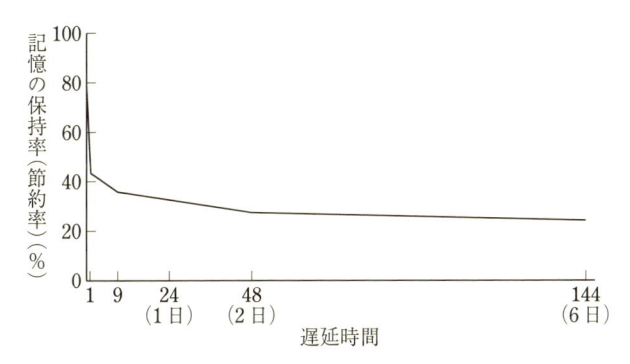

図 3-2 テストまでの遅延時間にともなう保持率.
(Ebbinghaus, 1885 より改変)

い材料(「リミナ」など)を**妨害項目**として混ぜて提示し，どの材料を記銘したかを判断させる(妨害項目は**ディストラクタ**(distractor)と呼ばれる).

エビングハウスによる実験以降，このような再生や再認を使って，無意味綴りだけではなく，果物名などの意味のある材料の忘却も数多く調べられている．その結果，多くの実験で，エビングハウスの見いだした忘却曲線と同様の経過をたどって忘却の進むことが明らかにされている．

(b) 単一の材料を記銘した場合の忘却のようす

エビングハウスをはじめ多くの研究では，複数の項目からなるリストの記憶が調べられている．では，たった1項目だけ記銘するようにいわれたら，いったいどれくらいの時間，覚えていることができるのだろうか．

このことをほぼ同時期に同じ手続きを使って調べたのがブラウンとピーターソン夫妻である(Brown, 1958; Peterson & Peterson, 1959). 彼らは，最初に「GKB」などの無意味綴りを1項目だけ提示し，その直後(0秒)から18秒まで，さまざまな時間を置いた後に，記銘した項目の再生を求めた．

ただし，あとで再生しなければならないことを誰もが知っているのだから，このままでは，テストまでの時間中に項目をリハーサルしてしまう．そこで，リハーサルを妨害するために，連続して3ずつ声に出させて引き算を行わせた

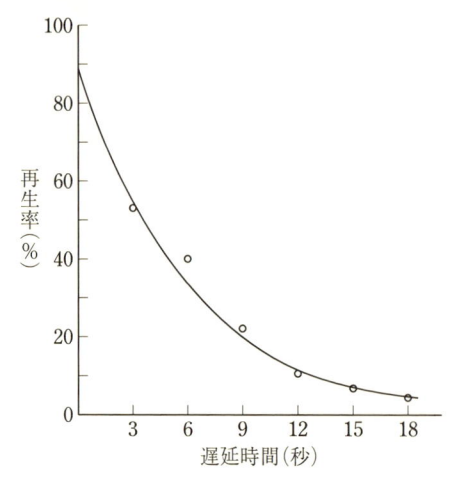

図 3-3　テストまでの遅延時間にともなう再生率.
(Peterson & Peterson, 1958)

(この作業は数字の**逆唱**と呼ばれる).たとえば,「309」が提示されると,参加者は「309, 306, 303, …」のように引き算を行っていく.このように,記銘材料の提示と同時に,数字の逆唱を行わせる方法は,彼らの名前をとって**ブラウン-ピーターソン課題**(Brown-Peterson task)と呼ばれている.その結果,図3-3に示したように,秒単位で急速に忘却が進み,驚くことに18秒でほぼ完全に忘却されてしまったのである.

コラム 3-1 | **なぜ忘却が起こるのか?**——減衰説と干渉説

　エビングハウスの実験でも,ブラウン-ピーターソン課題でも,いずれも時間の経過とともに忘却が進んだ.このように,記憶内に形成された記録(これは**記憶痕跡**(memory trace)と呼ばれる)が時間の経過とともに,消失してしまうことから忘却を説明しようとしたのが**減衰**(decay)説である.減衰とは,何も手入れをしない建物が何十年も経つと朽ち果ててしまうようすに似ている.確かに,脳神経にもとづいた研究からは,減衰説を支持するような結果が得ら

れている.しかし,もしすべての忘却が情報の減衰によるのならば,忘却されたはずの情報は2度と想起されないはずである.ところが,実際には,忘れていたはずの記憶が思い出されることもある(Tulving & Pearlstone, 1966).

そこで,別に行った活動が邪魔になって忘却が引き起こされるという**干渉**(interference)説があらわれてきた.干渉説を理解するために,記銘した後の保持時間中に何が起こるかを考えてみよう.エビングハウスのような実験では,リスト項目を記銘した後に,別のリスト項目の記銘やテストを行わなければならない.われわれがテスト勉強の際,いろいろな科目を続けて勉強すると,それらがゴチャゴチャになってしまうことがある.これと同様に,別の記憶活動によって,もとの記憶が干渉を受け,結果的に思い出せなくなってしまうというのが干渉説の考え方である.干渉とは,部屋が散らかっていて探し物が見つからないようすと似ている(部屋を探し続けていると,探し物が見つかることもあることから,忘却されたはずの情報が想起されることを説明できる).

もしこのような干渉説が正しいのならば,保持時間中に何もしない場合よりも,何か活動を行った場合のほうが干渉が大きくなるので,忘却が多く起こるはずである.実際,記銘の直後に睡眠をとらせて何もさせない場合と,起きたままでいる場合を比べると,8時間経過した後の記憶成績は,睡眠をとったグループでは50%をこえていたのに対して,起きたままでいたグループでは10%しか覚えていなかった(Jenkins & Dallenbach, 1924).ただし,近年,睡眠そのものが記憶の定着を促進するということがわかってきたので(Phihal & Born, 1997),睡眠をとらせたグループの記憶成績がよかったのは,干渉がなかったためなのか,それとも,睡眠による記憶の定着の効果によるためなのか,不明である.そこで,多くの実験では,リストの記銘後に何もさせないグループと,別のリストを記銘させるグループを設け,最初に覚えたリストの記憶成績が比べられている.このような実験を行うと,確かに,別のリストの記憶による干渉が起こり,忘却が生じることが明らかにされている.この場合のように時間的に後続する記憶活動のために,先に行った記憶の成績が悪化することは**逆向干渉**(retroactive interference)や**逆向抑制**(retroactive inhibition)と呼ばれる.また,ブラウン−ピータソン課題のような短時間の忘却も,類似の課題を何度も行うことで先に覚えた記憶が干渉を引き起こすことで説明されている.このように時間的に先行する記憶活動のために,後に行った記憶の成績が悪化することは**順向干渉**(proactive interference)や**順向抑制**(proactive inhibition)と呼ばれる.いずれにしろ,忘却の起こる原因の1つとしては,別の

情報を記銘することによる干渉が関与していると考えられよう(Anderson et al., 1994).

3-3 記憶の二重貯蔵庫モデル──短期記憶と長期記憶

　ブラウン-ピーターソン課題の記憶と,エビングハウスの調べた記憶を比較すると,忘却曲線そのものの形状は類似しているが,その持続時間に大きな違いがある.日常経験を振り返ってみると,ブラウン-ピーターソン課題に見られるように,きわめて短時間だけ保持され,すぐに忘却されてしまう記憶と,エビングハウスの調べたように,比較的長続きする(ときには何年もの間,保持される)記憶が存在している.たとえば,知らない相手に電話をかけなければならない場合,電話をかけるまでのわずかの間だけ,相手先の電話番号を覚えておくことができるが,電話で話し終えた後は,その番号を忘れている.一方,自宅の電話番号は,はるかに長い間,覚えている.

　このような日常経験だけではなく,1960年代になると,コンピュータの一時的に情報を保存しておくバッファメモリのはたらきに影響を受けた記憶研究者たちが,情報の保持される時間の違いに応じて,図3-4に示したように,短

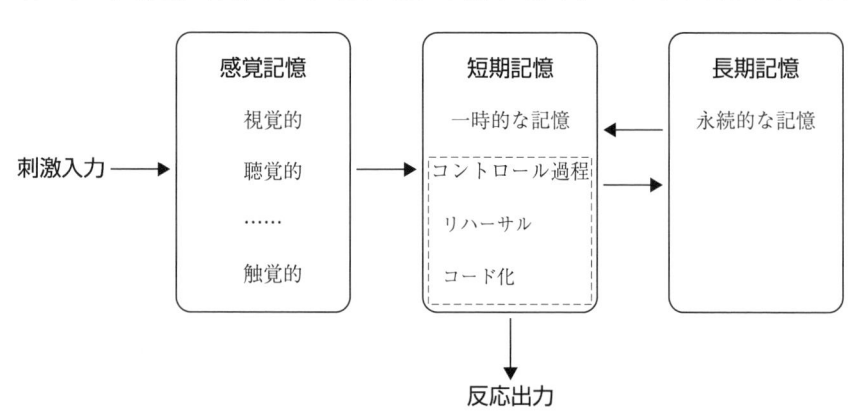

図3-4　記憶の二重貯蔵庫モデル.(Atkinson & Shiffrin, 1971より改変)

期記憶(short term memory)と**長期記憶**(long term memory)を区別する**二重貯蔵庫モデル**(dual store model)を提唱するようになってきた(Atkinson & Shiffrin, 1971)．なお，短期記憶は**短期貯蔵庫**(short term store)，長期記憶は**長期貯蔵庫**(long term store)と呼ばれることもある．ここでは，短期記憶と長期記憶の大まかな特徴について考えることにしよう．

（a）短期記憶の持続時間と貯蔵容量

二重貯蔵庫モデルによれば，短期記憶に保持された情報は，ブラウン-ピータソン課題で明らかにされたように，何もしないと，ごく短時間(30秒以内)で消失するとされる．したがって，それらの情報をより長い時間，保持しておくためには，情報を活性化させるリハーサルを行うことが必要になってくる．

また，このような時間的限界があるだけではなく，短期記憶に一度に保持できる情報の量にも限界がある．先ほどの電話番号の例をあげれば，初めて聞く番号がいくつまでなら一度で覚えられるかを考えてみてほしい．多くの電話番号は，市外局番をのぞけば7〜8個であることからわかるように，これ以上，多いと一度に覚えきれない．

短期記憶に保持できる情報の量を調べるための方法が，**記憶範囲**(memory span)である．記憶範囲とは，数字や文字を1項目ずつ提示した直後に，順番通りに正しく再生できる項目数のことである(このように順番通りに再生しなければならないテストは**系列再生**(serial recall)と呼ばれる)．たとえば，「9」「2」「1」「4」のように，数字項目を1つずつ順番に提示し，その直後に，同じ順番で再生を求める(この場合，正しく系列再生ができたら，記憶範囲は4となる)．このようにして測定された記憶範囲は，多少の個人差はあるものの，成人の場合，7項目前後であることが明らかにされている(Miller, 1956)．

ただし，ここでいう項目の単位は，最小限の意味のまとまりを指す**チャンク**(chunk)と呼ばれるものである．先ほどの数字「9」「2」「1」「4」はそれだけでは4チャンクだが，「92(国)」「14(石)」というように再構成を行い，2つの意味のまとまりを作れば2チャンクに減らすことができる．

このように，短期記憶に保持できる情報の量は，7項目(チャンク)前後であると仮定されるので，それより多くの項目が新たに入力されると，短期記憶内の古い項目は置き換えられて消失してしまう．

(b) 短期記憶における情報の加工とコントロール過程

短期記憶は時間的にも量的にも限界が存在する．そこで，短期記憶に情報が保持されている間に，必要であれば，それらの情報をより長続きする長期記憶に変えるために，何らかの操作を行わなければならない．1つの方法は，エビングハウスが何度も反復して覚えたように，リハーサルを行うことである．

別の方法は，3-6節でみるように，情報の意味的特徴を抽出する情報の加工を行ったり，想起の際に役立つ手がかりを付加することである．このような加工は**コード化**(coding)ともいわれる．

これらのことからわかるように，短期記憶には，長期記憶に送る情報を選別したり，情報のコード化のために関連した情報を長期記憶から呼び出してくるなど，情報の流れを方向づけるコントロール過程も含まれている．

(c) 長期記憶の持続時間と貯蔵容量

長期記憶では，エビングハウスの忘却曲線からわかるように，より長い時間，すなわち，何日も，ときには何年にもわたって情報が保持される(ただし，実験的には数分の範囲も長期記憶に含まれることが多い)．言い換えれば，長期記憶はわれわれの**知識**(knowledge)となっている(5章を参照)．

また，われわれが膨大な知識をもっていることからわかるように，そこに保持できる情報量には，事実上，限界がないと考えられている．

3-4 二重貯蔵庫モデルを支持する証拠
―― 自由再生における系列位置効果

記憶を短期記憶と長期記憶に分ける二重貯蔵庫モデルは，われわれの経験に

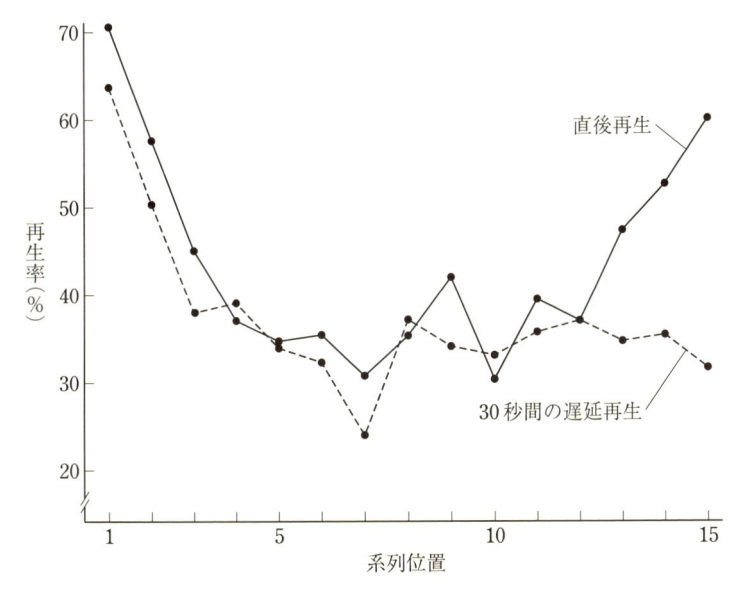

図 3-5　直後再生と遅延再生における系列位置曲線をあらわすデータ．実線は直後再生で，破線は遅延再生を示す．(Glanzer & Cunitz, 1966 より改変)

も一致する部分が多い．しかし，持続時間や貯蔵容量が異なる短期記憶と長期記憶に分ける明確な証拠はあるのだろうか（コラム 3-2 も参照）．その証拠の 1 つが，**自由再生**(free recall)と呼ばれるテスト方法から得られている．記憶範囲のように順番通りに再生しなければならない系列再生に対して，自由再生では，提示された順番とは無関係に，自分の思い出せる順番で自由に再生してよい．扉のことばの場合，提示された順番（「ヌサン，アマナ，オキス，……」）とは無関係に，「アマナ，オキス，ヌサン，……」というように再生するのが自由再生である．

　自由再生を求めて，記銘時に提示された系列位置ごとに，それぞれの項目の記憶成績を調べたものが，図 3-5 の実線に示した**系列位置曲線**(serial position curve)である．系列位置曲線では，リストの初めのほうの数項目と，リストの終わりのほうの数項目の再生率が，それぞれリストの中央部の項目の再生率

よりも，高くなる U 字型の曲線になる．このような系列位置ごとに記憶成績に違いの見られることを**系列位置効果**(serial position effect)といい，リストの初めのほうの記憶がよいことを**初頭性効果**(primacy effect)，リストの終わりのほうの記憶がよいことを**新近性効果**(recency effect)という（「新近」とはテストの時点から見て，「新しくて近い」という意味である）．

二重貯蔵庫モデルによれば，系列位置曲線に見られる新近性効果は短期記憶を，初頭性効果は長期記憶をそれぞれ反映していると考えられている．それでは次にその理由をみてみよう．

(a) 新近性効果の解釈——短期記憶だけに影響する変数

まず新近性効果が短期記憶の反映であるという解釈について考えてみよう．自由再生で，どの項目がテストの開始直後に再生されるかを調べてみると，テストの直前の数項目（つまりリストの終わりのほうの数項目）が最初に想起される．これは，テスト用紙が配布される直前まで年号や英単語を暗記していて，テスト用紙が配布されると，忘れないうちに，その用紙の余白にそれらを書き留めるということとよく似ている．つまり，リストの終わりのほうの数項目はまだ短期記憶内にあるので，それらを最初に思い出したために，新近性効果が得られるのだと考えられる

もし，このような解釈が正しければ，リストの提示の直後にテストを行わずに，短期記憶の持続時間に相当する 30 秒程度の時間を置いてから，テストを行うとどうなるだろうか．もちろん，時間を置くと，その間に終わりのほうの項目をリハーサルしてしまうので，それを妨害するために，数字の逆唱を行わせる．このような実験を行うと，図 3-5 の破線に示したように，短期記憶を反映すると思われる新近性効果だけが消えてしまう (Glanzer & Cunitz, 1966)．

(b) 初頭性効果の解釈——長期記憶だけに影響する変数

一方，リストの初めのほうの項目は，テストまでの時間が長いにもかかわらず，記憶成績がよい．このような初頭性効果は，長期記憶の反映であるとされ

る．実際，図3-5の破線に示したように，リストの提示後に数字の逆唱を行っても，初頭性効果は消失しない．この結果は，リストの初めのほうの項目は短期記憶ではなく，すでに長期記憶になっているためだと考えることができる．

ではなぜリストの初めのほうの項目は長期記憶になっているのだろうか．それはリハーサルの回数の違いから解釈できる．今，「ヌサン，アマナ，オキス」のような順番で1つずつ項目が提示され，それを覚えるとしてみよう．すなわち，1番目の項目(「ヌサン」)は，提示と同時に，その項目だけを何回もリハーサルすればよい．次に2番目の項目(「アマナ」)が提示されると1番目(「ヌサン」)と2番目(「アマナ」)の項目の両方をリハーサルすることになる(単純にいえば，2番目の項目のリハーサル回数は2分の1になる)．こうして，提示される項目が次第に増えていくにつれて，あとのほうの項目のリハーサル回数は少なくなってしまう．二重貯蔵庫モデルでは，リハーサルが多く行われることによって長期記憶が形成されると仮定されている．したがって，より多くのリハーサルを行うことのできたリストの初めのほうの項目の成績がよくなると考えることができるのである．

さらにまた，1項目あたりの提示時間が長くなったらどうだろうか．すると，新近性効果は影響を受けないが，初頭性効果は大きくなる(Glanzer & Cunitz, 1966)．これは提示時間が長くなったことで，それぞれの項目に対するリハーサルの回数が増えたために，長期記憶がより強固に形成されたことから解釈されている．ただし，現在では，短期記憶に情報を維持するだけの**維持リハーサル**(maintenance rehearsal)と，長期記憶を形成する**精緻化リハーサル**(elaborative rehearsal)という2つのタイプのリハーサルが区別されている．

コラム 3-2 | 新たに長期記憶を形成できない健忘症の事例

小説や映画でよく題材とされるように，記憶喪失とはある時点から過去の記憶が想起できなくなる健忘症(amnesia)の一種で，一般には，**逆向健忘**(retro-

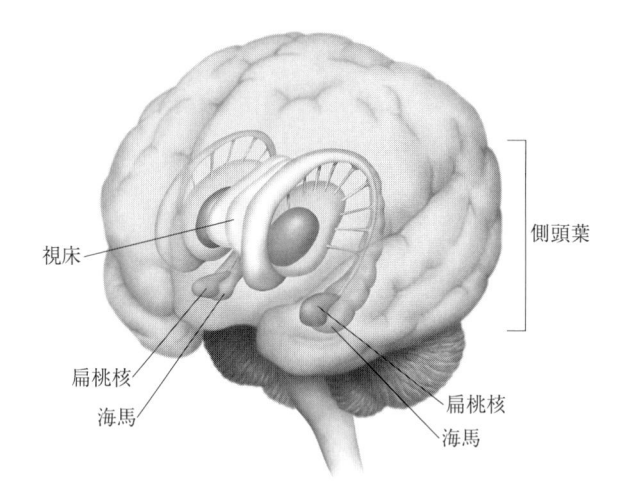

図 3-6　記憶に関与する側頭葉の海馬.

grade amnesia)と呼ばれている．これに対して，過去の記憶をもちながら，ある時点から先の出来事を記銘できなくなってしまうタイプの健忘症は，**前向健忘**(anterograde amnesia)と呼ばれる．

このような前向健忘の症例としてもっとも有名なのが H. M. である(Scoville & Milner, 1957)．H. M. の症例は，二重貯蔵庫モデルを支持するものとして，たびたび引用されるだけではなく，記憶研究の進展に多大な貢献をしている．もともと H. M. は，幼い頃からてんかん発作に苦しんでいた．そこで彼は，治療のために，図 3-6 に示したような脳の**海馬**(hippocampus)を含む**側頭葉**(temporal lobe)の一部を切除する手術を 27 歳のときに受けた．手術は成功し，てんかん発作も消失したが，それ以来，彼の記憶は数分程度の短い時間しか続かず，新しい物事を何一つ覚えることができなくなってしまったのである．たとえば，新聞や雑誌を読んでも，数分もすれば，読んだ内容はもとより，読んだことすら忘れてしまい，再び，同じ新聞や雑誌を読むことを繰り返してしまう．一方，手術前の古い出来事の記憶は残っていたことから，長期記憶そのものには問題がないと考えられた．

つまり，H. M. の短期記憶と長期記憶は無傷であるものの，短期記憶内の情報から長期記憶を形成することができなくなってしまったと考えられ，これが短期記憶と長期記憶は別々の記憶であることを示す証拠の 1 つとされる．

3-5 短期記憶の新しい考え方
――保持と処理を行うワーキングメモリ

　われわれが行うさまざまな認知活動においては，単純に記憶さえすればよいという状況はそれほど多いわけではない．むしろ，言語の理解や計算といった活動においては，一時的に情報を短期記憶に保持するだけではなく，同時に，それらの情報を処理しなければならないことが少なくない．たとえば，「結婚記念日の夜に，夫は妻に指輪をプレゼントした．彼女はそのお返しに，彼に靴をプレゼントした」という2つの文を理解する場合について考えてみよう．この場合の第2文の「彼女」「そのお返し」「彼に」の内容を理解するためには，最初の文の内容を短時間の間，覚えておかなければならない．あるいはまた，繰り上がりのある計算（39×68など）を行う場合，繰り上がりの数や，すでに行った計算過程を一時的に覚えておく必要がある．

　このように，言語の理解や計算といった認知活動では，関連した情報を一時的に保持しながら，同時に，それらの情報を処理しなければならない．このような点に着目したバッデリィは，短期記憶に代わり，**ワーキングメモリ**(working memory)という考え方を提唱した(Baddeley, 2000)．ここでは，このワーキングメモリについて考える．なお，ワーキングメモリは**作動記憶**や**作業記憶**と訳されることが多いが，常に「はたらいている」というニュアンスを生かすために，ここではワーキングメモリという訳語を使う．

(a) ワーキングメモリのモデル――3つの保持システムと制御システム

　従来の短期記憶では，主に，ことばの記憶だけが扱われてきた．しかし，われわれはことばだけではなく，**イメージ**(image)と呼ばれる「心の絵」を思い浮かべることもできる(5-5～5-5節を参照)．たとえば，「リンゴ」ということばを聞けば，すぐにリンゴの形や色などをイメージすることができる．そこで，ワーキングメモリのモデルでは，図3-7に示したように，ことばを保持する**音

```
           中央実行系
      ↕       ↕       ↕
  音韻ループ  エピソードバッファ  視空間的記銘メモ  ⎫ ワーキングメモリ
      ↕       ↕       ↕
  音韻的情報 ↔ 既有知識 ↔ 視覚的・空間的情報  ⎫ 長期記憶
  (言語知識)           (視空間的知識)
```

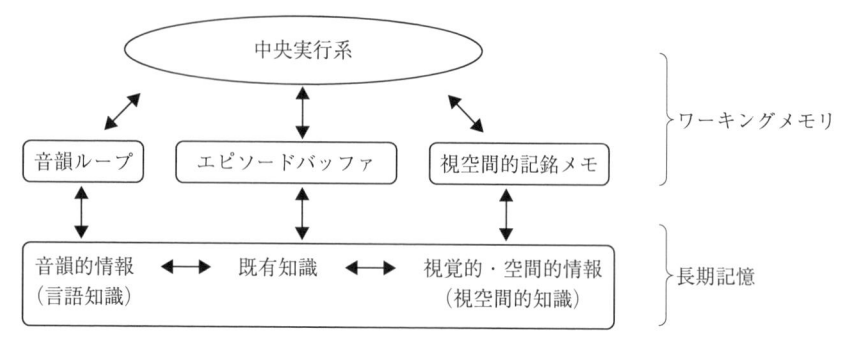

図 3-7 ワーキングメモリのモデル．(Baddeley, 2000 より改変)

韻ループ(phonological loop)とイメージを保持する**視空間的記銘メモ**(visuospatial sketchpad)に分けられている(近年，**エピソードバッファ**(episodic buffer)と呼ばれる部分も追加された)．また，これらの3つの情報の保持システムを制御しながら，同時に，さまざまな処理を行う**中央実行系**(central executive system)と呼ばれるしくみが別に仮定されている．

　二重貯蔵庫モデルの短期記憶に相当する音韻ループとは，言語的情報の音韻的成分の保持に関与している(ループという用語から，音の情報がグルグルとまわっているようすを思い浮かべるとよい)．このループでは，入力された情報が受動的に保持される場合(好きな曲が耳について離れないなど)と，声に出さない**内言**(inner speech)のようなリハーサルを使った能動的な保持の場合が仮定されている．

　また，視空間的記銘メモは，イメージに代表される視覚的情報や空間的情報の保持に関与している(メモという用語から，絵を描きなぐったようすを思い浮かべるとよい)．これらの視覚的情報も受動的な保持(あるイメージが頭から離れないなど)と，能動的な保持(ある場所への行き方を聞いて，それをイメージするなど)が仮定されている．

　エピソードバッファという情報の保持システムは，認知活動を行う際に必要となる既存の知識(すなわち長期記憶)の活性化や，処理の途中で新たに産出される情報を一時的に保持する際に使われる．たとえば，先に述べた「結婚記念

日の夜に，夫は妻に指輪をプレゼントした」という文を理解する場合，「結婚記念日」「夫」「妻」「指輪」などについての知識が活性化されると同時に，これらの知識をもとに新たに形成された情報(たとえば，夫婦がディナーに出かけたにちがいないという推論や，そのようすのイメージ)がエピソードバッファに保持されると仮定されている．

　一方，中央実行系は，これら3種類の情報の保持システムをコントロールしながら，さまざまな認知活動を行うために，注意を分割したり，3つの保持システムの活動を調整している．ここでいう「注意」とは2章で述べたような容量としてとらえられており，一度に使用できる量には限界があると考えられている(コラム 3-3 を参照)．

(b) ワーキングメモリのモデルを支持する証拠

　もしわれわれの認知活動に，ワーキングメモリが関与しているのならば，情報の保持システムで注意の容量を過剰に使うと，残りの容量がわずかとなり，その結果，認知活動に悪影響が生じると予想できる．

　そこで，このような予想を調べるために，バッデリィとヒッチは，1〜6個の数字を参加者に覚えさせたまま，文字の順序を推論する課題に答えさせてみた(Baddeley & Hitch, 1974)．このように記憶に負担をかける方法は，**記憶負荷**(memory load)と呼ばれ，当然，覚えておく数字の個数が多くなれば，必要な注意量は大きくなる．

　ここで使われた推論課題は，「A」と「B」という2つの文字と，その順序を示す文(たとえば，「AはBの前にある—AB」)であり，この文の内容が正しいかどうかの真偽判断をできるだけ速く行わせた(この例文の場合は，「真」である)．その結果，記憶負荷となる数字が1〜2個の場合は，推論課題の反応時間に変化はなかった．しかし，数字が6個になると，推論課題に要する反応時間が著しく遅くなったのである．

　つまり，記憶負荷の少ない場合は，音韻ループにそれらの数字を容易に保持できるために，推論課題を行う中央実行系がうまくはたらく．しかし，記憶負

荷が大きくなると，音韻ループに数字を保持しておくための注意の容量が多く必要となり，中央実行系で推論活動に使える分量が少なくなり，その結果，反応時間が遅くなったというように解釈される．

さらにまた，このような実験的証拠だけではなく，脳神経にもとづいた証拠もワーキングメモリのモデルを支持している．すなわち，音韻ループだけが障害を受けた者や，視空間的記銘メモが選択的に障害を受けた者が知られている．また，音韻ループと視空間的記銘メモの利用時の脳活動を調べると，活動場所の異なることも明らかにされている．

コラム 3-3　ワーキングメモリ容量の個人差と言語理解

ワーキングメモリには一定の限界が存在する．ここで重要なことは，このような**ワーキングメモリ容量**(working memory capacity)には，大きな個人差が存在するということである．したがって，言語理解などの認知活動の個人差の原因として，ワーキングメモリ容量の違いが考えられている（6-3節を参照）．

ワーキングメモリ容量を測定するための方法の1つに，**リーディングスパンテスト**(reading span test)と呼ばれる課題がある．このテストでは，無関連な文を次々に声に出して読みながら，それぞれの文のなかの特定の単語（英語版では一番最後の単語，日本語版では下線で指示された単語）をいくつまで覚えておくことができるかを調べる．たとえば，日本語版リーディングスパンテストでは，「電車に乗り遅れたので母に車で送ってもらった」「彼はぶっきらぼうだが，根はいいやつだと思う」などの文を一文ずつ声に出して読み，全部を読み終えた後で，各文のなかの下線の引かれていた単語（「母」「ぶっきらぼう」）を想起できるか調べる．この例の場合，もし2個とも想起できたらリーディングスパンは2となる．こうして読む文（つまり覚えておく単語）の数を増やしていくことによって，保持と処理の両方に使えるワーキングメモリ容量を測定するわけである．

多くの実験の結果，このようなリーディングスパンテストの得点と読解力テストの得点の間には有意な相関が認められている（西崎・苧阪，2004）．つまり，

> ワーキングメモリ容量の大きい者ほど，言語理解の能力にすぐれていた．また，母語だけではなく第2言語の学習においても，ワーキングメモリ容量は大きな役割を果たしていることも明らかにされている．

3-6 長期記憶の形成のための方法

コラム3-2で述べた長期記憶を形成できない前向健忘の人々の研究からもわかるように，短期記憶だけで生きていくことはできない．それを永続的な長期記憶に変えておかなければならない．また，誰もが少しでもよい記憶力を身につけたいという気持ちをもっている．このことは「記憶をよくする」といった内容の本が数多く出版されていることからもわかる．ここでは，長期記憶を形成するための方法を考えることによって，長期記憶の特徴について学ぶ．

(a) 材料の意味を考える——意味的処理

丸暗記ということばは，材料の意味を何も考えずに，そのまま覚えてしまおうという暗記方法である．時間がなく，しかも短時間だけ覚えていればいい場合は確かに丸暗記は有効である．しかし，長期記憶の形成にとっては有効ではない．その理由は，丸暗記が材料の意味から目をそらしてしまうことにある．たとえば，「綾羅錦繡（りょうらきんしゅう）」という単語を丸暗記することはできるだろうが，おそらく数分で忘れてしまうだろう．ところが，このことばの意味に注目して，「綾（りょう）」は「あやぎぬ」，「羅（ら）」は「うすぎぬ」，「錦（きん）」は「にしき」，「繡（しゅう）」は「刺繡のある布」というように，それぞれの字の意味を知ればどうだろう．その上で，美しい布や衣服，あるいはまた美しく着飾っているようすをあらわすという意味を知れば忘れにくくなる（実際，「目から鱗が落ちる」ということばがあるように，1回その意味を聞いただけで覚えてしまうことすらある）．

このような**意味的処理**(semantic processing)と記憶の関係を明確にしたのがクレイクとロックハートによる**処理水準**(levels of processing)という考え方

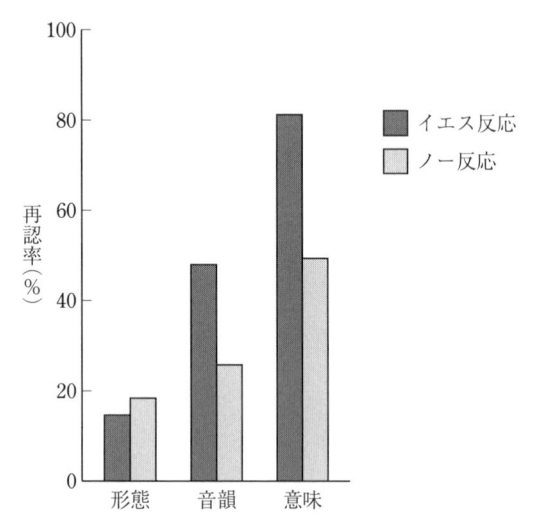

図 3-8　3つの処理水準と再認率．(Craik & Tulving, 1975)

である(Craik & Lockhart, 1972)．彼らは，情報の処理は，形態や音韻などの物理的処理という浅い水準から，意味に注目する意味的処理という深い水準に進むと考えた．そして，情報が記銘される処理水準が深くなるほど，長期記憶が形成されやすくなると主張した．

そこで，単語を材料とした実験で，その処理水準を操作するために，形態的水準，音韻的水準，意味的水準という3つの水準に対応した質問を用意した(Craik & Tulving, 1975)．たとえば，「リンゴ」という単語の場合，「カタカナで書かれているか？」(形態的水準)，「コンゴと同じ音で終わっているか？」(音韻的水準)，「「買い物かごに○○○を入れた友人と出会った」の空所に入れると意味が通るか？」(意味的水準)というような質問に答えさせたのである(この例ではすべてイエスだが，実際にはイエスの場合とノーの場合が半分ずつになるようにした)．このようにして，単語の記銘される処理水準を操作した結果，図3-8に示したように，形態的処理，音韻的処理，意味的処理の順に，記憶成績(再認)がよくなったのである．

つまり，一般に，無意味綴りが覚えにくいのは，形態的処理や音韻的処理し

かできず，意味的処理ができないことによる．このように，材料の意味を処理することは，記憶にとって重要なのである．したがって，たとえ意味のないものであっても，語呂合わせのような意味づけは長期記憶の形成に有効である（コラム 3-4 を参照）．たとえば「アマナ」という無意味綴りは「一つのマナー（a manner）」というように意味づけることで格段に覚えやすさは高まる．

(b) 思い出す際の手がかりを多く付加する——精緻化

確かに，深い処理水準である意味的処理は記憶に有効である．しかし，図 3-8 の意味的水準のイエス反応とノー反応は，同じ意味的な処理水準であるにもかかわらずその記憶成績は異なっている．このような意味的処理での記憶成績の違いを説明するために提唱されたのが **精緻化** (elaboration) である．精緻化とは，記銘すべき項目に数多くの情報を付加する操作をいう．つまり，処理水準のような情報処理の深さに対して，精緻化は処理の広さに焦点を当てている．たとえば，先ほどの「アマナ」の場合でも「一つのマナー」だけではなく，「尼の名前」「海女の名前」のように連想される情報を多く付加することで思い出しやすくなる．

実験的には，単語（「リンゴ」など）を記銘する際に単純な文（「買い物かごに○○○を入れた友人と出会った」）か複雑な文（「見たこともないほど大きくて真っ赤な○○○をかじりながら歩いていた高校時代の友人とお祭りでばったりと出会った」）を提示し，その空所に単語を入れた場合に，文の意味が通るかどうかを判断させる．つまり，文の複雑性を変えることで精緻化量が操作されるわけである．この場合，処理水準に関しては，どちらも同じ意味的水準であるが，精緻化量に関しては，前者の単純な文よりも後者の複雑な文のほうが多いと考えられる．実験の結果，精緻化量の多い複雑な文を付加されたほうが記憶成績のよいことが明らかにされている（Craik & Tulving, 1975）．

このように精緻化が効果的なのは，あとで想起（検索）する際の手がかりが豊富になることから解釈されている．このことは，図書館で本を探す場合のことを考えてみるとよくわかる．本を探す際には，書名，著者名，出版社，キーワ

ードなどのいくつもの検索の方法がある．そのときに，書名だけしか覚えていなければ，それを忘れてしまったらもう探すことはできない．一方，著者名やキーワードなどの多くの情報をあわせて覚えていれば，たとえ，書名を忘れてもそれらが手がかりになってうまく探し出せる．つまり，このことと本質的に同じことを精緻化は行っているわけである．

(c) 何らかの体系にまとめる──体制化

ここまで述べてきた意味的処理や精緻化は，どちらかといえば，1つの項目の記銘に焦点が絞られていた．しかし，多くの記憶実験では複数の項目からなるリストを覚えなければならないし，学校の勉強などでも，たくさんの事項を覚えなければならない．このような大量の情報を覚える際には，それらの共通性や相違点に着目して，何らかのグループや体系にまとめあげるという**体制化**(organization)が必要となる．体制化とは，短期記憶の貯蔵容量で述べたチャンク数を減らすための再構成という操作と同じものである．

すでに古くから，果物や動物などのグループ(これを**カテゴリ**(category)と呼ぶ)に分類できる単語をバラバラに入れ替えて提示しても，再生の際には，カテゴリごとにまとまって再生されることが知られていた．これは参加者が自発的にカテゴリを使って材料の体制化を行ったためであると考えることができる．しかし，このような結果だけでは，体制化が記銘時に行われたのか，想起時に行われたのかがわからない．

そこで，記銘時の体制化の効果を明確にするために，カテゴリに分類できる単語をバラバラにして提示する場合だけではなく，同じカテゴリの単語ばかりをまとめて提示することが行われている．その結果，記銘時に体系的に提示するほうが，カテゴリを使って少数のまとまりに体制化できるために，記憶成績はすぐれることが確認されている．

(d) 心のなかで絵を思い浮かべる──イメージ化

章扉のことばをもう一度思い出してみよう．無意味綴りは絵にすることは不

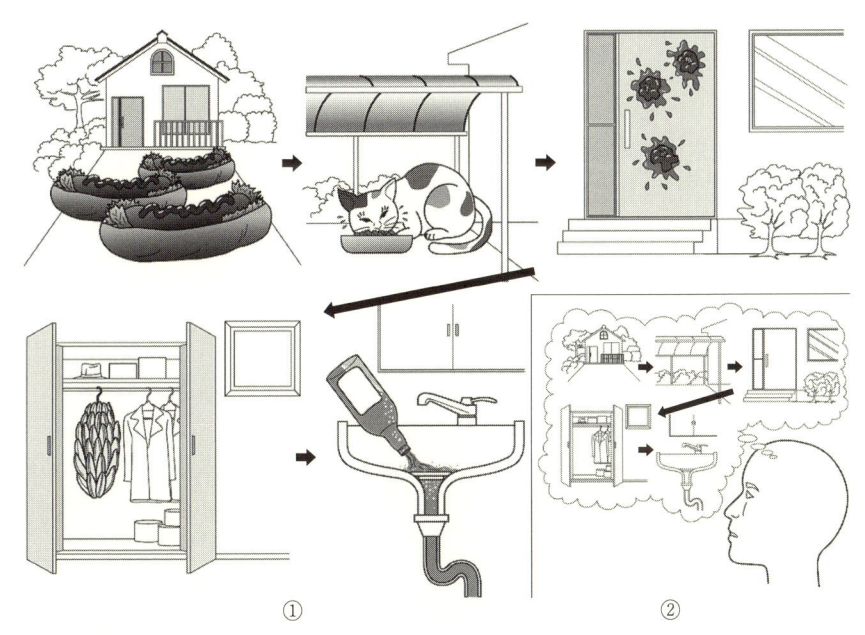

図3-9 場所づけ法を使って買い物リストを覚えるイメージの例．①各場所に関連づけるイメージの例，②想起の際に心のなかで順番にたどる場所の例．
(Bower, 1970 より改変)

可能であるが，「リンゴ」などは絵に描くことができる．「百聞は一見にしかず」という格言があることからもわかるように，絵のほうがことばよりも情報量が多いので覚えやすい．

同様に，対象のイメージを作り上げて覚えるという**イメージ化**(imaging)は，いわゆる**記憶術**(mnemonics)の中心となる原理である．ペイビオは，絵やイメージの記憶がすぐれるのは，ことばだけでは意味的にしか覚えられないのに対して，絵やイメージの場合は，意味だけではなく，イメージによっても記銘されるからだと主張した(Paivio, 1969)．実際，同じ刺激をことばだけで記銘するよりも，イメージも使ったほうがよいということは実証されている．このことは，無理矢理にでもイメージを作ることが長期記憶にとって有効であることを示している(コラム3-4を参照)．

さらにまた，イメージを使うだけではなく，これらのイメージを体制化するのが**場所づけ法**(method of loci)である．場所づけ法とは，自宅への帰り道や通学路などのなじみのある場所に，覚えたい材料を1つずつイメージを使って関連づけていくという方法である(Bower, 1970)．たとえば，「ホットドッグ，キャットフード，トマト，バナナ，ウィスキー」を買って帰ることを覚えるためには，図3-9①に示したように，イメージの利用が考えられる(この例で奇異なイメージが使われているのは，そのほうが効果的だからである)．この図では家のなかや外の慣れ親しんだ場所を手がかりとして用意し，それぞれの場所に一つずつ項目のイメージを思い浮かべる．すなわち，家の前に巨大な「ホットドッグ」がころがっていて，車庫のなかでは巨大なネコが「キャットフード」をむさぼり食っている．玄関のドアは投げつけられた赤い「トマト」で汚れていて，クローゼットには「バナナ」がつり下がり，洗面所には「ウィスキー」のボトルが詰まっている．このようなイメージをそれぞれの場所に対応づけて覚えておけば，思い出す際には，図3-9②に示したように，心のなかで洗面所まで順にたどって，一つ一つの項目を見つけ出せばよいのである．

コラム 3-4　並外れた記憶力をもつ人々
——イメージと意味づけ

「裸の大将」として知られる放浪画家の山下清のように，知的能力の発達が遅れているにもかかわらず，絵画や音楽の分野ですぐれた才能を示す人々は，**サヴァン症候群**(savant syndrome)と呼ばれる(「サヴァン」とはフランス語で「知る」とか「学問のある人」といった意味である)．これらサヴァン症候群の全員に共通しているのが卓越した記憶能力である(Treffert, 1989)．サヴァン症候群の人々の卓越した記憶能力の理由はまだよくわかっていないが，一つには写真のようなイメージ(**直観像**(eidetic images)と呼ばれる)を思い浮かべることのできる者が多いことが関係しているといわれている．

一方，サヴァン症候群以外の人のなかにも，卓越した記憶力をもつ者がいる．なかでも，ロシアのシュレシェフスキーという男は，単語，数字，文字の記憶

範囲は70個をこえ，逆の順序で再生したり，何番目の項目でも即座に再生することができた．彼は覚える材料の違い（無意味綴り，数字，単語）にかかわらず，また，聴覚提示でも視覚提示でも，各材料のあとに2～3秒の時間を置くだけで，ほぼ完全に覚えてしまった．しかも，彼の記憶には忘却が認められなかったのである．

この並外れた記憶力の基礎には，直観像のような視覚的イメージに加えて，**共感覚**(synesthesia)が関与していると考えられている．共感覚とは，たとえば音を聞くと色が見えるように，ある感覚（聴覚など）に与えられた刺激と「共に」別の感覚（視覚など）の刺激が引き起こされるというものである．比較的多くの者に認められるのが，音を聴くと，色を感じるという**色聴**(color hearing)である．シュレシェフスキーの場合，この色聴にとどまらず，味覚や触覚も感じることが多かったようである．たとえば，彼の報告によると，「1」は鋭く硬い，「2」は平べったくて三角形で灰色がかっている，「3」は先のとがった切片で回転している，「4」は四角形で大きくてぶ厚い，など，それぞれの数字が提示されると，別の感覚も同時に引き起こされたという．

さらにまた，シュレシェフスキーは，これらの直観像や共感覚のともなわれた大量の刺激を体制化するために，場所づけ法も使っている．つまり，自分の生まれ育った町のさまざまな場所をたやすくイメージできるので，それぞれの場所に刺激を配列していくことで，大量の材料の記憶を行っていたようである．

シュレシェフスキーのように，直観像や共感覚を使うことができずとも，後天的な訓練による意味づけを使って並外れた記憶力を示すようになった者もいる．たとえば，V.P.という記憶術者は，豊富な知識を利用した意味づけを使っていた．V.P.の卓越した記憶力の理由は，（数ヵ国語を習得しており，なおかつ，読書家であるために）意味づけを促すための情報を豊富にもっていたことに加え，材料の意味を見つけ出したり，意味づけを行うスピードの速いこと，にあった．一方，戦前に世界一の記憶術者であった石原誠之は，語呂合わせにより無意味な数字や項目を意味づけることに加え，それらをイメージ化した上で，故郷のよく知った場所に場所づけ法を使って関連づけて覚えていた．

このように，並外れた記憶力を示す人々の記憶力のしくみは，この章で述べてきた長期記憶の形成のための記憶の原理と共通していることがわかる（高橋，2009）．

3-7　長期記憶からの想起のための方法

　これまで述べてきたことは，記銘時に長期記憶を形成するという方法であった．しかし，記憶の3つの段階を思い起こせば，情報を想起する段階での失敗もあることから，スムーズに想起できる方法を考えておくことも必要である．すでに，コラム3-1の忘却の干渉説で述べたように，忘却の失敗には，他の情報が干渉となって目的とする情報が見つからないということも考えられる．見方を変えれば，長期記憶の形成に有効な意味的処理，精緻化，体制化，イメージ化は，いずれも他の情報から区別できるように（干渉が起こりにくいように）手がかりをつけるということを行っているのである．ここでは想起の方法を操作した研究を取り上げて，想起の手がかりの重要性を確認することにしよう．

(a) 想起手がかりの重要性

　タルヴィングとパールストーンは，果物や動物などのさまざまなカテゴリに属する単語を材料とし，それぞれのカテゴリ名に続いて，そのカテゴリに属する単語ばかりをまとめて提示して参加者に記銘させた（Tulving & Pearlstone, 1966）．すでに述べたように，このような提示方法を使うことによって体制化が促される．そして，想起時には，何も手がかりを与えない自由再生のグループとカテゴリ名を手がかりとして与えるグループを設け，成績を比較してみた．

　その結果，何も手がかりが与えられない自由再生のグループよりも，カテゴリ名を手がかりとして与えられたグループの記憶成績のほうがよかった．しかし，もっと重要なことは，何も手がかりが与えられない自由再生のグループも，自由再生テストに引き続いて，カテゴリ名を手がかりとして与えられると，先の自由再生のときよりも記憶成績が大幅に向上したのである．つまり，適切な想起手がかりが与えられることによって，想起できない情報であっても再現できるということが示されたのである．

(b) 記銘時と想起時の文脈の一致——文脈依存効果と符号化特定性原理

　生まれて初めて記憶の実験を受けることになったとしよう．雨の降る夕方に，地下にある古びた実験室で，白衣を着た小太りの実験者のもと，コンピュータの画面に提示される単語を覚えたとしよう．この場合，おそらく，ただ単語だけを覚える以外に，それを覚えた日時や天候，場所，そこにいた人物などのさまざまな状況(これは**文脈**(context)と呼ばれる)が一緒に記銘されるはずである．そうならば，この記銘した文脈とまったく同じ文脈が想起の際に与えられれば，それが適切な想起手がかりとなって記憶成績がよくなると予想できる．

　実際，たとえば，昔住んでいた場所を何年かぶりで訪れると，当時の記憶が鮮明に思い出されることがある．つまり，場所という文脈が記銘時と想起時で一致したことによって，記憶の想起が促進されたと考えられる．そこで，グッ

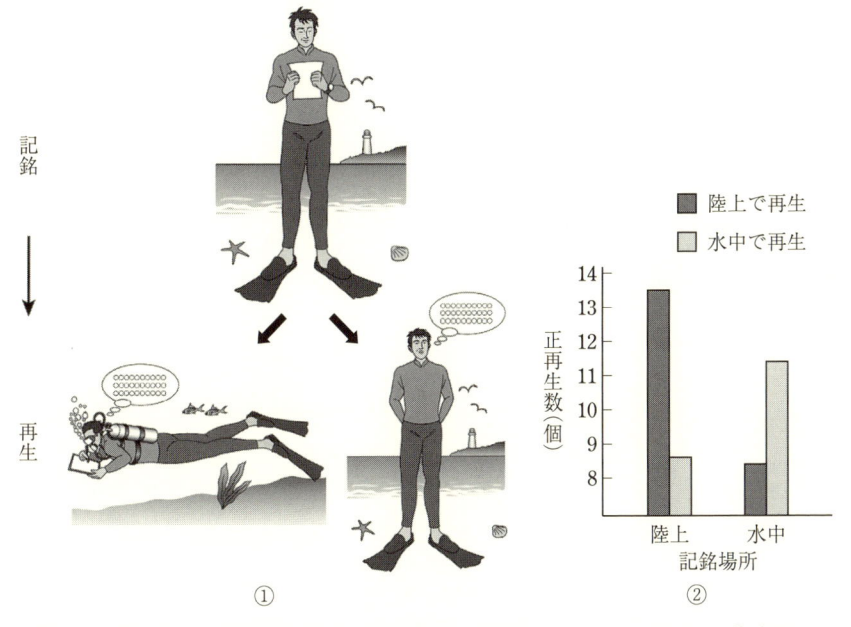

図 3-10　記銘時と想起時の場所が同じ場合と異なる場合の正再生数．①実験の手続きの一部(陸上で記銘し，水中で再生する場合と陸上で再生する場合)，②記銘時と想起時の場所が同じ場合と異なる場合の正再生数．
(Godden & Baddeley, 1975 をもとに作図)

デンとバッデリィは，記銘時と想起時の文脈の一致の効果を調べるために，図3-10①に示したように，ダイバーを対象にした実験を行っている(Godden & Baddeley, 1975)．まず陸上か水中のいずれかで単語を記銘させた後，記銘時と同じ場所か異なる場所のいずれかで再生を求めた(図3-10①では陸上で記銘し，水中で再生する場合と陸上で再生する場合が描かれている)．その結果，図3-10②に示したように，記銘と想起の場所が異なるよりも，同じ場所であるほうが再生成績のよくなることを明らかにしている．

このように，記銘時の文脈と想起時の文脈が同じ場合のほうが記憶がよいという現象は**文脈依存効果**(context dependent effect)と呼ばれ，多くの実験で確認されている．そこでタルヴィングとトムソンは，文脈依存効果の知見をもとに，記憶成績は記銘(符号化)だけではなく記銘と想起の関係によって決まること(これは**符号化特定性原理**(encoding specificity principle)と呼ばれる)を主張している(Tulving & Thomson, 1973)．すなわち，ある特定の記銘条件(場所など)によって記憶が促進されるかどうかは，使われる想起手がかりによって決まる．同時に，ある特定の想起手がかりが有効かどうかは，どのような記銘操作が行われていたかによって左右されるというのである．したがって，長期記憶の形成を考える際には，記銘の方法だけではなく，想起の方法も考慮する必要があるといえよう．

3-8　長期記憶と感情──ネットワーク説

ここでは，長期記憶と感情の関係について，われわれの感情状態や，使われる感情材料との関係から考えてみよう．

(a) 記銘時と同じ気分のときに想起がよくなる──気分状態依存効果

文脈には，場所のような外的なものだけではなく，われわれの内的な気分状態も含まれる．だとすれば，記銘時と同じ気分状態のほうが，異なる気分状態よりも，記憶がよくなるという予想が立つ．この予想を調べるために，バウア

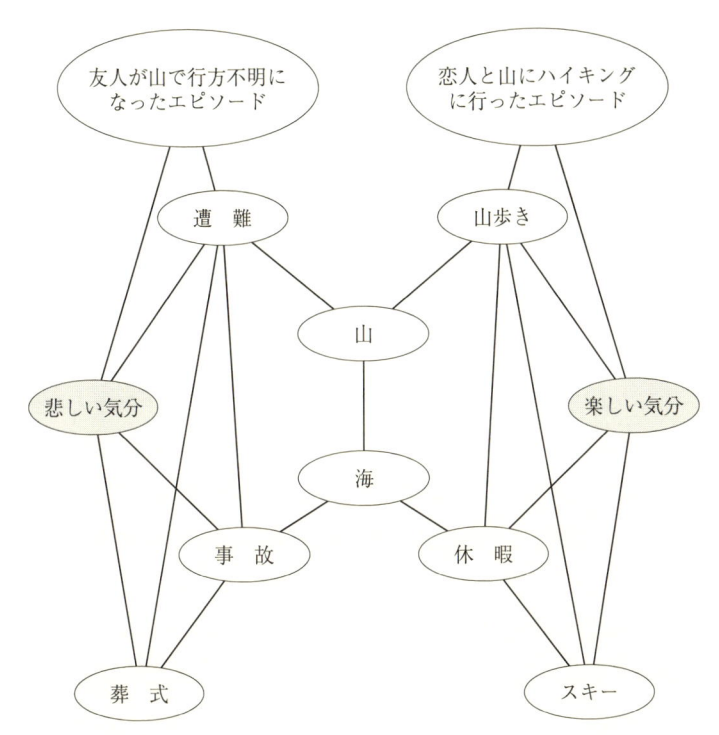

図 3-11 ネットワーク説で仮定される連想的な結合．図中の楕円はノードを示し，直線はリンクを示している．(Bower, 1992 より改変)

ーらは，催眠を使って参加者の気分状態を楽しい気分か悲しい気分になるように誘導した上で，それぞれの気分状態のもとで単語を記銘させてみた(Bower et al., 1978)．そして，想起時にも催眠によって楽しい気分か悲しい気分に誘導して再生を求めた．その結果，記銘時と想起時の気分状態が異なる場合よりも，同じ場合のほうが再生成績のよくなることを見いだしている．このような気分状態が文脈となった文脈依存効果は，**気分状態依存効果**(mood state dependent effect)と呼ばれている．

では気分状態依存効果はどのように説明すればいいのだろうか．バウアーは図 3-11 に示したような**ネットワーク説**(network theory)と呼ばれる考え方を提唱している(Bower, 1992)．一般に，われわれの長期記憶は，さまざまな概

念(これはノードと呼ばれる)が，連想関係という無数のルート(これはリンクと呼ばれる)によって互いに結ばれた網の目のような形でたくわえられていると考えられている(5-3節を参照)．このようなネットワークでは，どれか1つの概念に(記銘や想起によって)焦点が当てられると，その概念ノードが活性化されると同時に，リンクを通じて近くの関連ノードにも活性化が自動的に広がっていく．こうして活性化を受けた関連ノードの概念は想起されやすくなると仮定されている．このような考え方をもとに，バウアーは，気分もノードとして組み入れたのである．

ネットワーク説では気分状態依存効果は次のように説明される．たとえば，楽しい気分のもとで，単語(「山」など)の記銘が求められると，図3-11に示したように，楽しい気分ノードの活性化が連想関係にある単語(「山歩き」「休暇」など)のノードに広がっていく．すると，これらすべての単語ノードの活性化のレベルが高くなると同時に，これらのノードと楽しい気分との間にリンクを介した結合(つまりネットワーク)が作られる．そのため，その後，再び同じ気分状態で想起する場合，楽しい気分ノードから活性化が広がり，先に形成されたネットワーク全体の単語ノードの活性化のレベルも高まり，想起されやすくなるという．異なる気分の場合は，そこから目的とするネットワークまで活性化が広がらず想起されにくいと考えられている．

(b) 記銘時や想起時の気分に一致した材料の想起がよくなる——気分一致効果

楽しい気分のときには，楽しいことばかりが目につき，それが記憶にも残り，過去の楽しい出来事ばかりが思い出されることがある．このように，記銘時や想起時の気分と一致した感情的色彩をもった記憶が，そのときの気分に一致しない感情的色彩の記憶よりもすぐれるという現象は**気分一致効果**(mood congruent effect)と呼ばれている(伊藤，2000)．先の気分状態依存効果が材料の感情的色彩を問題にしないのに対して，気分一致効果は材料の感情的色彩を問題にしているという点で，両者は異なっている．

たとえば，バウアーらは，記銘時の気分一致効果を検討している(Bower et

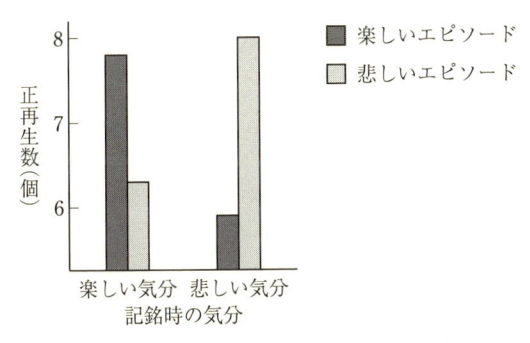

図 3-12 楽しい気分と悲しい気分の際に再生されたエピソードの種類.
(Bower et al., 1981 より改変)

al., 1981). すなわち，楽しいエピソード(恋人とのデートなど)と悲しいエピソード(失恋など)の含まれた物語を材料とし，これを催眠によって楽しい気分か悲しい気分のいずれかに誘導した参加者に記銘させた．そして，翌日に(催眠をかけずに)再生を求めた．その結果，図 3-12 に示したように，楽しい気分に誘導された者は，その気分と一致した楽しいエピソードのほうを多く再生した．一方，悲しい気分の者は悲しいエピソードのほうを多く再生したのである．

先に述べたネットワーク説によれば，このような記銘時の気分一致効果は次のように説明される(図 3-11 を参照)．まず，楽しい気分になると，その気分状態に対応した気分ノードの活性化のレベルが高くなる．そして，そのノードと結合している単語(たとえば「山歩き」「休暇」など)が提示されると，これらの単語ノードは提示されたことによる活性化に加えて，気分ノードからの活性化も受けて，単独で提示される場合よりも活性化のレベルが高くなり，記憶がよくなるというのである．

気分状態依存効果や気分一致効果はネットワーク説で説明されると同時に，多くの関連研究を生み出した．しかし，その後，ネットワーク説では十分に説明できない現象も明らかにされ，現在では，ネットワーク説を修正した**感情混入モデル**(affect infusion model)と呼ばれる考え方があらわれてきている．

まとめ

　日常生活にとってなくてはならない記憶は，自由再生と呼ばれる実験方法から，短期記憶と長期記憶に分けて考えられてきた．しかし，記憶保持という側面だけに焦点を当てていた短期記憶は，現在では，ワーキングメモリという概念にとってかわられている．また，長期記憶は知識の貯蔵庫であるが，新たな情報の長期記憶を形成するためには，すでにもっている知識を活用することが必要である．知識は新しい情報を長期記憶として取り込み，そうやってどんどん豊かになっていく．そのような意味で，興味，関心を広くもっておくことが，知識を広げて記憶力を高めるために必要なことなのである．

問題

- なぜ短期記憶と長期記憶を分けて考えなければならないか説明してみよう．
- 保持と処理というワーキングメモリが関与していると思われる日常の活動を列挙してみよう．
- 自分のこれまでの勉強法を振り返ってみて，長期記憶を形成するために，どの点がよく，どの点が悪かったのかを考えてみよう．
- 楽しい気分や悲しい気分が長期記憶に及ぼす影響について，日常生活での例をあげて説明してみよう．

4 自伝的記憶と潜在記憶

　誰もがたくさんの思い出をもっている．自伝的記憶とは，この思い出のように，過去に経験してきた個人的な出来事の記憶のことを指し，個人のアイデンティティを形づくっている．実際，認知症や健忘症によって自伝的記憶を失うと，自分が何者なのかがわからなくなってしまう．一方，潜在記憶とは，自転車の乗り方のように，体で覚え込んだ記憶のことであり，その記憶を使っているという自覚のない無意識の記憶である．この章では，長期記憶の分類，自伝的記憶の構造や変容のようす，感情との関係，潜在記憶の種類や特徴について学ぶ．

［キーワード］
▼
エピソード記憶
意味記憶
自伝的記憶
フラッシュバルブ記憶
トラウマ記憶
リアリティモニタリング
展望的記憶，回想的記憶
メタ記憶
目撃記憶
顕在記憶，潜在記憶

鏡映描写(上)と回転盤追跡(下)．
鏡に映った星形をなぞったり，回転するターゲットに触れ続ける技能は潜在記憶に支えられている．不思議なことに，自伝的記憶を失った者にも，これらの潜在記憶は残されている．

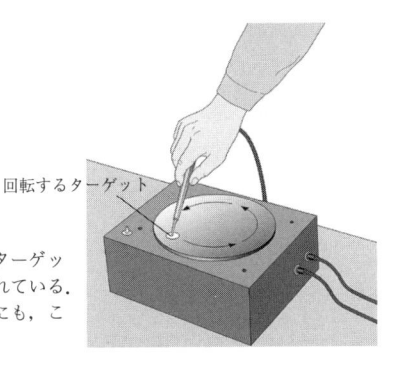

回転するターゲット

4-1 長期記憶の分類——エピソード記憶と意味記憶

長期記憶は，学校の思い出のような過去の出来事に関する**エピソード記憶**(episodic memory)と，学校で学んできたような**知識**(knowledge)や**概念**(concept)に関する**意味記憶**(semantic memory)の2つに分けることができる(Tulving, 1983)．ここでは，まず，この2つの記憶の違いについて考えてみよう．

(a) 明確な文脈をそなえたエピソード記憶

エピソード記憶とは，文字通り，自分の経験したエピソードに関する記憶のことである．エピソード記憶の特徴は，その出来事を経験した状況(日時や場所，一緒にいた人々のようす)，すなわち**文脈**(3-7節を参照)を思い出すことができるという点にある(榊, 2006)．また，エピソード記憶を想起すると，そのエピソードの起こったときに，「自分がその場に確かにいた」という実感を強く感じることが多い(これは**自己思惟的意識**(autonoetic consciousness)と呼ばれる)．

われわれのもっている数多くの思い出は，まさに，このエピソード記憶の特徴をそなえている．また，3章で述べたような記憶実験もエピソード記憶に含まれる．たとえば，雨の降る夕方，地下にある古びた実験室で，白衣を着た小太りの実験者のもと，コンピュータの画面に「ライオン，電車，ネコ，飛行機，……」といった単語が次々と提示され，それらを覚える．いうまでもなく，これらの単語の意味は実験前から知っている．したがって，想起の際には，「ライオン」や「電車」の意味がたずねられているのではない．たずねられているのは，実験という文脈のなかで「ライオン」や「電車」という単語を覚えたというエピソードである．このように，典型的な記憶実験では，覚える材料が無意味綴り，絵，文章などにかかわらず，エピソード記憶が調べられている．

(b) 文脈から独立した意味記憶

　意味記憶とは，知識や概念のことである．意味記憶の場合，エピソード記憶とは異なり，その記憶を獲得した文脈を思い出すことができない．たとえば，誰もが「ライオン」や「電車」がどういうものであるかを説明できるが，これらの概念をいつどこで覚えたかという文脈は思い出せない．また，意味記憶の想起の際には，そのことを初めて知った場に自分がいたという自己思惟的意識の感覚もない．

　したがって，意味記憶を調べるためには，それを知った文脈ではなく，知識や概念の内容をたずねることになる．たとえば，「「ライオン」という単語の意味は何か？」「動物というカテゴリに含まれる事例には何があるか？」「江戸幕府を開いたのは誰か？」などの質問がそうである．これらの質問に答えるときには，その知識や概念を獲得したときの文脈の想起は必要ない．また，自己思惟的意識の感覚もない．つまり，人間の知識や概念がどのように構造化されているかを調べる研究は，意味記憶を対象としているのである（5章を参照）．

(c) エピソード記憶と意味記憶の関係

　このように，エピソード記憶と意味記憶は，性質の異なる記憶と考えられている（コラム 4-1 を参照）．しかし，両者はまったく関係がないわけではない．一般に，何らかの新しい知識（意味記憶）を獲得する初期の段階では，エピソード記憶が必要となる．たとえば，先に学んだ「自己思惟的意識」という概念（意味記憶）は，おそらく，最初のうちは，この章を読んで初めて知ったというエピソードの一部として想起されるはずである．そして，このようなエピソード記憶の想起を何度も繰り返しているうちに，次第に，文脈が欠落して意味記憶に変わっていく．実際，この 2 つの記憶の発生に関しては，エピソード記憶が先で，意味記憶がそれに続くと考えられている．

　また，3-6 節で述べた長期記憶（エピソード記憶）の形成のための方法（意味的処理，精緻化，体制化，イメージ化）は，長期記憶内に保持されている意味記憶を活用していたことがわかる．このように，エピソード記憶と意味記憶は，

互いに関連し合いながら,われわれの生活を支えているといえよう.

> **コラム 4-1** エピソード記憶と意味記憶を分ける
> 脳神経にもとづいた証拠
>
> エピソード記憶と意味記憶は性質の異なる記憶であるとしても,そもそも,この2つの記憶を区別する証拠はあるのだろうか.1つの証拠は,この2つの記憶のいずれか片方がダメージを受けている健忘症の人々の存在である.3章のコラム3-2で述べたH.M.は,新たなエピソード記憶を形成できないにもかかわらず,手術前に獲得していた知識(意味記憶)は無傷で残っていた.このように,エピソード記憶に大きなダメージを受けているにもかかわらず,意味記憶が保たれている健忘症の事例は,ほかにも報告されている(Tulving et al., 1991).逆に,エピソード記憶には問題がないものの,意味記憶に著しいダメージが認められる人々もいる.彼らは,たとえば,自分の子ども時代や思春期の頃のエピソードについては問題なく想起できる.にもかかわらず,動物や乗り物といったカテゴリに含まれる事例をたずねても,何一つ答えることができないのである(Hodges et al., 1992).
>
> エピソード記憶と意味記憶を分ける別の証拠は,それぞれの記憶に関与する脳の活動の場所が異なることである(Vargha-Khadam et al., 1997).たとえば,エピソード記憶では側頭葉の海馬が関与するのに対して,意味記憶の場合は,海馬はほとんど関与しない.事実,海馬を含む側頭葉の一部を切除されたH.M.はエピソード記憶だけに障害があらわれている.なお,最近では,意味記憶のなかでも,動物や乗り物などのカテゴリごとに脳の活動する場所の異なることも明らかにされてきている(Friston & Price, 2003).

4-2 自己に関するエピソード記憶——自伝的記憶

われわれは,昔の自分に比べて今の自分がどれほど変わったと感じても,同じ自分であるという確信がある.その理由は,われわれの人生を特徴づける重

要な出来事(初恋,初めての一人旅,大学の入学式など)をいつでも想起できるからである.しかも,これらの重要な出来事に,自分が深く関わっていたという実感がともなわれている.また,想起の際には,多くの場合,なつかしさなどの感情が感じられる.これに対して,実験室で単語を覚えるような記憶実験の場合には,自分が深く関わっていたという実感もないし,想起の際に特別な感情を感じることもない.そのため,エピソード記憶という用語は,実験室の記憶実験に限定されることが多くなり,日常生活で個人が経験する出来事や経験の記憶は,**自伝的記憶**(autobiographical memory)と呼ばれるようになってきている(高橋・佐藤,2008).

　自伝的記憶の研究では,3章で述べた記憶実験と異なり,記銘や保持を研究者が操作するのはむずかしい.そのため,どちらかといえば,想起に焦点が当てられている.たとえば,人生のなかで印象に残っている出来事を自由に想起させたり,単語(「初恋」など)を提示して,その単語から連想される過去の出来事を想起させるという方法が使われる.ただし,この方法では,想起された出来事が本当にあったのかどうかわからない.そこで,毎日の生活で起こる出来事を記録させ,一定期間後に,それらの出来事の想起を求めることも行われる.

(a) 自伝的記憶の系列位置曲線

　高齢者と接していると,しばしば若い頃の思い出話を聞かされることがある.われわれの人生のなかで,自伝的記憶が多く想起される年代はあるのだろうか.そこで,高齢者を対象に,過去の人生の出来事を想起させ(Rubin, 1999; Rubin et al., 1986),出来事の起こった年齢を系列位置にみたててみると,図4-1に示したような系列位置曲線が得られる(この図は高齢者だけではなく大学生を対象に行われた多くの研究結果をまとめて理想化したものである).図4-1からわかるように,ごく最近の出来事はそれ以前の出来事よりも多く想起されるという新近性効果をのぞけば,エピソード記憶にみられた系列位置曲線の形とずいぶん異なっている(3-4節を参照).

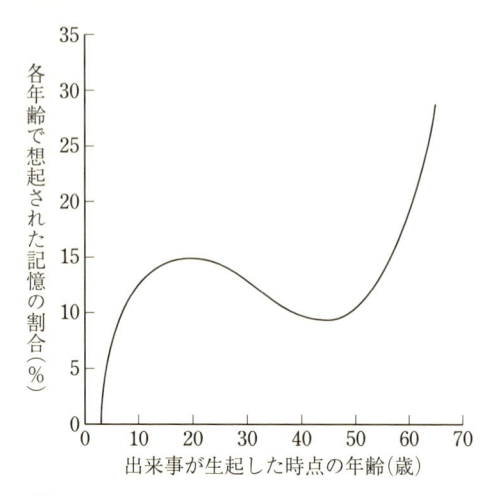

図 4-1 理想化された年齢ごとの自伝的記憶の系列位置曲線.
(Rubin et al., 1986 と Waldfogel, 1948 より改変)

まず，初頭性効果はまったく認められず，しかも，3歳以前の記憶はない(コラム 4-2 を参照)．また，一番の特徴として，青年期から成人期(おおむね 10 代から 30 代)にかけての出来事が，ほかの年代よりも，多く想起されている(これは「思い出のコブ」という意味の**レミニッセンス・バンプ**(reminiscence bump)と呼ばれる)．これらの年代は，就職，結婚，子どもの誕生など劇的な変化が多く起こる時期と重なり，いわゆる**アイデンティティ**(identity)の確立の時期に該当している．したがって，この年代の出来事が多く想起されるのは，自伝的記憶が自己と密接に関連していることの証拠として考えられている．

コラム 4-2 | 幼い頃の自伝的記憶——幼児期健忘

自分が思い出せるもっとも古い記憶を思い出してみよう．それはいったい何歳頃の出来事だろうか．多数の大学生を対象に，このような調査を行ってみると，多少の個人差はあるものの，図 4-1 に示したように，おおむね 3 歳より前

の記憶を思い出すことはできない(Waldfogel, 1948)．このような幼児期の自伝的記憶を想起できないという現象は，**幼児期健忘**(childhood amnesia)と呼ばれ，その原因については，さまざまな解釈が出されている(Kail, 1990)．

たとえば，精神分析学的な理論にしたがえば，幼児期の経験の多くが性的な色合いを帯びているために，のちに**自我**(ego)が発達した段階では，自我を脅かすものとして，**抑圧**(repression)を受け想起できなくなるとされる．あるいはまた，符号化特定性原理(3-7節を参照)にもとづくと，出来事を記銘した幼児期の文脈と，成長後にそれを想起する文脈が異なっているために，想起に失敗するとされる．事実，大人になってから，幼い頃に住んでいた町に行ってみると，何もかもが当時よりも小さく感じられる．つまり，記銘時と想起時の文脈が異なり，想起の手がかりとして適切ではなくなっている．

しかし，現在，もっとも有力な解釈は，幼児の認知能力の未発達という考え方である．つまり，幼児は出来事の意味を理解する認知能力が未熟なために，身のまわりで起こった出来事を適切な形式で記銘できないというのである(Nelson, 1993)．われわれ大人が過去の自伝的記憶を人に語る際には，「誰が」「いつ」「どこで」「何を」「どのように」などの設定のもと，時間的順序や因果的関係に即して語る．これに対して，幼児は一つ一つの出来事の細部の記憶はもっていても，時間的順序や因果的関係による体制化ができていない．そのために，大人のように体制化して自伝的記憶を残しておくことができず，結果として，幼児期の記憶が想起できないというのである．このような解釈を裏づける証拠としては，大人のような想起スタイルを獲得する時期と，幼児期健忘の終わる時期が同じであることがあげられる．

(b) 自伝的記憶の忘却曲線

これまで述べてきた記憶は例外なく時間の経過にともなって忘却が起こっていた．では自伝的記憶の忘却はどうだろうか．このことを調べるために，ヴヘナールというオランダの研究者は，37歳から6年間にわたって毎日の出来事をカードに記録した(Wagenaar, 1986)．記録の際には，出来事の内容だけではなく，あとで想起の手がかりになるように，その出来事に関与した人物，起こった日付，場所という3項目からなる文脈の情報，その出来事の特徴を特

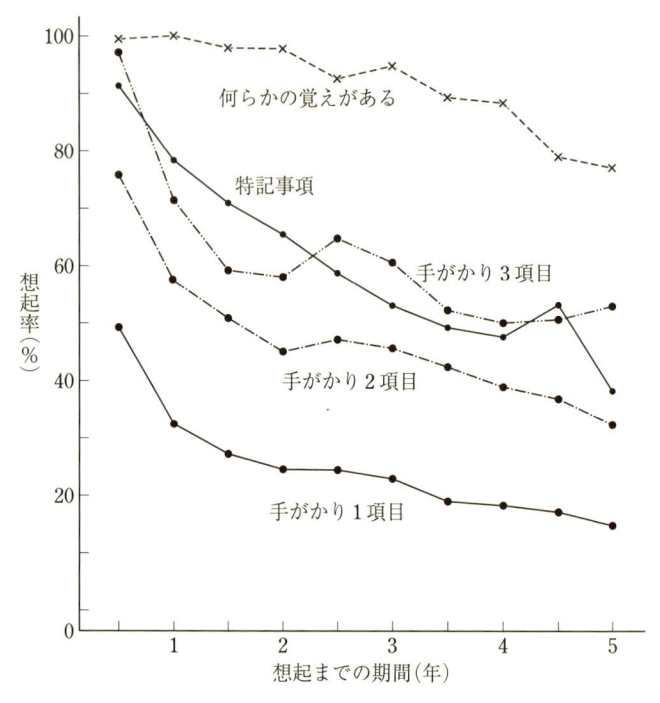

図 4-2 手がかりの項目数の違いと自伝的記憶の忘却曲線.
(Wagenaar, 1986)

記事項として書き留めておいた．そして，5年が経過した時点で，まったくでたらめにカードを抜き出し，それぞれの出来事について，手がかりの数を1項目から3項目まで1つずつ増やして，どの段階で想起できるかを調べた．また，3項目の手がかりを見た後で，必ず特記事項に目を通して想起を試みた．そして最後に，その出来事の記録をすべて読んだ後で，「何らかの覚えがある」かどうかを判断した．

　その結果，図 4-2 に示したように，手がかりの項目数が増えるほど想起できた割合が高かった(特記事項という手がかりは特に強力だった)．一方，忘却の進み具合はゆっくりではあったものの，基本的に，エビングハウスの忘却曲線と類似していた．実際，「何らかの覚えがある」という記憶ですら，少しずつ忘却が起こっている．

もちろん，これらの結果は中年の男性研究者一人だけのデータにもとづいたものなので，それがどの程度一般化できるかという疑問は残る．そこで，その後の研究では，同様の手続きを使って，さまざまな年代の多くの人を対象にして調べている．それらの結果は，このヴッヘナールの見いだした結果と基本的に同じであった．

(c) 自伝的記憶の構造

　ヴッヘナールは，自伝的記憶の構造にも関心をいだいていた．そこで，3項目の手がかりのどれが想起に有効かも調べている．たとえば，日付は手がかりとしてはほとんど役に立たなかったことから，自伝的記憶の構成要素ではないと考えた．同様にして，ほかの研究者も，想起の手がかりを変えたり，想起にかかる反応時間を測定するなどして，自伝的記憶の構造を調べてきた．

　これらの研究から，自伝的記憶は，図4-3に示したように，**人生の時期**(lifetime periods)，**一般的な出来事**(general events)，**出来事の細部**(event-specific knowledge)という3つの階層構造から成り立っているということが明らかにされている(Conway, 1996)．これはちょうど，歴史の教科書が，時代(たとえば幕末)ごとに分けられ，次に，出来事の小見出し(ペリー来航，桜田門外の変など)でまとめられ，最後に，それら個々の出来事の詳細な記述の順で，階層的に構成されているのと似ている．

　図4-3の一番上の人生の時期は，それぞれの時期を特徴づけるテーマ(対人関係や仕事)ごとに分けられている．これらは，その下の一般的な出来事が組み合わさって形成された抽象的なタイプの記憶である．また，はじまりと終わりがあり，通常，数年の時間的な幅をもっている(もちろん，たとえば，「Xとの同居」と「A社での仕事」が時間的に重なることもある)．

　次の一般的な出来事とは，それぞれの人生の時期を特徴づける複数の出来事の集まりである(「思い出」といわれて，すぐに思い浮かぶものがこれである)．もっともわかりやすい一般的な出来事の例は，「Xとの初めての出会い(ダンス)」や「A社への初出勤の日」など，初めて経験した出来事である．もちろ

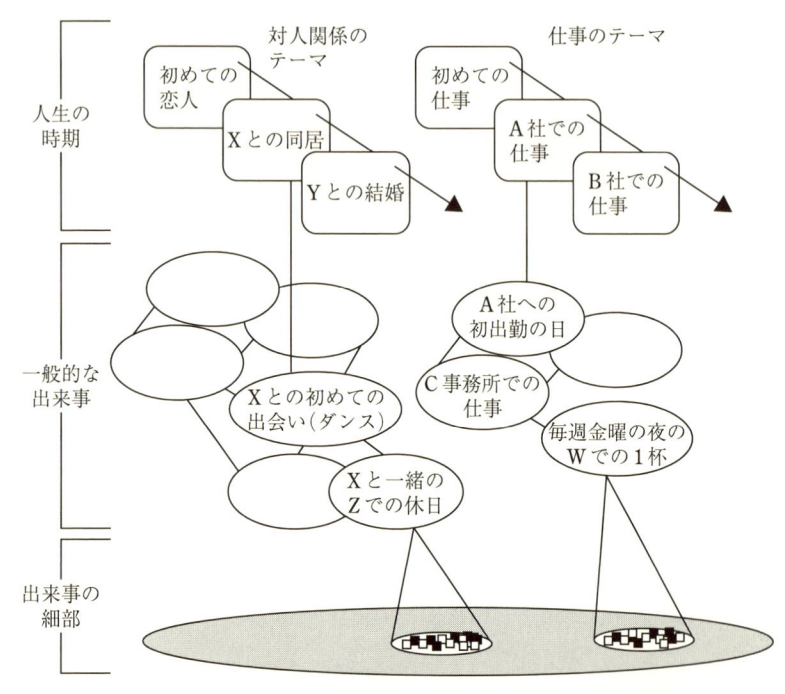

図 4-3　自伝的記憶の階層構造．(Conway, 1996 より一部改変)

ん，初めての経験だけではなく，何度か繰り返し起こったエピソード(たとえば，「毎週金曜の夜の W での 1 杯」など)もこの一般的な出来事に含まれる．これらは，1 日から数カ月の幅で構成されている．

　そして，一番下の出来事の細部には，それぞれの出来事に固有の感覚情報や文脈情報が多く含まれている．たとえば，「X と一緒の Z での休日」なら，太陽の日差し，おいしかった食べもの，2 人でやった活動，Z という場所のようすなどの情報が含まれる．これらの感覚情報や文脈情報のおかげで過去の出来事を想起する際に，自分がその場に戻ったような再体験の感覚(自己思惟的意識)が生み出される．出来事の細部の時間の幅は秒単位から分単位であるが，ときには，数時間に及ぶこともある．

4-3 自伝的記憶と感情

　自伝的記憶の特徴の一つは，多くの場合，何らかの感情がともなわれるということである．では，ポジティブな出来事の記憶か，ネガティブな出来事の記憶のいずれが残りやすいのだろうか．このような問いに対しては，古くからさまざまな研究が行われてきたが，一貫した結果が得られていない．その原因は，従来の研究が，ポジティブとネガティブという感情の種類についてしか考えず，感情の強さ，すなわち**覚醒**(arousal)の影響を無視してきたためと思われる（覚醒は**ストレス**(stress)とも呼ばれる）．事実，感情の種類と強さという2つの要因について細かく検討してみると，感情の種類に関係なく，覚醒が強いほど，記憶によく残るという結論が得られている(高橋，2005)．

　ただし，覚醒の強さは，ある一定のレベルまでは記憶をよくするものの，そのレベルをこえると，逆に，記憶に対して悪影響を及ぼすという逆U字型の関係にある．さらにまた，覚醒が強くなるにつれて，出来事全体の中心となる情報にしか注意が及ばなくなり，その周辺の情報の記憶は悪くなることが知られている．

(a) 強い覚醒のともなわれる自伝的記憶――フラッシュバルブ記憶

　強い覚醒によって記憶が鮮明になるということは，**フラッシュバルブ記憶**(flashbulb memory)と呼ばれる記憶の存在から裏づけられる(Brown & Kulik, 1977)．フラッシュバルブ記憶とは，テロなどの大きな事件，航空機の墜落などの大事故，地震などの災害のように，何らかの衝撃的な出来事を知ったとき，自分がどこで何をしていたかといった自分の状況の記憶が，あたかもカメラのフラッシュをたかれたかのように，鮮明に残っていることである．

　これまでに行われてきたフラッシュバルブ記憶の研究によれば，本人が思うほどフラッシュバルブ記憶は正確ではなく，その細部の記憶には誤りが多く認められる（強い覚醒のため，出来事の周辺の情報の記憶が悪化することと一致

している).また,覚醒の強さだけがフラッシュバルブ記憶を形成するというよりも,むしろ,衝撃的な出来事を知った後の活動の影響のほうが大きい.たとえば,その出来事がメディアによって取り上げられるたびに,それを知ったときの自分の状況を想起(つまりリハーサル)してしまい,それによって記憶が長続きすることがわかってきている.

(b) 激烈なストレスのともなわれる体験の自伝的記憶——トラウマ記憶

戦争,大惨事,レイプなど,あまりにもストレスの強い出来事を経験すると,それらの出来事が**トラウマ記憶**(traumatic memory)となり,**外傷後ストレス障害**(posttraumatic stress disorder)すなわち **PTSD** と呼ばれる障害を引き起こすことがある.多くの場合,トラウマ記憶には,トラウマとなった出来事の一場面が突然よみがえるという**フラッシュバック**(flashback)と,逆に,その出来事のすべてないしは一部分が想起できなくなってしまう健忘の両方が認められる.この一見矛盾するように思われる記憶障害の理由は,激烈なストレスによって,出来事の時間的順序や因果的関係から注意がそらされてしまい,記憶の断片化が生じるからではないかと考えられている.

この仮説を裏づけるのは,図4-4に示したように,激烈なストレスによる海馬の機能低下である.通常,外部の刺激情報は視床(thalamus)に到達すると(矢印①を参照),**扁桃核**(amygdala)と**前頭前野**(prefrontal area)の両方に送られる(矢印②を参照).扁桃核では,情報の感情的な分析が行われ,その情報はとなりの海馬に送られる(矢印③を参照).海馬では,これらの情報の認知的な分析が行われ,最終的には前頭前野に送られて貯蔵されると考えられている(矢印④を参照).このルートでは,情報のもたらす覚醒が強いと扁桃核が強く興奮し,それに応じて海馬での分析が丁寧に行われ,その結果,長続きする記憶となる.一般に,覚醒が強いほど記憶に残りやすいのはこのためである.ところが,あまりにも覚醒が強すぎると,海馬での分析がうまくいかず,生々しい視覚イメージや身体感覚のままで分析がとまってしまう(つまり記憶の断片化が生じる)というように考えられている(van der Kolk et al., 1996).実際,

前頭前野
視床
刺激
扁桃核
海馬

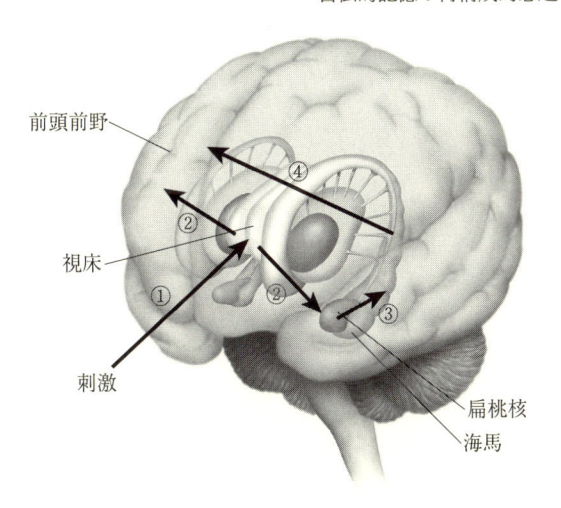

図 4-4 記憶の形成に関与する脳内のルート．
(van der Kolk et al., 1996 をもとに作図)

過度のストレスによって海馬そのものが縮小してしまうという知見も得られている(Bremner, 2002)．

4-4 自伝的記憶の再構成的想起

　単語を使った記憶実験では，多くの場合，それぞれの単語が想起できるかできないかという「イチゼロ」型の想起となる．これに対して，自伝的記憶の場合には，まったく想起できないということはきわめてまれである．そのかわり，誰もが経験するように，事実とは異なって思い出されることが少なくない(これは**再構成的想起**(reconstructive remembering)と呼ばれる)．ここでは，まったく起こっていなかった出来事であるにもかかわらず，それが実際に起こった出来事であると誤って想起される**偽りの記憶**(false memory)と呼ばれる知見をとりあげよう(コラム 4-3 も参照)．

（a）実際に起こっていない出来事の想起——偽りの記憶

自分の幼い頃の写真やビデオを何度か見ていると，（幼児期健忘のために）覚えていないはずの幼い年齢なのに，撮影されたときのことを覚えているような気持ちになることがある．このように，自分の実際の体験ではなく，外部の情報によって形成されていくのが偽りの記憶である．

この偽りの記憶を調べるための典型的な研究方法では，あらかじめ参加者の幼少期に起こった印象深い出来事（旅行，けが，病気など）を親から聞いて集めておく．次に，「親に聞いて確認された幼い頃の出来事をどれだけ詳細に想起できるか」を調べる実験であると参加者に告げて，時間をあけて想起を求めることを繰り返す．ただし，想起させる出来事のなかには，実際に起こったものだけではなく，実際には起こっていない偽りの出来事も含めておく．

たとえば，ハイマンらは，参加者ごとに異なる実際の出来事以外に，偽りの出来事として，「幼い頃に出席した結婚式で飲み物をこぼして大騒ぎとなった」を使って，日をかえて3回にわたって参加者に想起を求めた（Hyman et al., 1995）．その結果，図4-5に示したように，実際の出来事の場合，それを想起できた人数の割合は，3回とも90％をこえていた．これに対して，偽りの出来事は，1回目には誰も想起しなかったが，2回目(17%)，3回目(25%)と想

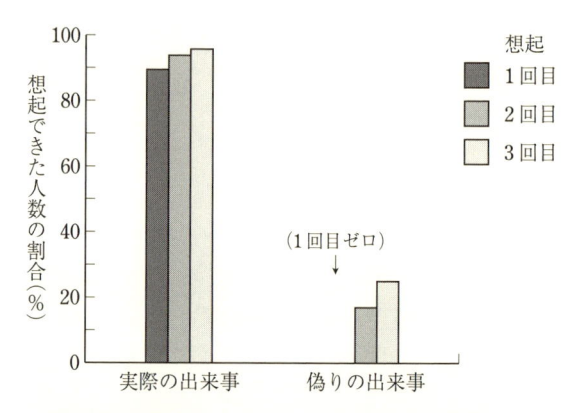

図4-5 実際の出来事と偽りの出来事を想起した人数の割合．(Hyman et al., 1995)

起が繰り返されるにつれて，その内容を詳しく思い出す者の割合が増えていったのである．

ほかにも，これと同様の手続きを使って，ショッピングセンターでの迷子，高熱による入院，熱気球の体験，などの偽りの記憶が比較的簡単に形成されることが明らかにされている．さらにまた，ただ想起を繰り返すだけではなく，出来事のイメージを思い浮かべることで，いっそう偽りの記憶が出現しやすくなることもわかっている．

コラム 4-3　回復された記憶・偽りの記憶論争

アメリカでは，幼児期の**性的虐待**(child sexual abuse)が大きな社会問題となって久しい．心理療法家によれば，このようなトラウマとなる出来事の記憶は，個人にとってあまりにも激烈なストレスであるので，抑圧されて，何年もの間，表面的には忘れられてしまうことがあるという．しかも，これらの**抑圧された記憶**(repressed memory)が原因となって，対人関係の障害，抑うつ，摂食障害などの精神的・身体的症状が引き起こされるという．そこで，1990年代になると，多くの人が**心理療法**(psychotherapy)を受けることによって，抑圧された記憶の回復を試みるようになった．こうやって**回復された記憶**(recovered memory)の多くは，幼い頃に，親や近親者から性的虐待を受けたというものであった．そして，この回復された記憶を証拠として，その真実性を問題としないまま，自分の親や近親者を裁判で訴えるというケースが次々と起こったのである．

その一方，心理療法によって回復された記憶の多くが，偽りの記憶にすぎないという記憶心理学者からの反論が起こった．この反論のよりどころの一つは，偽りの記憶が簡単に形成されるという実験結果であった (Hyman et al., 1995)．しかし，このような偽りの記憶の知見に関して，心理療法家からは，トラウマとなる出来事とはまったく性質の違うものだという再反論が行われ，記憶心理学者と心理療法家との間で激しい論争が起こった．この論争は，**回復された記憶・偽りの記憶論争**(recovered/false memory debate)と呼ばれている．

今から振り返れば，この論争そのものは，実践的な問題に関心のある心理療法家と，理論的な問題に関心のある記憶心理学者の双方が協力しあって，記憶

についての理解を深める絶好の機会であった．しかし，残念ながら，お互いに相手のいうことに耳を貸さないために，両者の間に，深い対立の溝を残し，論争の決着を見ないまま，いつしか終息してしまった．

(b) 偽りの記憶が形成される3つのプロセス

では，なぜこのような偽りの記憶が形成されるのだろうか．多くの研究結果ににによれば，次の3つのプロセスが関与しているようである(高橋, 2002)．

まず，第1のプロセスは，そのような出来事が起こってもおかしくないという信念の存在である．先のハイマンらの研究では，親から聞いた出来事だといわれたことで，本人は覚えていなくとも，そのような出来事があったにちがいないと信じる．しかも，このような信念は正しくなくてもよい．たとえば，「幼いときの親の厳しすぎるしつけが大人になってからの抑うつの原因になる」という誤った信念をもっている抑うつ者は，過去の親のしつけが，実際はそうではなかったにもかかわらず，厳格すぎたと想起してしまう．逆に，絶対に起こるはずがないと信じていることは，どのようにしても偽りの記憶を形成できないことも明らかにされている．

第2のプロセスは，自分の知識や期待にもとづいた**再構成**(reconsruction)の関与である．このような再構成については，古くバートレットによって強調されていた(Bartlett, 1932)．彼はイギリス人の大学生になじみのない民話を読ませて，それを何回も再生させてみた．すると，再生を繰り返すにつれて，自分の理解できるように，記憶が再構成され変容していったのである．また，別の研究では，研究室に初めてやってきた参加者に対して，そこにあった物品を(予告せずに)想起させると，「研究室とはこういうものだ」という知識に一致した物品(本など)が，実際には置かれていなかったのに，再構成されて想起されたのである(Brewer & Treyens, 1981)．つまり，われわれの記憶は，もとのままの形で引き出されるのではなく，自分の知識や期待をもとに，類似の経験や想像もまじえた上で再構成されるといえる．この再構成は実験室のエピ

ソード記憶でも起こるが，自伝的記憶ではとりわけその度合いが大きい．

第3のプロセスは，現実かどうかを識別する**リアリティモニタリング**(reality monitoring)と呼ばれる判断の失敗である(コラム4-4も参照)．リアリティモニタリングは，ある記憶が現実に起こった出来事か，頭のなかでイメージした出来事のどちらなのかを判断することであり，その判断は主に感覚情報や文脈情報の量の違いをもとに行われる(Johnson & Raye, 1981)．つまり，現実に起こった出来事は，自伝的記憶の構造のところで述べたように，出来事の細部の感覚情報や文脈情報の量が豊富である．これに対して，イメージしただけの出来事は，感覚情報や文脈情報の量が少ないという違いがある．自分の実際の体験と，夢のなかの体験を比べれば，このことは実感できるはずである．しかし，ときには夢のなかの体験があまりにも鮮明すぎて(すなわち，感覚情報や文脈情報が豊かなために)，目覚めたときに一瞬それが現実のように感じられることもある．このように，イメージした出来事であっても，その感覚情報や文脈情報が豊かなときに，リアリティモニタリングが失敗してしまう．偽りの記憶の実験では，経験していない出来事を何度も想起させる．すると，その出来事を何とか思い出そうと一生懸命にイメージしてしまう．そのため，出来事の細部の感覚情報や文脈情報が作り上げられて，豊かになり，リアリティモニタリングに失敗してしまうのである．

実際には，ここで述べた3つのプロセスは，必ずしもこの順序で起こるわけではなく，互いに密接に関連し合っている．また，誰もがどんなときにでも偽りの記憶を形成するわけではなく，大きな個人差が見いだされている．とはいえ，偽りの記憶とは，自伝的記憶で再構成的想起が行われていることをもっとも顕著に示しているといえよう．

コラム4-4　展望的記憶とメタ記憶

展望的記憶(prospective memory)とは，自伝的記憶のような過去の出来事

の記憶(これは**回想的記憶**(recollective memory)と呼ばれる)とは異なり，現在の時点からみて将来のある時点で実行すべき行為(たとえば，学校から帰る途中に病気の友人を見舞いに行くなど)を覚えておくための記憶である．展望的記憶の想起の失敗が続くと，社会的に無能な人間だとか，信頼できない人間だという烙印を押されてしまう．そこで，多くの人は，頭のなかだけで覚えられないと判断すれば，メモなどの記憶補助を使うようにしている．また，予定していた行為を実際に実行したかどうかというリアリティモニタリングの判断も重要である(たとえば，風呂の湯をあとで止めようと思っていて，止めたかどうか思い出せないのは，リアリティモニタリングの失敗の例である)．このように，自分の記憶力の判断，記憶補助の使用の決定，リアリティモニタリングなど，記憶全般に関する判断プロセスは，**メタ記憶**(metamemory)と呼ばれる(清水，2008)．したがって，展望的記憶をうまく想起できるかは，このようなメタ記憶の関与が大きい．

　展望的記憶を調べる方法には，さまざまなものが工夫されている．たとえば，一定時間の経過後に行わなければならない行為(実験の帰りに名札を返すなど)を先に伝えておき，時間がくるまでの間，まったく別の作業を行わせ，時間になるとその行為を想起できるかどうかを調べる．また，単語を使った回想的記憶の実験と同時に，展望的記憶を調べるという二重課題もよく使われる．この方法では，コンピュータの画面に提示される単語(たとえば，「ライオン，電車，ネコ，飛行機，……」)を次々に覚えるという課題(回想的記憶)と同時に，あらかじめ決められた単語(たとえば，「ネコ」)が画面にあらわれたときには，キーボードのファンクションキーを押さなければならない(展望的記憶)．このような二重課題を使って，展望的記憶と回想的記憶の成績を調べてみると，両者にはあまり関連がみられない．したがって，展望的記憶は回想的記憶とは質的に異なったタイプの記憶であると考えられている．

4-5　目撃記憶と自伝的記憶

　目撃記憶(eyewitness memory)とは，事故や事件を目撃した目撃者の自伝的記憶を指す(ただし，警察や法廷で証言することが多いので，**目撃証言**(eyewitness testimony)と呼ばれることもある)．目撃記憶と自伝的記憶は本質的

に同じものと考えてよいが，目撃記憶の場合は，その真実性が自伝的記憶よりもはるかに重みをもつ点が異なっている．

これまで行われてきた研究からは，目撃記憶が正確ではないことが繰り返し明らかにされている．それと同時に，目撃記憶を不正確にする要因について，記銘，保持，想起のそれぞれの段階ごとに精力的な研究が行われてきた(Loftus, 1979)．ここでは，保持の段階における代表的な研究をみてみよう．

（a）事後情報による記憶の変容

通常，何らかの事故や事件の後には，目撃者は，その出来事に関するさまざまな情報にさらされる（これは**事後情報**(post event information)と呼ばれる）．たとえば，メディアによる報道が事後情報となるし，複数の目撃者がいれば，自分以外の目撃者の記憶も事後情報となる．これらの事後情報によって，もとの記憶が変容してしまうことが起こるのである．

たとえば，ロフタスとパーマーは，出来事をどのように質問するかという聞き方ですら，事後情報となることを明らかにしている(Loftus & Palmer, 1974)．彼女らは自動車事故の映画を見せた後で，事故を起こした車のスピードをたずねた．このとき，半数の参加者には「車が**衝突**したときのスピードはどれくらいだったか？」という質問を与え，残りの半数には，「車が**激突**したときのスピードはどれくらいだったか？」とたずねてみた．この場合，「衝突」よりも「激突」のほうが，事故の起きたときのスピードが速いことがほのめかされている．その結果，まったく同じ映画を見ていたにもかかわらず，「衝突」グループの答え(時速54キロ)よりも「激突」グループの答え(時速65キロ)のほうが，スピードが速かったのである．

さらに，この質問に続けて，「割れたフロントガラスを見たか？」とたずねてみた（実際には，映画のなかでは車のフロントガラスは割れていなかった）．すると，割れたフロントガラスを見た人数は，「衝突」グループ(14%)よりも「激突」グループ(32%)のほうが多かったのである．見てもいない偽りの記憶がつくられたわけである．

このように，出来事の目撃の後に与えられる事後情報によって，もとの出来事の記憶が不正確になることは，ほかのさまざまな実験でも繰り返し確認されている．

(b) 事後情報による記憶の変容の解釈

当初，このような事後情報による記憶の変容は，もとの記憶が新しい記憶に置き換えられて消失してしまったというように解釈されていた．このような考え方によれば，もとの記憶は存在しないので，どのような方法を使っても正確な記憶を想起することはできないはずである．しかしその後，文脈依存効果にもとづいて(3-7節を参照)，もとの出来事の時間的順序とまったく同じ順序からなるテストを行うと，もとの記憶が想起されることがわかってきた．

そのため，現在では，事後情報による記憶の変容は，リアリティモニタリングの失敗によって解釈されている．つまり，実際に見た事故の映像(さほどスピードも速くなくフロントガラスは割れていない)の記憶と，「激突」という事後情報からイメージされた映像(かなりスピードが出ていたためにフロントガラスが粉々になっている)の記憶との間のリアリティモニタリングに失敗し，その結果，イメージされた映像の記憶のほうを，もとの記憶であると間違って判断してしまったというように考えられている．

4-6 潜在記憶としての技能とプライミング効果

これまで述べてきた意味記憶，エピソード記憶，自伝的記憶は，いずれも，想起の際に「今思い出している」という明確な意識のともなわれる記憶であり，**顕在記憶**(explicit memory)と呼ばれる．これに対して，**潜在記憶**(implicit memory)とは，過去の経験を想起しているという自覚のない無意識の記憶を指す．たとえば，いったん自転車に乗れるようになれば，いつでも簡単に乗れるが，乗るたびに乗り方を思い出して乗るということはない．いってみれば，頭ではなく体が記憶として無意識に覚えているのである(Squire, 1987)．ここ

では，まず，潜在記憶にはどのような種類があるかをみてみよう．

(a) 技能

もっとも身近な潜在記憶が，例にあげた自転車の乗り方のような**技能**(skill)である．この章の扉に載せた**鏡映描写**(mirror drawing)や**回転盤追跡**(pursuit rotor)と呼ばれる課題が技能を必要とするものである．鏡映描写とは，章扉の上の図に示したように，鏡に映った左右反転の自分の手の動きを見ながら，星形の枠からはみださないように鉛筆で星形を1周するという課題である．回転盤追跡とは，章扉の下の図に示したように，レコードやCDのように高速で回転する円盤上のターゲットを特殊な器具で触れ続けるという課題である．これら鏡映描写も回転盤追跡のいずれも，最初は想像以上にむずかしいが，何度も練習しているうちに次第にスムーズにできるようになっていく．このように上達がみられるのは，それ以前の技能が無意識に潜在記憶として残されているおかげである．

ただし，このような運動的な課題だけが技能ではない．たとえば，われわれは鉛筆を数える際に「本(ほん)」という単位を使うということを知っている．にもかかわらず，実際に鉛筆を数える際には，「1本(いっぽん)」「2本(にほん)」「3本(さんぼん)」というように，無意識に数の言い方を使い分けている．このような母語の慣用的な表現や文法についての記憶も技能に含まれ，潜在記憶の一種と考えられている．

(b) プライミング効果

2-4節の意味的プライミング効果を思い出してみよう．時間的に先行するプライム刺激(「パン」など)と，後続のターゲット刺激(「バター」など)との間に，意味的な連想関係があると，ターゲット刺激の処理(語彙決定判断など)が促進された．重要なのは，ターゲット刺激の処理の際には，プライム刺激という先行経験を思い出しているという意識がまったくないということである．にもかかわらず，先行経験が潜在記憶として残っているおかげで，ターゲット刺激の処理がスムーズにこなせるのである．

では,プライム刺激が「バター」でターゲット刺激も「バター」のように,同じ刺激だったらどうなるだろうか.何度も同じことを繰り返すことにより運動技能が上達するように,この場合も,やはりプライム刺激の潜在記憶によって後続のターゲット刺激の処理が促進される.これは,同一の刺激が反復されるので**反復プライミング**(repetition priming)と呼ばれる.このような反復プライミング効果を調べるには,次のような手続きが使われる.まず先行課題として,プライム刺激となる単語(「ものわすれ」など)を提示する.そして少し時間を置いてから,まったく別の課題であるといわれて**単語完成**(word fragment completion)と呼ばれる課題が行われる(この課題がターゲット刺激の処理にあたる).単語完成課題では,単語の一部の文字を抜いたもの(この例の場合,「もの○す○」など)が提示されるので,それをもとに意味のある単語を完成しなければならない.参加者はこの単語完成を行う際に,先行課題で提示されていた単語(プライム刺激)を意識的に思い出すことはない.ところが,このような単語完成課題では,初めて提示される単語よりも,先行課題で提示されていた単語のほうが成績がよくなるのである(Tulving et al., 1982).つまり,反復プライミング効果では,先行経験を意識的に想起していないにもかかわらず先行経験の潜在記憶が残っていて,それによって単語完成課題がスムーズに行えるのである.

4-7 潜在記憶の特徴

潜在記憶(技能,プライミング効果)は,顕在記憶(意味記憶,エピソード記憶,自伝的記憶)に比べて,どのような特徴をそなえているのだろうか(コラム4-5も参照).ここでは潜在記憶の特徴として,忘却と変容という2つの側面から,その特徴をみてみよう.

(a) 長期間忘却されにくい

意味記憶,エピソード記憶,自伝的記憶は,その進み具合に違いがあるとは

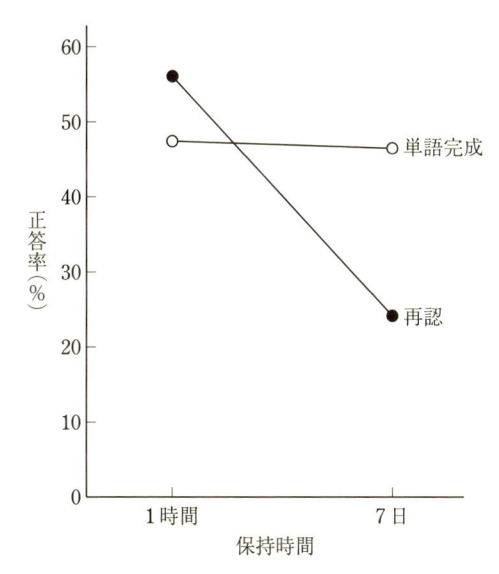

図 4-6 再認と単語完成課題における保持時間別の正答率.（Tulving, et al., 1982）

いえ，多かれ少なかれ時間の経過にともなって忘却が起こる．ところが，潜在記憶は，時間の経過の影響をほとんど受けない．

まず，技能の場合，「昔取った杵柄」ということばがあるように，一度獲得されると，その後長く使わなくとも忘れることはない．たとえば，いったん自転車に乗れるようになれば，何年も自転車に乗っていなくても乗り方を忘れてしまうことはまずない．鏡映描写や回転盤追跡では，何年もやっていなければ，最初は少しとまどうが，少し練習をすればすぐにもとの水準にもどる．

同様に，プライミング効果も忘却されにくい．たとえば，5秒間に1語ずつ提示される単語リストを記銘した後で，1時間後と7日後に顕在記憶を測定するために，再認テストを行うと，図4-6に示したように，時間の経過にともなって，その成績は低下する．これに対して，潜在記憶を調べる単語完成課題を行うと，保持時間の影響を受けない（Tulving et al., 1982）．この研究では7日後までしか調べていないが，同様の手続きを使い，保持時間をもっと長くして

検討しても，1年をこえても，潜在記憶は残っていた．興味深いことに，先行経験の際に，「記憶しよう」という意図のないほうが，潜在記憶は長続きする．つまり，たった数秒間，しかも1回見ただけでも反復プライミングの潜在記憶は残るのである．技能の場合，獲得するまでに長時間の練習が必要であるのとは対照的である．

(b) ほかの経験による変容を受けにくい

顕在記憶の場合，逆向干渉や事後情報の影響から明らかなように，時間的に後続するほかの経験によって記憶内容が変容してしまう．では，いったん獲得された潜在記憶はその後の経験によってどのような影響を受けるのだろうか．

忘却が起こりにくいという潜在記憶の特徴と関連して，潜在記憶はほかの経験による変容を受けにくい．すなわち，技能に関しては，自転車の乗り方をいったん獲得してしまえば，その後，別の活動(たとえば車の運転)を何年やっても乗れなくなることはない．鏡映描写や回転盤追跡でも，ほかの活動による干渉はほとんど見られない．

また，プライミング効果に関しても，1年後でも反復プライミング効果が残っていることからわかるように，やはり，ほかの経験による干渉を受けにくい．

ただし，これらの特徴は別の見方をすれば，顕在記憶はその後の経験によって修正することが可能だが，潜在記憶はそれがむずかしいということになる．たとえば，いったん獲得した技能の悪いクセは，意識して直そうとしてもなかなか直らない．また，日本語を母語とする者の場合，文法体系の異なる英語を話そうとする際に，潜在記憶となっている日本語の文法が邪魔をしてなかなかスムーズに話せないということも起こる．

したがって，獲得された潜在記憶は変容されにくいが，この特徴のため，いったん獲得された潜在記憶を修正することは，きわめて骨の折れる作業となるのである．

コラム 4-5 　顕在記憶と潜在記憶を分ける証拠

　顕在記憶と潜在記憶の区分は直観的にも納得できるが，これらの記憶を分ける納得のいく証拠はあるのだろうか．そのような証拠の一つは，記憶成績に影響を与える同一の変数の効果が，顕在記憶と潜在記憶で異なるということである．たとえば，単語が記銘される処理水準の違いは顕在記憶の成績に対して大きな影響を与えるが(3-6節を参照)，潜在記憶では，このような処理水準の効果は認められない．逆に，単語が視覚提示され，再認テストが聴覚提示というように，提示方法が変わっても，顕在記憶が影響を受けることはないが，単語完成課題などの潜在記憶の成績は低下してしまう．

　顕在記憶と潜在記憶を区別する別の証拠は，健常者に比べて顕在記憶の成績が悪い健忘症の人々や高齢者でも，潜在記憶では健常者と同等の成績を示すという実験結果である(Parkin, 1987)．たとえば，これまで何度も出てきたH. M. の場合，手術以降，新たに顕在記憶(エピソード記憶や自伝的記憶)を獲得する能力を失ってしまった．ところが，鏡映描写や回転盤追跡の技能は練習によって獲得することができたのである(Milner, 1970)．ここで重要なのは，H. M. 自身は，これらの課題を何度行っても，課題を行ったという顕在記憶をもつには至らなかったということである．このH. M. の事例と同様，多くの健忘症の人々には，運動技能の学習の向上も，反復プライミング効果も，認められるのである．

　さらにまた，顕在記憶と潜在記憶ではたらく脳の場所が異なることも，これら2つのタイプの記憶を分ける証拠とされる．すなわち，顕在記憶は側頭葉が関与しているのに対して，潜在記憶はそれ以外の脳の部分が関与していることが明らかにされている．

　このように，顕在記憶と潜在記憶は異なる性質の記憶であることは明らかにされているものの，それぞれが別々の貯蔵庫をもっていると考えるのか，それとも，それぞれのテストを行うのに必要な操作だけが異なると考えるのかに関しては論争が続いている．

まとめ

　長期記憶のなかでも，意味記憶，エピソード記憶，自伝的記憶という顕在記憶は，認知症や健忘症によって損なわれるだけではなく，誰もが高齢になると多かれ少なかれ失われてしまう．一方，そのような状態になっても，いったん獲得された潜在記憶は失われないし，新たに潜在記憶を獲得していくこともできる．だとすれば，失われゆく顕在記憶を嘆くのではなく，残された潜在記憶を生かすことを考えることのほうが大切であろう．いずれにしろ，われわれの記憶は一枚岩ではなく，さまざまな種類の記憶から成り立っているということを忘れてはならない．

問題

- 意味記憶とエピソード記憶の違いを説明してみよう．
- 自分の思い出を振り返ってみて，どのような感情の出来事がよく覚えられているかを分析してみよう．
- 自分や他人の自伝的記憶が変容していたエピソードを思い返して，なぜそのように変容してしまったかという理由を考えてみよう．
- 顕在記憶と潜在記憶の違いを説明してみよう．

5 知識と表象

「ライオンが人間を追いかける」という文の意味を理解できるのは，「ライオン」「人間」「追いかける」という概念や，「ライオンは人を襲うことがある」という知識をわれわれが表象という形で意味記憶にもっているからである．表象には，ことばに類似した命題と，絵に類似したイメージの2つの形式が考えられている．この章では，概念や知識がどのような表象として保存されているのか，イメージと視覚のどのような面が似ているのかについて学ぶ．

［キーワード］
▼
表　　　象
命　　　題
イメージ
定義的属性
典 型 性
意味ネットワークモデル
活性化拡散モデル
スキーマ
スクリプト
心的回転
心的走査

これは「ライオンが人間を追いかける」という文を絵で表現したものである．このように，同じ概念をことばでも絵でも表現することができる．

5-1 定義的属性による概念の表象

「ライオンが人間を追いかける」の意味はわかっても,「ひょうすえが人間を追いかける」はわからない.これは,そもそも,「ひょうすえ」とはどんなものかという**概念**(concept)や**知識**(knowledge)の**表象**(representation)が意味記憶に存在しないためである(「ひょうすえ」とは伝説上の妖怪で,その姿を見た者は必ず病気にかかるという).このように,身のまわりの事物や世界に関する意味のことを概念や知識という.この2つは,同じ意味と考えてよいが,この章では「ライオン」や「人間」といった最小限の知識の単位を概念と呼ぶことにする.また,表象には,「心のことば」に対応する**命題**(proposition)という形式と,「心の絵」に対応する**イメージ**(image)という形式の2つが考えられているが,しばらくそれを問題とせずに,概念がどのような形で表象として保持されているのかについてみていく(Roth & Frisby, 1986).

(a) 定義的属性と事例

一般に,概念は同じ特徴をもった個々の事物の集まりとして表現できる.共通する特徴は**属性**(property)と呼ばれ,個々の事物は**事例**(example)と呼ばれる.たとえば,「人間」という概念には「女」「男」「若い人」「年老いた人」など,さまざまな事例が存在する.これら「人間」の個々の事例に共通した属性は,「2本足で歩く」「ことばを使う」などである.逆にいえば,「2本足で歩く」「ことばを使う」という属性をもつものは,すべて「人間」の集まりとして理解される.このように同じ属性をもった事例の集まりは**カテゴリ**(category)と呼ばれ(範疇と訳されることもある),事物をカテゴリに分けることを**カテゴリ化**(categorization)という.

ここで重要なことは,属性はその概念に特有のものであって,ほかの概念の属性と区別できなければならないということである.たとえば,「ライオン」という概念の属性(「4本足で歩く」「吠える」など)は,いうまでもなく「人

間」とは異なっている．このような概念の定義に使われる属性は**定義的属性**(defining property)と呼ばれる(**定義的特徴**(defining features)といわれることもある)．定義的属性による概念の表現は，たとえば，「三角形」とは「3つの直線の辺から構成され，これらの辺は互いに接合し，3つの内角の和は180度となる」というように，幾何学や数学の世界では，うまくいく．このように，概念とは，定義的属性によって表現できるというように，長い間，考えられてきた．

（b）定義的属性の問題点——あいまいさと典型性の存在

しかし，定義的属性による表現が，すべての事物に当てはまるわけではない．たとえば，「人間」の定義的属性として，「2本足で歩く」「ことばを使う」を採用したとすると，「赤ちゃん」は「人間」ではなくなってしまう．また，逆に，絵記号を使ってコミュニケーションのできる「チンパンジー」は「人間」に含まれることになってしまう(6章のコラム6-4を参照)．このように，定義的属性による表現には，あいまいさがともない，概念を表現するには必ずしも適切とはいえない．

さらにまた，もっと大きな問題がカテゴリの事例の**典型性**(typicallity)の存在である．同じカテゴリに属する事例であっても，いかにも「それらしい」事例がある．たとえば「ライオン」と聞くと，たてがみのある「雄ライオン」を思い浮かべるのがふつうであり，たてがみのない「雌ライオン」は「ライオン」の事例に含まれても，ライオンらしく思われない．このように，典型性とは，その概念の当てはまりやすさのことをいう．

ロッシュは，この「ライオン」の例のように，事例によって典型性に違いが認められることを実験で明らかにしている(Rosch, 1973, 1975)．彼女は，たとえば「鳥」のカテゴリから「コマドリ」「ダチョウ」などの事例を提示し，それぞれの事例がどの程度そのカテゴリに典型的であるかを参加者に評定させた．その結果，アメリカでは身近にみられる「コマドリ」がもっとも典型的な鳥とされ，「ダチョウ」は鳥らしくないと判断された．さらにまた，典型的な事例

は，それが認知されるスピードも速い．つまり，「コマドリは鳥か？」「ダチョウは鳥か？」というような質問に答えるまでの反応時間を調べると，典型性の低い「ダチョウ」よりも典型性の高い「コマドリ」のほうが，判断時間が短いのである（これは**典型性効果**(typicality effect)と呼ばれる）．

　定義的属性によって概念が表現されるという考え方にしたがえば，「コマドリ」も「ダチョウ」も等しく定義的属性（「翼がある」「卵を産む」など）を満たしている．にもかかわらず，「コマドリ」のほうが「ダチョウ」よりも鳥らしいと判断され，しかも，その判断時間も速い．このように，定義的属性による表現では，なぜ概念の当てはまりやすさに違いが認められるのかを説明できないのである．

コラム 5-1 │ 家族的類似性

　哲学者ヴィトゲンシュタインの主張した**家族的類似性**(family resemblance)という考え方は概念の研究に大きな影響を与えた(Wittgenstein, 1953)．いうまでもなく，子どもはその親によく似ている．しかし，たとえば，顔一つとってみても，目元は母親似だが，顔全体のつくりは父親似というように，似通っている部分が少しずつあるだけで，「これ」という部分（定義的属性）で親子を決めることはむずかしい．むしろ，外見や性格などのさまざまな属性の点で似通っている部分が重なりあっているというほうが適切である．このような相互に少しずつ重なり合う類似性をヴィトゲンシュタインは家族的類似性と呼んだ（2章の扉絵の上の図のさまざまな顔は，目と口の形に注目すると，少しずつ似通っている部分が見られるので，家族的類似性の例である）．

　たとえば，「ゲーム」というカテゴリには，「チェス」「（トランプの）神経衰弱」「サッカー」「ボクシング」などおびただしい数の事例が含まれる．ヴィトゲンシュタインによれば，これらすべてに共通する定義的属性を見つけ出すことはできないが，それぞれの事例間に類似性を見い出すことは可能であるという．たとえば，「チェス」と「ボクシング」は似ても似つかないようであるが，勝敗を競って2人で対戦するという点では共通している．一方，「神経衰弱」と「サッカー」は，勝敗を争うという点では「チェス」や「ボクシング」と共

通であるが，対戦人数の点で異なっている．では，勝敗を争うのがゲームであるかといえばそうともいえない．勝敗とは無関係に，1人で遊ぶトランプの「ゲーム」もあるし，壁を相手にボールを蹴って遊ぶ1人「ゲーム」の場合には，勝敗は関係しない．このように，すべての事例に共通する定義的属性は存在しないが，そこには相互に重なり合うという類似性が存在するとヴィトゲンシュタインは主張したのである．

5-2 個々の概念やカテゴリに関する表象のモデル

定義的属性を等しく満たしていても典型性に違いがあることからわかるように，定義的属性だけによって概念を表現することはむずかしい．ここでは，家族的類似性の考え方(コラム5-1を参照)に影響を受けた2つのモデルと，概念どうしの関係を考える新しいモデルについてみてみよう．

(a) 抽出された1つの概念の表象を考えるプロトタイプモデル

ロッシュは，相互に少しずつ重なり合う家族的類似性をもとに，**プロトタイプモデル**(prototype model)を提唱した．プロトタイプとは，ある特定のカテゴリを形成する事例のなかで，もっとも典型性の高い事例をいう．そこで，ロッシュとマービスは，「乗り物」などのカテゴリの事例(「自転車」「自動車」「飛行機」など)を提示し，まず，それぞれの事例の属性(「自転車」の場合，「2輪」「ペダルがある」「ハンドルがある」など)を思いつく限り参加者に書き出させた(Rosch & Mervis, 1975)．こうして書き出された属性が，同じカテゴリ内のいくつの事例に共通して出現するかを調べて，それぞれの属性の重みづけ得点とした．たとえば，「ペダルがある」という属性は「自転車」だけにしかみられないとすれば1点，「人を運ぶ」という属性が，「自転車」「自動車」「飛行機」の3つでみられれば3点を与えた．次に，それぞれの事例で産出された属性のすべての重みづけ得点を合計して，各事例の家族的類似性得点とした．

その結果，この家族的類似性得点が高いほど，その事例の典型性が高いことが明らかとなった．そして，ロッシュは，この家族的類似性得点の最大のものをプロトタイプと考えたのである．

　プロトタイプモデルでは，個々の事例ではなく，これらの事例の平均化されたプロトタイプが抽出され，記憶されていると仮定している．そのため，「コマドリは鳥か？」「ダチョウは鳥か？」といった質問に対しては，記憶されているプロトタイプがその事例とどれだけ類似しているかによって判断される．したがって，典型性の高い事例の場合，プロトタイプとすぐに一致するので，判断時間が速くなるという典型性効果が得られるというのである．

（b）すべての概念の表象を考える事例モデル
　プロトタイプモデルは，一つ一つの事例の情報を切り捨て，ごく一部の情報（つまりプロトタイプ）だけが取り出されると仮定している．しかし，家族的類似性の考え方のエッセンスは，プロトタイプのような特定の表象を考えるのではなく，むしろ，すべての事例がそのままの形で残されていると考える点にある．この点に注目したのが，**事例モデル**(exemplar model)である（範例モデルと訳されることもある）．事例モデルは，その名前の通り，一つ一つの事例に関する情報がすべて意味記憶内に表象として保持されていると考える(Nosofsky, 1988)．したがって，典型性の高い事例は，そもそも過去に何回も出くわしていて，すぐに利用できる状態にあるので，判断時間が速くなると解釈される．このことを比喩的にいえば，よく利用する本は机のそばに置かれるので，必要なときに，素早くそれを調べることができるのと同じことである．

　従来，概念の研究では，特定のカテゴリに当てはまるかどうかという「イチゼロ」型の質問が使われていた．しかし，イチゼロ型を変形した質問を使った場合，そこで得られる結果のパタンは，プロトタイプではなく，事例がそのままの形で保存されているという考え方と一致している．たとえば，「牧場にいる動物は？」というイチゼロ型の質問であっても，「乗る」という場面ではその答えが「馬」となり，「乳搾り」という場面ではその答えが「牛」となる．

このように，場面ごとに事例が変わるのは，すべての事例のなかから場面に応じた適切な事例が答えられているためと考えられる．さらにまた，「鳴く鳥は？」というイチゼロ型の質問の代わりに「小さい鳥は鳴くが大きい鳥は鳴かないのは本当か？」という質問の場合は，参加者は思いつく限りの事例を調べて，それをもとに答えることがわかってきている．

　事例モデルは，すべての事例の表象を保持することで，多くの情報の保存を仮定することが可能となり，プロトタイプモデルが説明できない結果のパタンを上のようにうまく説明できる．さらにまた，人間の神経回路に基礎を置いたコネクショニズムという考え方ともうまく合致している(8-1節を参照)．

(c) 概念どうしの関係を考える理論ベースモデル

　プロトタイプモデルや事例モデルは，いずれも，あらかじめ固定されたカテゴリがすでに外界に存在し，われわれはそれらを受動的に受け取っていると仮定している．これに対して，**理論ベースモデル**(theory-based model)は，そもそもなぜカテゴリや概念のまとまりが存在するのかという点に注目している．理論ベースモデルのいう理論とは，属性間の関連性のことであり，これらの属性間の関連性にもとづいてカテゴリや概念が形成されると考えている(Murphy & Medin, 1985)．たとえば，「鳥」という概念といえば，「空を飛ぶ」「翼がある」「羽毛がある」といった属性のまとまりが思いつく．この理由は，これらの属性の間に関連性が存在するためである．つまり，「翼がある」のは「空を飛ぶ」ためであり，飛ぶためには翼が軽くなければならず，そのために「羽毛がある」という属性がそなわっていると考えられるのである．

　このような関連性を重視する立場は，(プロトタイプモデルや事例モデルでは)カテゴリとして想定できない事物がまとまることをうまく説明できる．たとえば，「火事のときにもち出す(連れ出す)もの」を考えてみよう．実際に調べてみると，「子ども」「家族」「重要書類」「ペット」と答えられ，この順に典型性が低くなっていく．これらのカテゴリの事例は一見何の関連もないように思われるが，「かけがえのないもの」という点で関連している．

理論ベースモデルは，われわれが属性間の関連性に注目することで，能動的に外界を分類し，柔軟にカテゴリ化を行っていくと考える点で，プロトタイプモデルや事例モデルとは，その出発点が根本的に異なっている新たなモデルといえよう．

コラム 5-2 │ 概念の階層構造と基礎レベル

「ゾウ」は「動物」の一種でもあるし，細かくみれば「アジアゾウ」や「アフリカゾウ」もいる．つまり，カテゴリ（「動物」），一般的な呼び方（「ゾウ」），細分化した呼び方（「アジアゾウ」「アフリカゾウ」）という3つのレベルからなる階層構造を考えることができる．

ロッシュらは，このような階層構造を調べるために，上位のレベルとしてカテゴリ名，中位のレベルとして一般的な呼び方，下位のレベルとして細分化された呼び方，を提示し，それぞれの属性を参加者に列挙させてみた（Rosch et al., 1976）．その結果，上位のレベルのカテゴリ名（「鳥」）に関して列挙された属性（「翼がある」「飛ぶ」など）は，すべて中位のレベルの一般的な呼び方（「スズメ」）でも列挙されただけではなく，これらに加えて，上位のカテゴリ名にみられない独自の属性（「小さい」「茶色い」など）があげられていた．そして，下位のレベルの細分化された呼び方（「ウタスズメ」「イエスズメ」）は，中位のレベルの一般的な呼び方と同一の属性が答えられていた．つまり，一般的な呼び方と細分化された呼び方の属性数は同じであったのに対して，カテゴリ名の属性数は少なかったのである．

そこで，ロッシュらは，「スズメ」のような一般的な呼び方を**基礎レベル**（basic level）と名づけ，とりわけ重要な概念であると考えた．なぜなら，基礎レベルには典型性に関する情報が多量に保存されていることに加え，対象（「スズメ」）を見たときに，基礎レベルの呼び方が使われるのが一般的であり，発達的に早い段階で基礎レベルの概念が獲得されるからである．

5-3 概念どうしの関係に関する表象のモデル

これまでは個々の概念や，概念のカテゴリの構造について述べてきた．しかし理論ベースモデルをみると，そこには概念どうしの関係(すなわち知識)も組み込まれている．ここでは概念間のモデルについて考えてみよう(実は，これまでもそうであったが，これらは命題という形式で表現されている)．

(a) 概念間の階層構造──意味ネットワークモデル

コリンズとキリアンによる**意味ネットワークモデル**(semantic network model)は，概念間の構造を階層的に示したモデルである(Collins & Quillian, 1969)．図5-1に示したように，全体は3つのレベルに分かれている．たとえば，(ロッシュのいう基礎レベルに該当する)レベル0の概念が「カナリア」，その上位のレベル1の概念が「鳥」，最上位のレベル2の概念が「動物」となっている(コラム5-2を参照)．

この図では，個々の概念(「カナリア」「鳥」「動物」など)は，黒丸の**ノード**(node, 接点)で示されている．これら個々のノードどうしを結びつける矢印が

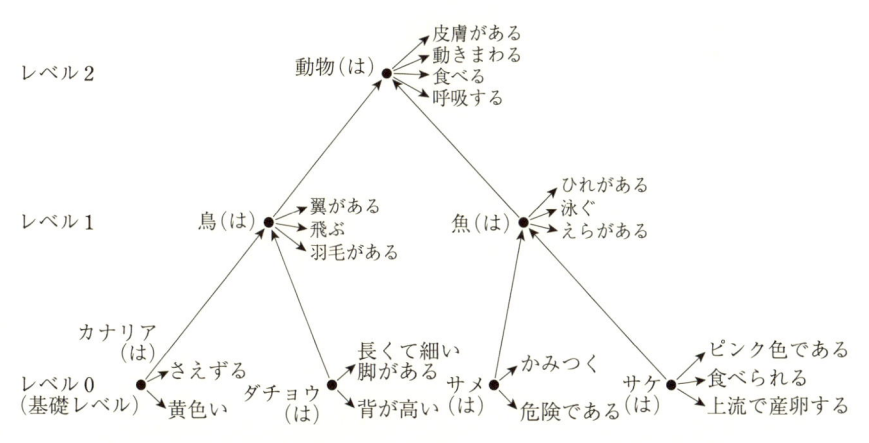

図5-1 3つの階層構造からなる意味ネットワークモデルの一部．
(Collins & Quillian, 1969 より改変)

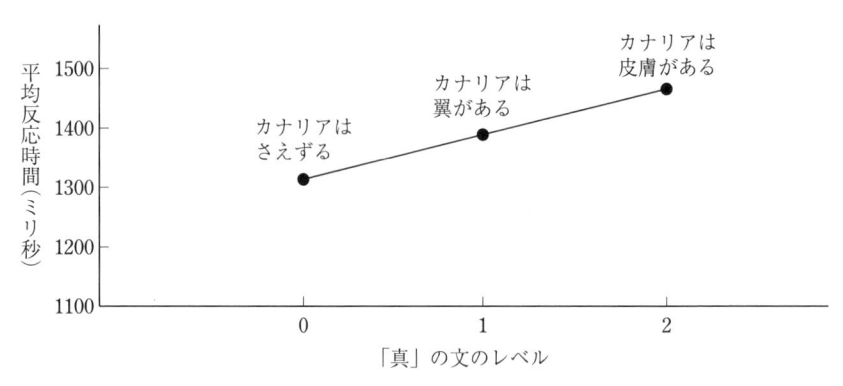

図 5-2 属性のレベルの異なる文(「真の文」)に対する真偽判断にかかる平均反応時間．(Collins & Quillian, 1969 より改変)

リンク(link，連結)と呼ばれ，リンクの先には属性が付与されている．たとえば，「カナリアはさえずる」という場合，レベル 0 の「カナリア」のノードからリンクが伸びて，「さえずる」という属性と連結している．しかし，すべての属性が付与されているわけではない．「カナリア」も「ダチョウ」も「翼がある」が，この属性は「カナリア」や「ダチョウ」のノードに直接連結されずに，1 つ上のレベル 1 の「鳥」というノードに付与され，重複を防いでいる．このような共通の属性は上位のレベルに保存するという方法によって，膨大な量の情報を簡潔に表現できることが，意味ネットワークモデルの最大の利点である(これは**認知的経済性**(cognitive economy)の原理と呼ばれる)．

　コリンズとキリアンは，この意味ネットワークモデルが妥当であるかどうかを調べるために，文の真偽判断にかかる反応時間を調べた．つまり，図 5-1 をみると，「カナリアはさえずる」(レベル 0)，「カナリアは翼がある」(レベル 1)，「カナリアは皮膚がある」(レベル 2)という属性は，この順で上位のレベルに保存されている．また，「カナリア」の属性について調べるためには，必ずレベル 0 の「カナリア」のノードからリンクをたどって，上位のレベルのノードやリンクを調べなければならないと仮定されている．したがって，レベル 0 の「カナリアはさえずる」かどうかを判断する場合と，レベル 1 の「カナリアは翼がある」かどうかを判断する場合を比べると，リンクをたどって 1 つ上のレ

ベル1の「鳥」ノードを調べる必要のある「翼がある」かどうかの判断の場合のほうが，それだけ，反応時間が長くなるはずである．同様に，レベル2の「カナリアは皮膚がある」かどうかは2つ上の「動物」ノードのレベルまで調べなければならないので，さらに時間がかかると予想される．実験の結果は，予想通り，図5-2に示したように，「カナリアはさえずる」「カナリアは翼がある」「カナリアは皮膚がある」の順に判断に要する反応時間が長くなった．このような結果は意味ネットワークモデルの妥当性を裏づける証拠とされた．

(b) 概念間の階層構造と活性化の拡散——活性化拡散モデル

意味ネットワークモデルの欠点は，典型性効果を説明できないことである．つまり，「カナリアは鳥である」も「ダチョウは鳥である」も，どちらも同じレベル1での比較なので(図5-1を参照)，両者の判断時間には差がないはずである．しかし，実際には，鳥として典型的な「カナリア」のほうが「ダチョウ」よりも判断時間が速い(Rosch, 1973)．

そこで，コリンズとロフタスは，意味ネットワークモデルを2つの点で改良し，図5-3に示した**活性化拡散モデル**(spreading activation model)を提唱した(Collins & Loftus, 1975)．すなわち，第1に，階層構造を仮定する代わりに，リンクの長さで関係の強さを表現した．つまり，関連性が強いほど，リンクは短い．第2に，ある概念に注意が向けられることで，対応するノードに**活性化**(activation, 利用しやすさが高まった状態)が起こり，それがリンクを伝わって拡散していくと考えたのである．この活性化拡散モデルが，3-8節で述べた気分と記憶に関するネットワーク説のもとになっている．

たとえば，図5-3に示したように，「カナリア」と「鳥」というノードは，関係性が強いので，「ダチョウ」と「鳥」よりも，リンクが短く描かれている．この場合，リンクが短いので，それだけ活性化の拡散が速く伝わる．今，「カナリア」と「ダチョウ」のそれぞれの概念に注意が向けられ，活性化のレベルが高まったとしてみよう．それぞれのノードから活性化の拡散がはじまるが，リンクの短い「カナリア」のノードからの拡散のほうが，「ダチョウ」のノー

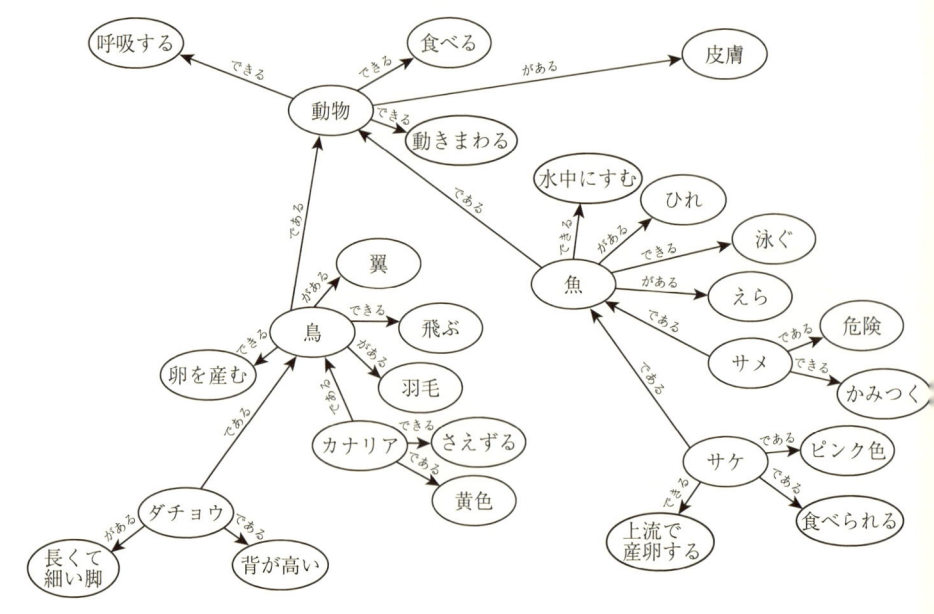

図 5-3　意味ネットワークモデルを改良した活性化拡散モデルの一部．
(Collins & Loftus, 1975 より改変)

ドからよりも速く伝わり，典型性効果が出現すると考えることができる．

　この活性化拡散モデルを裏づける証拠が，2-4 節で述べた意味的プライミングと呼ばれる現象である．すなわち，連想関係の強い「パン」と「バター」のほうが，連想関係の弱い「看護士」と「バター」よりも，リンクが短い．したがって，「パン」の提示によって活性化が起こると，そのすぐ近くの「バター」のノードに活性化が伝わり，概念の利用しやすさが高まる．その結果，「バター」が単語であるかどうかを判断する語彙決定時間が短くなるのである．

5-4　知識の構造に関する表象のモデル

　これまで個々の事物や事象の概念の構造についてみてきた．しかし，「ライオンが人間を追いかける」という文や絵を理解しようとする場合，個々の概念

を知っているだけでは十分ではない．たとえば，いったい何が原因で，「ライオン」は「人間」を「追いかける」のだろうか．ある人は「人間」が「ライオン」を怒らせたからだと考えるかもしれないし，別の人は空腹の「ライオン」がたまたま見つけた「人間」を食べるためだと考えるかもしれない（6-4節を参照）．このように，無数の解釈が考えられるが，これらの解釈のもとには，知識が関与している．ここでは，知識構造のモデルをみてみよう．

（a）構造化された複数の概念の集まり——スキーマ

スキーマ（schema）とは構造化された複数の概念の集まりを指し，われわれの記憶や理解に大きな影響を与える．たとえば，4-4節の再構成的想起で述べたように，イギリス人の大学生を対象に，なじみのない民話を読ませて，それを何回も再生させてみると，イギリス文化に合致しない部分は省略されたり，イギリス文化に合致するように変容される．このような省略や変容には，一定の規則性が認められ，これがスキーマによると考えられるのである．

スキーマの第1の特徴は，どのような知識であってもスキーマで表現できるということである．つまり，個々の概念の定義はもちろんのこと，概念間の関係の複雑な知識も含む．たとえば，「ライオンとは何か」という単純な概念から，「ライオン」「シマウマ」などの動物のカテゴリに関する知識，さらにはまた，「ライオン」の行動特性に関する知識，アフリカに関するさまざまな知識など，どのような知識であってもスキーマとして表現できる．

第2に，それぞれのスキーマは相互に無関係なものばかりではなく，大きいスキーマの下に，小さいスキーマが入れ子構造になっていることがある．たとえば，「ライオンの行動特性」という大きなスキーマには，自分より弱い動物を追いかける，襲う，殺す，その肉を食べる，といった要素が考えられる．これらの要素は，どれもそれだけで小さいスキーマとして考えることができる（たとえば「自分より弱い動物を追いかける」という追跡スキーマなど）．この小さいスキーマには，たとえば，相手に気づかれないようにする，背後から近づく，全速力で相手を追いかけるなどの要素が含まれる．

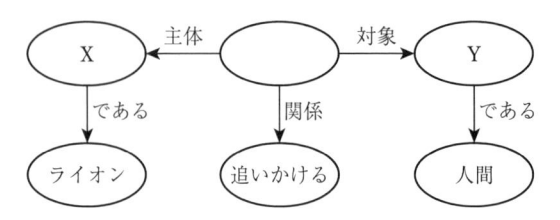

図 5-4　命題を使って「ライオンが人間を追いかける」を表現した例.

　第 3 に，スキーマにはスロットと呼ばれる変数がそなわっている．たとえば，「ライオンが人間を追いかける」という「追跡スキーマ」の場合，主体，対象，関係の 3 つが変数となる．これは，意味ネットワークモデルや活性化拡散モデルと類似した命題を使った表現として，図 5-4 のようにあらわすことができる．ここでいう変数とは，概念のことであり，たとえば，対象のスロットに別の概念(「シマウマ」)を入れて「ライオンがシマウマを追いかける」というように変更できるが，この場合，概念どうしの関係(「追いかける」)は固定されている．

　ただし，どのような概念でも変数として入れてよいわけではない．ふつう，「シマウマがライオンを追いかける」ということは起こらないので，通常は「ライオンがシマウマを追いかける」というように概念が割り当てられる(このような割り当てを**例示化**(instantiation)と呼ぶ)．また，「ライオンが撃たれた」という文を聞いた場合，多くの人は「人間」という変数を主体に入れる．なぜなら銃で「ライオン」を撃つのは「人間」であることが一般的だからである(このような一番ありそうな変数を**デフォルト値**(default value)と呼ぶ).

(b) 生起順序のある出来事の系列の集まり ——スクリプト

　われわれはレストランで食事をすることについて一定の知識をもっている．通常は，レストランに入り，テーブルに座り，メニューを見て，注文し，食事をして，お金を払って出て行く(Bower et al., 1979)．シャンクとエイベルソンは，このような決まりきった生起順序のある出来事の系列に関する知識のことを，演劇の台本になぞらえて，**スクリプト**(script)と呼んだ(Schank &

Abelson, 1977)．つまり，レストランで食事をするときは，そこでの登場人物になりきって，このスクリプトを順番に演じているというわけである（スクリプトとスキーマは必ずしも厳密には区別できないが，決まりきった生起順序のあるスキーマをスクリプトと呼ぶと理解しておけばよい）．

　さまざまなスクリプトがあるおかげで，日常場面で，次に何をすべきか，あるいはまた，次に何が起こるかを予測することができる．逆にいえば，誰もが生まれて初めての経験でとまどうのは，このスクリプトがないからである．たとえば，高級レストランで初めて食事をする際には，注文の仕方や，たくさん並べられた食器の使い方などでとまどってしまう．しかし，何度か経験するうちに，スクリプトが獲得され，スムーズにふるまえるようになっていく．

　シャンクとエイベルソンは，当初，たくさんの種類のスクリプトが，あらかじめ意味記憶内に存在すると考えていた．しかし，その後，どのようにしてスクリプトが形成されるのかが不明確なことや，スクリプトの修正ができないといった欠点が明らかになってきた．そこで，シャンクは，さまざまな小さい行動要素（「注文する」「お金を払う」など）が記憶内にあって，これらの行動要素のなかから，その場その場で適切な行動系列が再構成されるというように，それまでの主張をあらためている(Schank, 1982)．このような考え方は，4-2節で述べた自伝的記憶の構造のモデル（図4-3を参照）にも影響を与えている．

コラム 5-3　感情の概念の構造

　これまでみてきた概念や知識の構造は，感情については考慮されていない．では感情の概念はどのような構造をもっているのだろうか．この種の研究では，直接に感情を扱うのは無理なので，「希望」「嫌悪」などの情動語を材料とした2つのアプローチが使われてきた．

　第1のアプローチは，さまざまな次元で情動語を評定させ，感情に共通する基本的な次元を明らかにしようというものである(Russell, 1980)．これらの研究からは，あらゆる情動語が「ポジティブ－ネガティブ」という次元と，覚醒

の強弱という次元の2つをもつことが見い出されている．

　第2のアプローチは，ロッシュらの理論にもとづいたものである(Shaver et al., 1987)．これらの研究からは，ふつうの概念と同様，感情の概念が3つの階層構造から成り立つことや，基礎レベル(「愛」「怒り」など)が存在することが明らかにされている．すなわち，図5-5に示したように，上位レベルに「ポジティブ感情」と「ネガティブ感情」があり，その下の基礎レベルに，「愛」や「怒り」などがある．そして，一番下の下位レベルには，「熱情」や「憤怒」などが位置づけられる．また，感情を表現する際には，「ネガティブ感情を感じている」(上位レベル)や「憤怒を感じている」(下位レベル)ではなく，「怒っている」のように，基礎レベルが多用される．

　さらにまた，典型性に違いがあること，概念間の境界があいまいであること，家族的類似性が認められること，などもわかっている．たとえば，「怒り」という基礎レベルの下の下位レベルには，「憤怒」「嫌悪」以外に「憤激」「不機嫌」「苦悩」などが含まれ，この順番に典型性が低くなる．典型性が低くなると同時に，カテゴリの境界があいまいとなり，たとえば，「苦悩」は「怒り」に含まれるだけではなく，「悲しみ」という基礎レベルにも含まれる．このように，感情の概念は，ふつうの概念の構造ときわめて類似しているが，そこには大きな文化差も認められることを忘れてはならない(8章のコラム8-2を参照)．

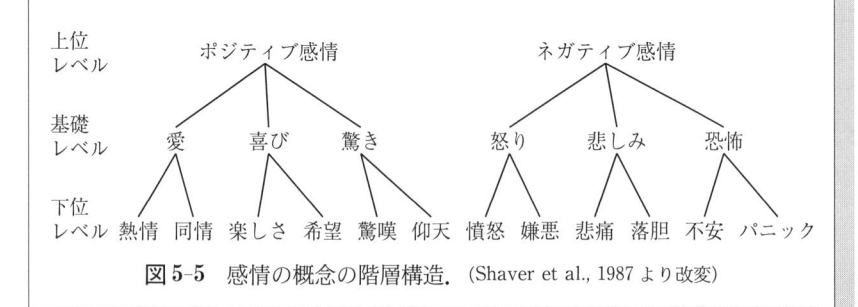

上位レベル	ポジティブ感情			ネガティブ感情		
基礎レベル	愛	喜び	驚き	怒り	悲しみ	恐怖
下位レベル	熱情 同情	楽しさ 希望	驚嘆 仰天	憤怒 嫌悪	悲痛 落胆	不安 パニック

図5-5 感情の概念の階層構造．(Shaver et al., 1987より改変)

5-5 イメージの特徴——「心の目」によって「心の絵」を見る？

　ここまで，表象の形式に関しては，特に問題にしてこなかったが，概念や知識のモデルでは，命題という表象が仮定されている．一方，われわれは章扉の絵に類似したイメージという形式で表象をもつこともできる．そこで，ここからはイメージという表象の特徴についてみていく．イメージは視覚だけに限定されず，ほかの感覚のイメージや運動のイメージも存在するが，日常場面で頻繁に使われ，研究も進んでいる視覚イメージに焦点を絞ることにしよう．

　イメージの研究では，イメージが視覚と本質的に同じかどうかという点が中心に検討されてきた．つまり，この章の扉の絵を見るのと同じように，あたかも「心の目」によって「心の絵」を見ているのかどうかを調べるために，さまざまな方法が工夫されてきた．ここでは，2つの現象について取り上げよう．

(a) 心のなかでの対象の回転——心的回転

　知らない土地で，目的の場所に行くために，地図を使うことがある．しかし，地図は一般に上が北なので，今いる地点のどの方角が北かによって，地図の向

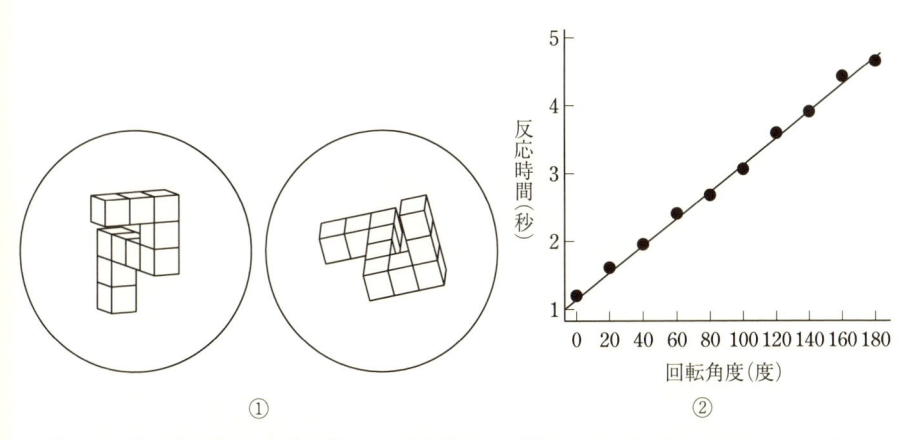

図 5-6　①心的回転の実験で使われた図形ペアの例(Shepard & Metzler, 1971 より改変)，②回転に必要な角度と判断までの反応時間．(Shepard & Metzler, 1971)

きを変えなければならないことがある．これと同様に，心のなかのイメージの向きを変えることを**心的回転**(mental rotation)という．

心的回転の実験を理解するために，図5-6①の3次元図形を見てみよう．この図形のペアは回転させるとぴったりと一致する．シェパードとメッツラーは，このような図形のペアを参加者に見せて（回転させても一致しないペアもあった），同じものか違うものかをできるだけ速く判断させ，その反応時間を測定した(Shepard & Metzler, 1971)．その結果，図5-6②に示したように，2つの図形が同じかどうかを判断するまでにかかった時間は，図形のペアの角度の違い（すなわち心的回転に要する角度）が大きいほど，長くなった．つまり，われわれは心のなかで，図形と同じイメージを作り上げて，それをあたかも実物と同じように回転させていると思われる．その後，心的回転の証拠は，手の形をした図形，「R」といった文字，単語，などでも見いだされている(Cooper & Shepard, 1978)．

(b) 心のなかでの対象の探査——心的走査

大阪から福岡までの距離と，大阪から東京までの距離のどちらが長いだろうか．このような質問をされた場合，多くの人は，心のなかに日本地図のイメージを思い浮かべて，それをもとに答える．このように，心のなかに対象のイメージを作り上げ，そのイメージを調べることを**心的走査**(mental scanning)という（心的探査と訳されることもある）．

この心的走査を検討するために，コスリンらは，図5-7①に示したような島の地図を参加者に見せて，それを覚えさせた(Kosslyn et al., 1978)．そして，地図を取り去り，ある地点（たとえば，地図の一番左下の「小屋」）を指示し，そこにイメージのなかで焦点を合わせさせた．次に，別の地点（たとえば，地図の一番上の「岩場」）を指示し，その地点まで移動し，たどり着いたら，ボタンを押させ，その反応時間を測定した．その結果，図5-7②に示したように，地図のなかの2つの地点が遠くなるほど，答えるまでの反応時間が長くなった．このことは，目の前の地図を調べるのと同じように，心のなかのイメージを調

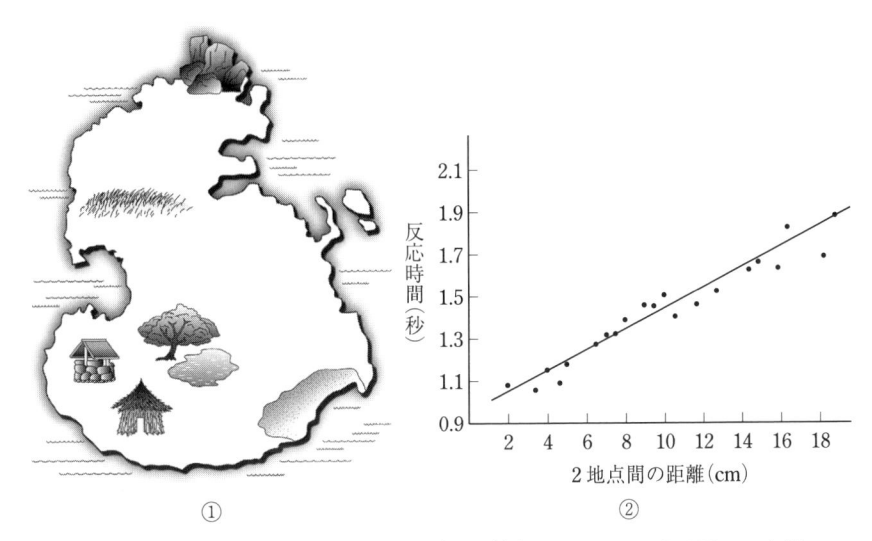

図 5-7 ①心的走査の実験で使われた島の地図．(Kosslyn et al., 1978 より改変)
②2 地点間の距離と判断までの反応時間．(Kosslyn et al., 1978)

べるのに時間のかかることを示している．

コラム 5-4 | イメージは本当に「心の絵」なのか？
——イメージ論争

　これまで述べてきた心的回転や心的走査の知見からは，イメージとは目の前の絵を知覚するのと同様に，「心の目」によって「心の絵」を見ているように思われる(Finke, 1986)．しかし，このような考え方には，問題点も指摘されている(Pylyshyn, 1984)．第 1 に，「心の目」を仮定すると，その「心の目」をもつ「心のなかのこびと」(これは**ホモンクルス**(homunculus)と呼ばれる)を仮定しなければならなくなり，今度は，このホモンクルスの心の説明が必要になってくる．第 2 に，心的回転や心的走査を行う際，確かにイメージを使っているという主観的経験が報告されるが，本当のところ，心のなかで何が行われているのか明確ではない．たとえば，心的走査で得られる結果は，調べる距離が長くなれば時間もかかるという知識を参加者が無意識にもっていて，この無意識の知識(これは**暗黙知**(tacit knowledge)と呼ばれる)をもとにして，短い

距離の場合は短い時間をかけ，長い距離の場合は長い時間をかけて，答えているだけだというのである．

これらのことを踏まえて，ピリシンは，そもそもイメージという表象は存在せず，それらは命題の形式であることを一貫して主張している(Pylyshyn, 1984)．こうして，「心の絵」を仮定するイメージ派と，そのようなイメージの存在を認めない命題派によって，いわゆるイメージ論争が起こったのである．論争そのものはいつしか消えてしまったが，イメージ論争を経て，イメージ派もイメージだけではなく，命題という表象形式も取り入れるようになっている(Kosslyn, 1980)．こうして，現在では，多くの研究者は，表象の形式として，イメージと命題という2つの形式が存在すると考えている．

5-6 イメージと視覚の類似性

心的回転，心的走査といった研究は，参加者の主観的経験に頼っているという方法論上の問題点がある(コラム5-4を参照)．そこで，イメージと視覚の類似性を明らかにするために，参加者の主観的経験に頼らないアプローチとして，二重課題を使う方法，一度思い浮かべたイメージの再解釈を求める方法，脳神経にもとづいた方法，が使われるようになっている．

(a) 二重課題でのイメージに及ぼす干渉効果

ラジオから流れてくるサッカーの試合を聞きながら，その場面をイメージするのは，それほどむずかしくない．しかし，迷路のように入り組んだ複雑な街中を運転しながら，同じようにイメージすることは非常にむずかしい．それは，刻一刻と変わる目の前の視覚的な光景に注意を向けることが，サッカーのイメージの干渉になるためである．

これと同様に，もし参加者がイメージを本当に使っているのならば(そしてイメージが視覚と類似しているのならば)，イメージ課題中に視覚的な干渉課題を与えれば，イメージ課題の成績は悪化するはずである．そこで，ブルック

5-6 イメージと視覚の類似性——145

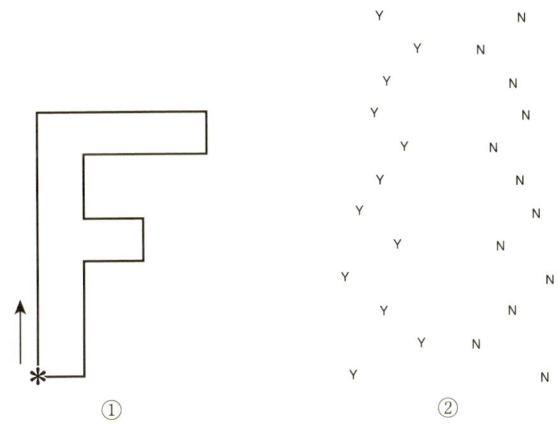

図 5-8 ①実験で使われた文字図形課題の例(Brooks, 1968), ②実験で使われた指さし条件用の反応用紙の例. (Brooks, 1968 より改変)

スは, イメージの不要な文課題と, イメージの必要な文字図形課題を使い, これらの課題と同時に, 3種類の干渉課題を参加者に行わせてみた(Brooks, 1968). すなわち, 文課題では, よく知っている文(「a bird in the hand is not in the bush(二兎を追う者は一兎をも得ず)」など)を聞かせた後, この文の一つ一つの単語が名詞かどうかを頭から順々に判断させた(この例文の場合,「ノー, イエス, ノー, ノー, イエス, ……」となる). 一方, 文字図形課題では, まず図5-8①に示したような文字図形を覚えさせた. 次に, この文字図形をイメージしながら, 左下のアスタリスクを起点として, 矢印の方向にライン上をたどりながら, 起点を含めて各頂点がその図形の上端や下端ならイエス, それ以外の場合はノーと答えさせた(図5-8①の場合, 起点から順に「イエス, イエス, イエス, ノー, ノー, ……」となる).

ブルックスが注目したのは, 反応の方法であり, 文課題, 文字図形課題ともに, 3つの条件があった. 第1の発声条件では,「イエス」「ノー」を声に出して答えさせた. 第2のタッピング条件は,「イエス」なら左手で机をたたき,「ノー」なら右手で机をたたかせた. そして, 第3の指さし条件は, 図5-8②に示したような反応用紙を使い「イエス」なら「Y」を,「ノー」なら「N」

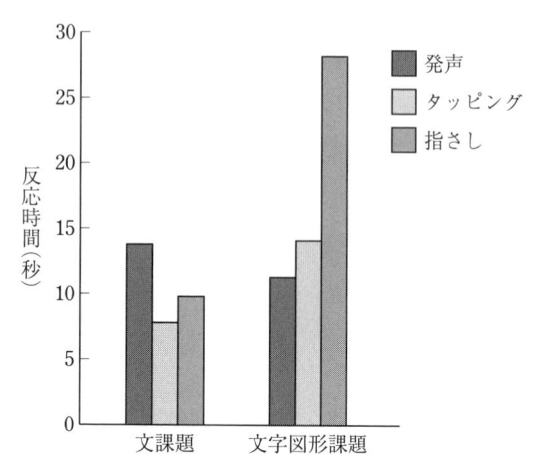

図 5-9 文課題と文字図形課題での反応の方法の違いと反応時間．(Brooks, 1968 をもとに作図)

を1行ずつ指し示していくというものであった．この指さし条件では，わざと1行ごとに「Y」と「N」の位置がずらされているので，正確に答えるためには，常に視覚的な注意を反応用紙に向けていなければならない．

　こうして，文課題と文字図形課題にかかった時間を調べると，図5-9に示したように，反応の方法によって，そのパタンが異なっていた．とりわけ，文字図形課題の指さし条件では，反応時間がきわめて長くかかった．つまり，指さしの場合，反応用紙の「Y」と「N」を視覚的にモニターするために，文字図形課題のイメージに干渉を与えたのである．これに対して，文課題の指さし条件では，このような干渉効果が認められない(ただし，文課題の発声条件は，名詞の判断という言語的処理に干渉を与え，反応時間が長くなっている)．

　これらの結果から，文字図形課題では，実際にイメージが使われていることが強く示唆される．ほかにも，イメージ課題の最中に，イメージと干渉する課題(4章の扉の回転盤追跡課題など)を同時に行うことで，イメージ課題の成績が悪くなることが明らかにされている．これらの干渉が起こるのは，イメージ課題と干渉課題の両方がワーキングメモリの視空間的記銘メモを使おうとすることが原因と考えることができる(3-5節を参照)．したがって，イメージと視

覚は，同一のメカニズムを共有している可能性が高いと思われる．

(b) イメージの再解釈の可能性

図5-10を見てみよう．この図は多義図形と呼ばれ，見方によって，アヒルにもウサギにも見える．もし，イメージが視覚と同じはたらきをもつのなら，絵の場合と同様に，心のなかで思い浮かべたイメージの見方を変える(再解釈を加える)ことができるはずである．

ところが，チャンバースとライスバーグは，視覚の場合とは異なり，イメージの見方を変えるのがむずかしいことを見い出した(Chambers & Reisberg, 1985)．彼らは，多義図形を見せた後で，イメージを作らせ，最初にアヒルに見えた者にはウサギへ，ウサギに見えた者にはアヒルへと図形の解釈をイメージのなかで変えるように求めた．しかし，いずれか一方のイメージを形成してしまうと，そのイメージを別の見方に変えることは誰もできなかった．しかし，イメージをもとに絵を描かせて，その絵を見ながら再解釈を試みると，今度は全員が別の見方をすることができたのである．これらの結果はイメージと視覚が必ずしも同じものではないということを示唆している．

しかし，その後，再解釈を促すために，「頭の後ろ側として見ている部分を別の動物の頭の前のほうだと見てみるように」といったヒントを与えることで，イメージの再解釈に成功することが明らかにされてきた．したがって，イメージと知覚がまったく同じものであるとはいえないものの，両者の間にはかなりの程度の類似性が存在すると思われる．

図5-10 実験で使用された多義図形の例．
(Chambers & Reisberg, 1985 より改変)

(c) 脳神経にもとづいた方法による検討

　脳神経にもとづいた方法の論理にしたがえば，もしイメージと視覚に共通のメカニズムがあるのなら，脳内の同じ場所が関与しているはずである．したがって，損傷アプローチからは，脳の特定の場所の損傷がイメージにも視覚にも同じように悪影響を与えると予想される．また，脳画像アプローチからは，イメージと視覚の際に，脳内の同じ場所がはたらくと予想できる．

　損傷アプローチの知見では，自分の視野の左半分に注意が向かず，対象の右側しか知覚できない半側空間無視の事例から(2-2節を参照)，イメージと視覚のはたらきが類似していることが示されている．つまり，半側空間無視の人々は，イメージを使わせた場合にも，やはり対象の右半分のイメージしか見ることができないのである．一方，脳画像アプローチによる知見でも，イメージ課題と視覚課題の際に，脳内の同じ場所(一次視覚野)がはたらくことが見い出されている．また，経頭蓋磁気刺激法(TMS)によって一次視覚野を麻痺させると，イメージ課題ができなくなることも明らかにされている．

　ただし，これらの知見に反して，使われる課題によっては，イメージと視覚で使われる脳の場所が異なるという結果も得られている．このような相反する結果が得られるのは，使われるイメージ課題の性質の違いが原因だと考えられている．これまでイメージをひとくくりにしてきたが，イメージに関与する情報は，視覚的情報と空間的情報の2つに分けられる．視覚的情報とは物体の色や模様などの情報であり，空間的情報とは向きや配置などの情報である．心的回転や心的走査は，特に空間的情報を利用している課題であると考えられる．そこで，イメージに関与する視覚的情報と空間的情報の区別を踏まえて検討してみると，視覚的情報が脳の側頭葉で，空間的情報が脳の**頭頂葉**(parietal lobe)で，それぞれ処理されていることが明らかにされてきている．

　したがって，今後，イメージ課題で使われる視覚的情報と空間的情報を区別した上で綿密に検討することが必要であるが，少なくとも，脳神経にもとづいた方法からは，イメージと視覚が密接に関連しているという可能性が強いといえよう．

コラム 5-5 イメージと感情

　ここまでみてきたように，イメージの研究では，感情の関与がともなうものは少ない．しかし，日常生活のなかで経験しているイメージには，さまざまな感情が結びついているのがふつうである．たとえば，試験でよい点数を取ったことを思い出すとか，羽が生えて空を飛ぶといったポジティブな場面をイメージすれば，ポジティブ感情を感じる．逆に，単位を落としたことを思い出すとか，羽が折れて落下するといったネガティブな場面をイメージすれば，ネガティブ感情を感じる．

　一般に，感情を感じている際には，心拍数や発汗の変化などの身体的反応が起こる(1-3節を参照)．それでは，実際の体験ではなく，ある場面をイメージしただけでも，身体的反応に変化が見られるのだろうか．そこで，実際の体験とイメージの際のそれぞれの身体的反応が調べられている．たとえば，氷水のなかに実際に手を入れさせるだけでなく，そのようすをイメージさせるだけでも，実際の体験のときと同じように心拍数は増加する．また，ヘビに出くわすという恐怖場面をイメージしただけでも，心拍数や皮膚伝導反応に変化が認められる．このように，イメージだけでも，実際の体験と同様の身体的反応があらわれるのである．

　それでは，どのようなイメージを思い浮かべることが感情と関係するのだろうか．これまでの研究でわかってきたのは，自分の身体的反応をイメージすることと感情が密接に結びついているということである．たとえば，ヘビ恐怖症の人の場合，3種類の表象として，ヘビという対象のイメージ(「ヘビが素早く動くようす」など)，ヘビの概念や属性(「ヘビは危険である」「ヘビにはウロコがある」など)，そして，ヘビに出くわしたときの自分の身体的反応(「心臓がドキドキする」「汗が出る」など)が意味記憶内に保存されている(Lang, 1979)．そこで，これら3種類の表象のイメージを思い浮かべさせて，そのときの感情を調べてみると，ただ単に恐怖対象をイメージするよりも，そういう状況に置かれた自分の身体的反応に注意を向け，そのようすをイメージすることのほうが，恐怖感の増すことが明らかにされている(Ahsen, 1984; Lang, 1979)．

　イメージと感情の問題は，さまざまな心理療法でも，重要視されているテー

マであるので，今後の研究の進展が期待される．

まとめ

さまざまな概念や知識は，命題やイメージの形で，構造化された表象として保存されている．確かに，これらの表象は，個人をこえて，ある程度の共通性をもっている（そうでなければ社会生活を円滑に営むことができない）．しかし，自分の国では当たり前のことであっても，外国に行くと当たり前ではないという経験を誰もがする．この異文化での体験ほどではないにしろ，一人一人の概念や知識の表象にはズレがある．自分の考えが理解してもらえないとか，人間関係がうまくいかないという理由の1つに，このズレの存在がある．もしそうならば，自分や他人の概念や知識の表象を知ることが，よりよい人間関係を作り上げる第一歩となるにちがいない．

問題

- なぜ定義的属性による概念の表現が不十分であるのかを考えてみよう．
- プロトタイプモデルと事例モデルのそれぞれの長所と短所を説明してみよう．
- 日常生活のなかで，どのようなスキーマやスクリプトがあるかを，例を出しながら説明してみよう．
- イメージと視覚の類似している部分とそうではない部分を考えてみよう．

6 言語理解と言語産出

　言語のもっとも重要なはたらきは他者とのコミュニケーションにあり，それは，言語理解と言語産出に分けることができる．言語理解とは，他人の話を聞いたり，他人の書いた文章を読むといった情報の入力に関するはたらきのことである．言語産出とは，他人に話をしたり，自分の考えを文章で他人に伝えるといった情報の出力に関するはたらきのことである．この章では，言語理解や言語産出がどのように行われるのかについて学ぶ．

[キーワード]
▼

心的辞書
相互活性化モデル
構文解析
構文法
意味解析
状況モデル
レンマ
レキシム
語用論
関連性理論

同じ事物であっても，使われる言語によって，呼び名の異なることがある．言語が変われば，ものの見方やとらえ方が影響を受ける（コラム 6-1 を参照）．

6-1　言語のモジュール性と系列性

　われわれは**言語**(language)を使って，まわりの世界を秩序づけたり(コラム6-1を参照)，他者とコミュニケーションを行っている．このコミュニケーションは，相手のメッセージを受け取る**言語理解**(language comprehension)と，自分のメッセージを相手に伝える**言語産出**(language production)に分けることができる．これら言語理解と言語産出のプロセスに共通する特徴として，独立した要素に分割できるというモジュール性と，それぞれのモジュールが階層的に配列されて全体の処理が進むという系列性の2つをあげることができる．

(a) 言語のモジュール性

　脳神経にもとづいたアプローチの研究からは，そもそも，言語にかかわる脳内の場所は，他の認知機能をつかさどる場所とは独立していることがわかっている(Damasio & Damasio, 1992)．また，同じ言語といっても，言語理解と言語産出のそれぞれに関与する脳の場所も異なっている．すなわち，脳に損傷を受けることで言語のはたらきに支障をきたす**失語症**(aphasia)は，言語産出はうまくいくが言語理解に問題のある**感覚性失語**(sensory aphasia)と，逆に，言語理解はうまくいくが言語産出に問題のみられる**運動性失語**(motor aphasia)に分けられ，それぞれの脳の損傷場所が異なっている(それぞれのタイプの失語症を発見した研究者の名前にちなんで，**ウェルニッケ失語**(Wernicke's aphasia)と**ブローカ失語**(Broca's aphasia)と呼ばれることもある)．さらにまた，**読み書き障害**(dyslexia)と呼ばれる障害をもった人々のなかには，言語を聞いて理解することには問題がなくても読んで理解できなかったり，話せても書くことができないという人がいる．これらのさまざまな言語の障害はいずれもその原因となった脳の場所が異なっている(Shaywitz, 1996)．このように，言語にかかわる処理がモジュールといういくつもの要素から構成されるという枠組みは，多くの研究者に受け入れられている．

6-1 言語のモジュール性と系列性──153

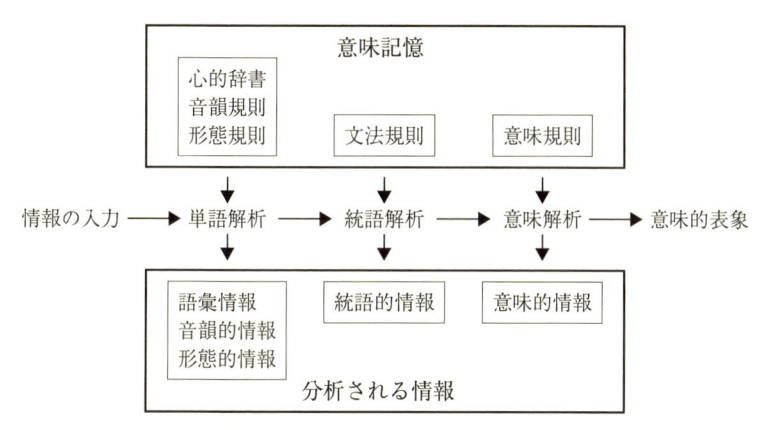

図 6-1 言語理解に関する簡略化された系列的なモデル．

（b）言語のモジュールの系列性

　言語のモジュールの系列性とは，低いレベルから高いレベルまでのいくつかのモジュールが段階的に配置され，これらを一つ一つ経て言語理解や言語産出が進むという考え方である．言語理解の場合は，文字や音声による刺激が入力されると，図6-1に示した複数のプロセスを経て，最終的に意味的表象が作り上げられると考えられている．つまり，意味的表象が命題の形にしろイメージの形にしろ，意味記憶として形成されることが言語理解ということである．同様に言語産出の場合も，伝えたいメッセージの概念をもとに，複数のプロセスを経て，音声や文字という形で出力される（図6-6を参照）．また，以前は，1つの段階が終わらないと次の段階がはじまらないと考えられていたが，現在では，これらの段階が相互に影響し合いながら進むことがわかってきている．

コラム 6-1　言語が認知に及ぼす影響──言語相対性仮説

　かつて「セクハラ」ということばがなかった時代にも，もちろんそのようなことは起こっていた．しかし，このことばができたおかげで，みんなが同じ概念を共有できるようになると同時に，どのような対策をとればよいかが具体的に考えやすくなった．この例からわかるように，言語のはたらきの1つに，カ

テゴリ化や思考の道具として使われるということがある．

この章の扉のイラストに示したように，同じ概念であっても使われる言語によって概念の分け方の異なることがある．たとえば，英語では「飛行機」「トンボ」「パイロット」という概念を区別し，それぞれに違う呼び名を使う．ところが，ネィティブ・アメリカンのホピ族は「鳥」以外の空を飛ぶものすべてに対して1つの呼び名しかもっていない．これとは逆に，英語で一語の「雪」を北極圏に住むイヌイット族は細かく分けて「舞う雪」「溶けかけの雪」「乾燥した雪」を意味する3種類の呼び名をもっている．このように使われる言語によって身のまわりの世界のカテゴリ化が異なるのは，そもそも言語によって知覚や思考などの認知の仕方が決定されるからだと考えることができる．これが**言語相対性仮説**(linguistic relativity hypothesis)と呼ばれる考え方である(言語学者のサピア(Sapir, E)とウォーフ(Whorf, B. L.)によって唱えられたので，**サピア-ウォーフ仮説**と呼ばれることもある)．

しかし，言語相対性仮説に反して，たとえば，使われる言語にかかわりなく色の知覚は同じであることが明らかにされている．英語では色をあらわす単語が11個あるのに対して，ニューギニアのダニ族は明るい色と暗い色という2つの単語しかもっていない．もし言語相対性仮説の主張のとおりならば，ダニ族はわれわれのように色を細かく識別できず，世界を2色でしか見ていないことになる．そこで，彼らにさまざまな色を見せてそれを覚えさせ，記憶のテストを行ったところ，彼らもわれわれと同様，さまざまな色を区別して記憶できたのである．

ただし，その後の類似の研究では，言語の種類によって色の識別が影響を受けることもあり，言語がまったく認知に影響しないとはいえないということがわかってきた．さらにまた，日本語と英語の2つの言語を使える**バイリンガル**(bilingual)に対してそれぞれの言語を使って連想を求めると，同一人物であっても，使われる言語によって連想が異なる(芳賀, 1979)．たとえば，日本語の「月」を与えられると「お月見，月見草，満月，雲」が，英語の「moon」を与えられると「sky(空), rocket(ロケット), cloud(雲)」というように一部重複するものの，使われる言語の影響を受けて活性化される概念が異なる．これらの結果をもとに，現在では，言語が認知を決定するという強い主張は否定されているものの，言語が知覚や思考にある程度の影響を与えるという主張は受け入れられている(塚崎・石井, 2004)．

6-2 文字の認知から単語の認知まで──単語解析

　未知の外国語の単語の意味がわからなければ,辞書で調べて意味を知ろうとするはずである.これが言語理解の単語解析という段階に相当する.つまり,目や耳から単語が情報として入力されると,図6-1に示したように,意味記憶内の**心的辞書**(mental lexicon)を参照しながら,音韻規則や形態規則にしたがって単語解析が行われる.まず,文字の発音である**音素**(phoneme)や文字を構成する線分の向きや長さといった**形態素**(morpheme)を分析して,一つ一つの文字(「ラ」や「イ」など)を識別する(これが**文字認知**の段階である).次に「ラ」「イ」「オ」「ン」というそれぞれの文字の音素や形態素を音韻規則や形態規則にしたがってつなぎ合わせ,「ライオン」という単語を組み立て,意味記憶内の対応する表象と照らし合わせて単語の意味を明らかにする(これが**単語認知**の段階である).このように意味が付与された単語の表象は**語彙**(lexicon)と呼ばれることが多い.しかし次にみるように,いわば積み上げ式の処理だけで単語が解析されるのではないという証拠が得られている(Taft, 1991).

(a) 文字認知──先行する文字が文脈となる単語優位効果

　文字認知が積み上げ式の処理だけではないという証拠の1つが,**単語優位効果**(word superiority effect)と呼ばれる現象である(Reicher, 1969).単語優位効果とは,同じ文字(たとえば「ン」)であっても,それが単語の一部(「ライオン」)である場合のほうが,非単語の一部(「オライン」)である場合よりも,速く正確に認知されるという現象である.この例の場合,もし1文字1文字を分析しているのであれば,目的とする文字(「ン」)はどちらも4文字目なので,その認知スピードには違いがないはずである.しかし実際には,単語の場合,先行する文字の処理(「ライオ」)が進むと,それが文脈となって,続く文字の予想が絞られる.つまり「ラ」や「ライ」に続く単語は無数にあるが,「ライオ」に続く単語の候補は絞られるために予想できる確率が高くなり,結果として文字

の認知スピードが速くなるのである.

（b）単語認知——先行する単語が文脈となるプライミング効果

　プライミング効果とは，時間的に先行するプライム刺激（「猛獣」など）の提示によって，後続するターゲット刺激（「ライオン」など）の意味的処理が促進される現象を指す（2-4節を参照）．このようなプライミング効果は，意味ネットワークの単語どうしの活性化の拡散によって起こるとされる．

　これと同様に，単語の認知の場合も，このようなプライミング効果により解釈が促進される．たとえば，「ライオンが人間を」まで読んだ場合，「追いかける」や「襲う」という動詞が予想されやすく，「銃で撃つ」などはまず予想できない．事実，シューベルトとアイマスは，プライム刺激として空所をもった文（「子犬がかんでいたのは○○であった」）を提示した後で，ターゲット刺激として空所を埋めるのに適した単語（「ほね」），適さない単語（「時間」），非単語（「ねぽ」）のいずれかを提示し，それが単語であるかどうかの語彙決定を求め，要した時間を測定した（Schuberth & Eimas, 1977）．その結果，先行する不完全文とターゲット語が連想関係にある「ほね」が549ミリ秒ともっとも速く，適さない単語は607ミリ秒，非単語は697ミリ秒であった．

　このように，われわれは目の前にある単語だけを個別に処理しているのではない．別の単語を読むことが文脈となり，連想関係にある単語の表象が活性化され，その単語が認知されやすくなるのである．

（c）単語認知のモデル——相互活性化モデル

　これらの実験結果を受けて単語認知のモデルとして初期にあらわれたのが，**ロゴジェンモデル**（logogen model）と呼ばれるモデルである（Morton, 1969）．5-3節の活性化拡散モデルでみたように，単語ごとに表象（**ロゴジェン**（logogen）と呼ばれる）を仮定し，ある単語を見聞きしたり考えたりすることで，その単語に対応するロゴジェンが活性化し，この活性化レベルがある程度以上になると単語が認知されるというのである．

その後，マクレランドとラーメルハートは，ロゴジェンモデルの活性化のアイデアをもとに**抑制**(inhibition)というはたらきを付け加え，図6-2のような**相互活性化モデル**(interactive activation model)を提案している(McClelland & Rumelhart, 1981; Rumelhart & McClelland, 1982)．図6-2は相互活性化モデルのごく一部を簡略化したもので，活性化拡散モデルと同様，ノードとそれらをつなぐリンクから構成されている．このノードは，先に述べたロゴジェンと同様に，入力が大きくなればそれに応じて活性化のレベルが高くなると仮定されているが，ロゴジェンモデルと大きく異なる点が2つある．

　第1の相違点は，活性化を促進するリンクだけではなく，ノードの活性化を抑制するリンクも考えられているという点である．図6-2では，線分の向きや長さといった特徴レベル，文字レベル，単語レベルの3つのレベルが仮定されている．また，矢印のリンクは活性化の促進を示し，矢印の先が●印のリンクは活性化の抑制を示している．

　たとえば，一番下の特徴レベルの横線ノード(「－」)は，文字に横線があるかどうかの特徴を分析し，横線があると活性化が高まるノードである．この横線ノードはその上のレベルの文字ノードと促進か抑制のいずれかのリンクで結ばれている．今，文字「T」が入力されたとしよう．すると，この横線ノードが活性化し，文字の一部に横線が含まれる文字ノードの「A」や「T」と活性化促進のリンクで結合する．これに対して，文字ノード「N」には横線が含まれていないので，抑制性のリンクが伸びている．同様に文字の真ん中の縦線ノード(「｜」)からは，文字ノード「T」へは促進性のリンクが伸び，「A」や「N」とは抑制性のリンクで結びついている．なお，これらの文字レベルの文字ノードどうしはすべて抑制性のリンクで結合しているので，いずれかの文字が活性化するとそれ以外の文字は抑制される．

　このような特徴ノードと文字ノードの関係と同じことが，文字ノードと単語ノードの間にも認められる．たとえば，文字レベルの「T」というノードは文字「T」を含む単語レベルのノード(「TRIP」ノードなど)と活性化促進のリンクで結合し，それ以外の「T」を含まない単語(「ABLE」ノードなど)とは抑

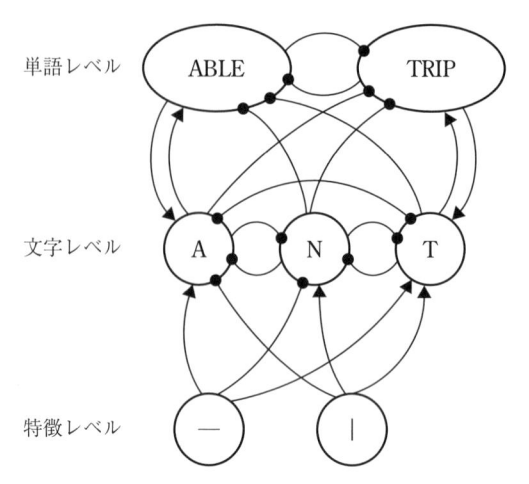

図6-2 第1文字が「T」である場合の相互活性化モデルの活性化のパタン．(McClelland & Rumelhart, 1981 より改変)

制性のリンクで結合している．文字ノードの場合と同様，単語ノード相互のリンクはすべて抑制性である．

ロゴジェンモデルと異なる第2の点は，相互活性化モデルという名前から予想されるように，下位レベルのノードから上位レベルのノードへの一方向だけの活性化の伝達だけではなく，上位レベルのノードから下位レベルのノードへの活性化の伝達も仮定されている点である．つまり，図6-2に描かれている単語レベルから文字レベルへの下向きの2本の促進性のリンク以外に，知識や推論などのより上位レベルからの活性化の促進も仮定されている．

この相互活性化モデルは，コンピュータ・シミュレーションを行ってみると，確かに単語認知をうまく行えることが明らかにされている．その後，このモデルは，あらかじめ特定のノードを仮定しないコネクショニストモデル(8-1節を参照)に発展し，単語認知だけではなく，より高次の言語理解に関しても説明が可能になっている．

6-3 文の統語解析

「ライオン」「人間」「追いかける」という単語解析ができただけでは言語を理解できない．確かに単語がわかれば，それぞれの概念についての意味を理解することはできる．しかし「ライオンが人間を追いかける」と「人間がライオンを追いかける」とで意味がまったく異なることからわかるように，重要なのは，これらの概念がどのような関係でつながっているかということである．つまり，文全体の意味を理解するためには，個々の単語どうしのつながりに関する規則である**構文法**(syntax)を知ることが必要である．構文法とは，単語どうしを結合する順序(主語の次に動詞が置かれるなど)，時制に応じた適切な語尾変化(「追いかける」は現在形だが「追いかけた」は過去形など)に関する一連の文法のことである．

日本語の場合，主語＋目的語＋述語のように，述語が文末に置かれるのが一般的であることから，「ライオン」「人間」「追いかける」という順番ならば，主語は「ライオン」，目的語は「人間」，述語は「追いかける」というつながりの可能性が高い(実際は，「が」や「を」などの助詞も重要である)．このような構文法による文の分析のことを**統語解析**(syntactic parsing)と呼ぶ．

未知の外国語を理解しようとする際には，構文法を意識的に使って統語解析を行う必要のあることは誰もが実感できる．これに対して母語の場合は，統語解析を意識することはまずない．しかし母語であっても統語解析が行われており，それがほとんど無意識的な潜在記憶のレベルでできるように自動化されていると考えられている(4-6 節を参照)．

(a) あいまい文の統語解析

母語であっても構文法にもとづく統語解析が行われていることを実感できるのが，あいまい文の理解である．今，「ライオンが人間を追いかける」という文を少し変えて「ライオンがターザンを探しているジェーンを追いかける」と

いう文にすると，どのようなことが起こるだろうか．

　この文は「ターザンを探している」という節が「ライオンがジェーンを追いかける」という主節に埋め込まれている．この場合，読み手は前から読んでいって「ライオンがターザンを探している」という部分に主語と述語があるために，そこまでで主語と述語を割り当てて解釈を打ち切ろうとする．しかし，その直後に「ジェーンを追いかける」という部分が続くことで，先ほどの解釈を捨てて，新たな統語解析（主語と述語を特定し直すなど）を試みなければならない．具体的には，「ターザンを探している」という部分は「ライオン」という主語の述部（目的語と述語）ではなく，「ジェーン」の修飾語となる．こうした統語解析によって，「ライオンが追いかける」のは「ジェーン」であり，「ジェーンはターザンを探している」という最終的な解釈が得られる．

　このように，統語解析を進めていく途中で得られた解釈が不適切になってしまい，考え直したり読み返すなどしてその解釈を変えなければならないようなあいまい文を**ガーデンパス文**(garden-path sentence)と呼ぶ（ガーデンパスとは「迷わせる(lead up the garden path)」という英語の慣用表現にもとづいている）．通常，ガーデンパス文の場合，解釈が一義的に決まる文よりも，読みの時間が長くかかったり，読み返しの回数が多くなったりする．

(b) ガーデンパス理論と制約状況モデル

　ガーデンパス文による混乱の生じることの説明の1つに，文の構造の処理に重点を置いた**ガーデンパス理論**(garden-path theory)と呼ばれる考え方がある(Frazier & Rayner, 1982)．ガーデンパス理論によれば，われわれが統語解析を行う際には，もっとも単純な構造を選択しようとする傾向があると仮定されている．たとえば「ライオンがターザンを探している」を読んだ時点で解釈を成立させようとするなどがその例である．ところが，そのような単純な解釈では，新たに主語と述語があらわれて，うまくいかなくなることで，その解釈を留保したまま，別の解釈の検討を行わなければならない．

　このように，順次入力される言語情報を処理しながら複数の解釈の可能性を

検討することは，ワーキングメモリに過剰な負担をかけてしまい，スムーズな理解がむずかしくなる．これに対して，ワーキングメモリ容量の多い者は，ガーデンパス文が示唆する複数の解釈を同時に保持できることが実験的に明らかにされていて，このことも一因となって，彼らは一般に言語能力がすぐれているのだと考えられている．

一方，文の構造ではなく，語彙による制約にもとづいてガーデンパス文の理解の困難さを説明する**制約依存モデル**(contextual constraints model)と呼ばれる考え方もある(MacDonald et al., 1994)．たとえば，「ライオンがターザンを探しているジェーンを追いかける」の語彙(動詞)に注目すると，「探している」と「追いかける」のいずれもが，主語「ライオン」と結びつくことが可能であるし，どちらの動詞も目的語を取ることがわかる．そのため，語彙どうしの関係の見極めがむずかしくなり，混乱が生じるというのである．事実，このガーデンパス文と同じ文構造であっても，主語を変えて「雷雲がターザンを探しているジェーンを追いかける」とすると，曖昧さが解消されて理解しやすくなる．つまり，「雷雲」という無生物主語が人を「探している」ことは考えられないが，「追いかける」ことは可能であるためである．

これらのことから明らかなように，統語解析の際には，構文法だけではなく，ワーキングメモリ容量や語彙による制約なども関与している．

6-4 意味的表象の形成における知識と推論の役割
──文からテキストへ

先の「ライオンがターザンを探しているジェーンを追いかける」というガーデンパス文では，多少まごつくにしろ最終的には，統語解析ができる．しかし，そもそも「ターザン」や「ジェーン」について何も知らなければ，たとえ統語解析がうまくいっても，この文の意味がよくわからないはずである(この意味を抽出する段階を**意味解析**(semantic analysis)と呼ぶ)．つまり，「ターザン」はジャングルに住んでいて仲のよい猛獣たちがたくさんいるとか，「ターザン」

と「ジェーン」はパートナーであるなどの知識がなければ，この文の意味的表象は表面的なものにとどまってしまう．

逆に，このような知識があれば，たとえば「きっとターザンがいなくなったのでジェーンが彼を探しに出かけたのだろう」とか「ターザンを慕っているライオンも一緒にターザンを探すために，少し遅れてジェーンを追いかけているのだろう」というような**推論**(inference)を加えることで理解が深まる(コラム6-2を参照)．このように，われわれが文を理解する際には，知識をもとに推論をまじえながら，意味的表象を作り上げていく．ここで重要な点は，理解の際に推論された内容も意味的表象に組み込まれて記憶されてしまうということである．つまり，同じメッセージを受け取っても，あとで想起される内容が人によって違うことが多いのは，このような推論のはたらきの個人差のためなのである．

(a) 2種類の推論

これまでみてきた文の理解と同様に，2つ以上の文の集まった文章からなる**テキスト**(text)の理解でも，読み手はそこに表現されているものを受動的に受け取っているのではない．むしろ，能動的に知識を利用した推論を行いながら読み進めていると考えられている(これは「構成」を意味する**コンストラクショニスト理論**(constructionist theory)と呼ばれる)．テキストの理解で起こる推論は，**橋渡し推論**(bridging inference)と**予期的推論**(predictive inference)という2種類に分けることができる(井関, 2004)．

第1の橋渡し推論とは，文と文の関係が整合性をもつように，先行する情報と後続する情報をつなぐ推論である．たとえば「密猟者がライオンにねらいをさだめて引き金を引いた．眠りを妨害されたライオンはゆっくりと起き上がった」というテキストの場合，ここには書かれていない情報として，「銃を撃ったが外れた」という推論を加えることで，2つの文を結びつけて理解できる．このような橋渡し推論が行われている証拠は，推論が必要なテキストの場合に，推論の不要なテキストよりも読み時間が長くなるという結果である．また，プ

ライミングの方法を使うと，推論内容と関連した単語(「銃」「外れた」など)の語彙決定時間が速くなるという結果も得られている．このことから，橋渡し推論が自動的に起こると考えられている．

　第2の予期的推論とは，目の前のテキストのその後の展開を予測する推論のことである．たとえば，先の密猟者のテキストを読むと，起き上がったライオンが次に「密猟者に襲いかかる」という展開を推論することができる．このように，予期的推論とは，後続するテキストで起こりそうな出来事を予測することである．しかし，橋渡し推論とは異なり，この予期的推論は必ずしも自動的に行われているわけではないことが，プライミングの実験によって明らかにされている．

(b) テキストの理解によって形成される表象の3つのタイプ
　一般に，教科書や小説などのテキストを読んだ後，そこに書かれていた詳細な表現は思い出せない．しかし，まったく何も覚えていないのではなく，その概要や要点などの意味内容は思い出せる．事実，テキストの記憶を実験によって調べてみると，細かい表現や言いまわしなどの表面的な**逐語情報**(verbatim information)は急速に忘却され，もとのテキストから抽出された意味内容に関する**要旨情報**(gist information)だけが保持されていることが明らかにされている．

　これらの研究を発展させて，現在では，呼び名に多少の違いはあるものの，テキストの表象には，**表層表象**(surface representation)，**命題表象**(propositional representation)，**状況モデル**(situation model)という3種類が考えられている(これら3種類はそれぞれ，**表層形式**(surface form)，**テキストベース**(textbase)，**メンタルモデル**(mental model)と呼ばれることもある)．すなわち，もっとも下位のレベルである表層表象とは，テキストで用いられたままの単語や言いまわしなどの逐語情報の表象のことである．次のレベルの命題表象は，テキストの意味内容に該当する要旨情報の表象を指す．そして，もっとも上位の表象が，理解にとって重要なはたらきをする状況モデルで

ある．これはテキストを構成する言語的な表象(つまり命題表象)をもとに，テキストから連想されたり推論されたりする表象のすべてを指す．

　この3種類の表象を理解するために，たとえば「赤ん坊が中隔欠損症であった場合，その血液は肺を通して二酸化炭素を十分に除去できない．そのため，血液は黒ずんでいる」というテキストについて考えてみよう(Kintsch, 1994)．まず，表層表象は，もとのテキストとまったく同じ単語や言いまわしがそのままの形で表象されている．次のレベルの命題表象は，図6-3①に示したように3つの命題(「である」「除去できない」「黒ずんでいる」)が，「場合」「そのため」という関係で結びつけられている．ここで重要なことは，心臓の構造(左心室と右心室に分かれ，その仕切りが中隔と呼ばれる)について何も知識がないと，この命題表象のレベルにとどまってしまうということである．そうなると，たとえば「なぜ二酸化炭素を除去できないのか」という質問には答えることはできない．

　これに対して，最上位の状況モデルでは，図6-3②に示したように，もとのテキストに書かれている以外の関連知識に関する表象も含まれている(ここは理解しやすいように図になっているが，実際には図とは限らない)．たとえば「心臓が血液を肺と全身に送る，全身から戻ってきた二酸化炭素を多く含んだ黒ずんだ血液は，心臓を経由して肺を通ることで，酸素を含んで赤くなる，この赤くなった血液を心臓が全身に送り届ける，二酸化炭素を含んだ黒ずんだ血液と酸素を含んだ赤い血液が混ざらないように，心臓は左心室と右心室に仕切られている，この仕切りのことを中隔と呼ぶ」といった関連知識も表象されている．また，図6-3③に示したように「中隔欠損が起こると，全身から戻ってきた血液の一部が逆流してしまい，十分に二酸化炭素を除去できないのだろう」という推論も表象されている．つまり，状況モデルでは，知識として理解していることや推論されるすべてのことが表象となっているのである．このような状況モデルが形成できれば，このテキストについて「なぜ二酸化炭素を除去できないのか」と聞かれても，「一部が逆流してしまうため」というように答えることができる．

6-4 意味的表象の形成における知識と推論の役割

①

```
    ┌─場合─┐        ┌─そのため─┐
[赤ん坊]─[中隔欠損症]   [血液]─[二酸化炭素]      [血液]
    である              除去できない         黒ずんでいる
                    肺を通して  十分に
```

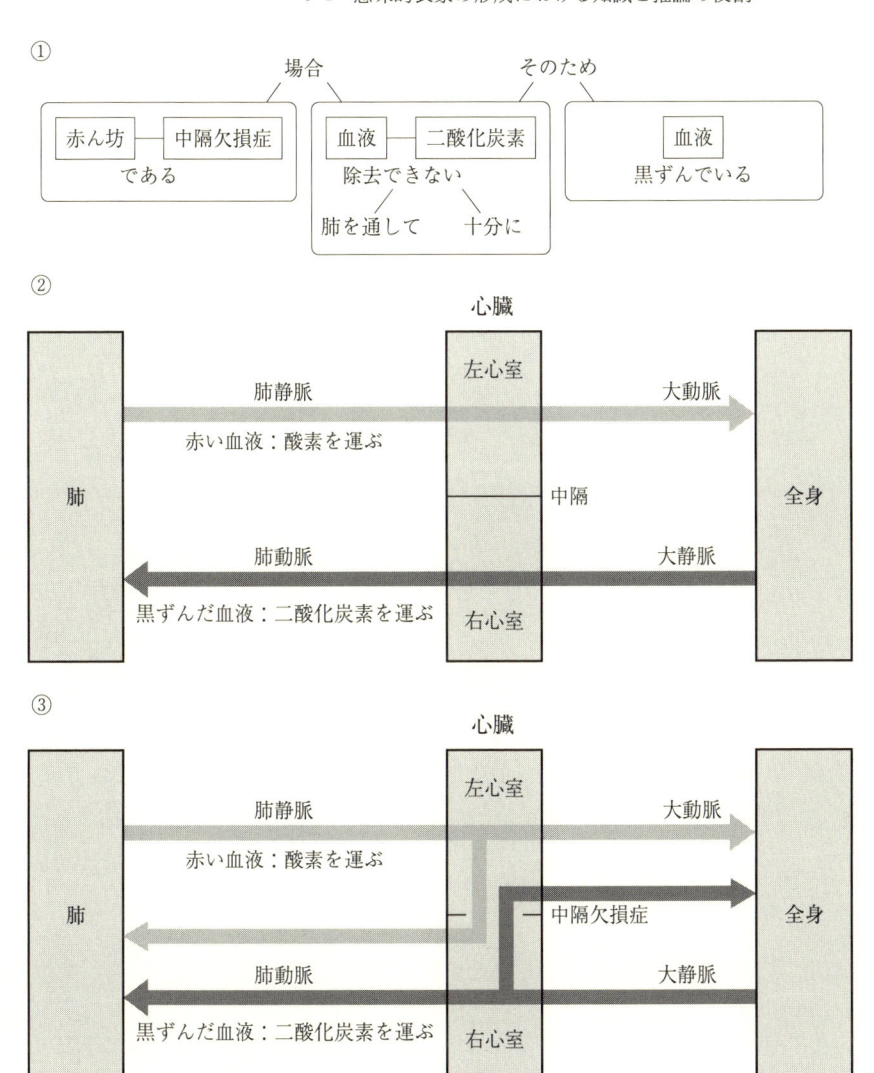

②

心臓／左心室／右心室／肺／全身
肺静脈／大動脈／肺動脈／大静脈／中隔
赤い血液：酸素を運ぶ
黒ずんだ血液：二酸化炭素を運ぶ

③

心臓／左心室／右心室／肺／全身
肺静脈／大動脈／肺動脈／大静脈／中隔欠損症
赤い血液：酸素を運ぶ
黒ずんだ血液：二酸化炭素を運ぶ

図6-3 ①「赤ん坊が中隔欠損症であった場合，その血液は肺を通して二酸化炭素を十分に除去できない．そのため，血液は黒ずんでいる」というテキストの命題表象の例，②中隔欠損症でない場合のテキストの状況モデルの例，③「赤ん坊が中隔欠損症であった場合，その血液は肺を通して二酸化炭素を十分に除去できない．そのため，血液は黒ずんでいる」というテキストの状況モデルの例．（①～③は Kintsch, 1994 より一部改変）

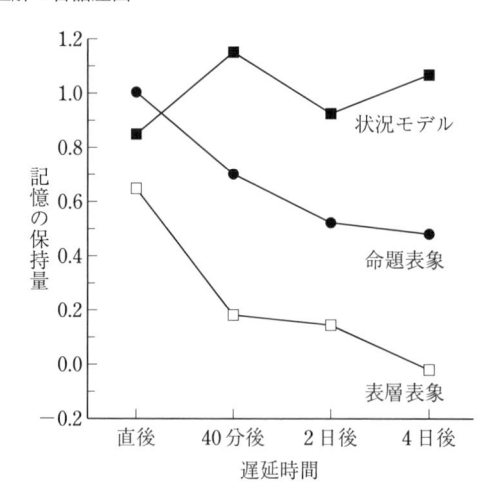

図 6-4　表層表象，命題表象，状況モデルの忘却曲線．(Kintsch et al., 1990)

　これら 3 つのレベルの表象が異なるという証拠は，それぞれの表象の記憶の忘却曲線の違いにある．たとえば，キンチらは，もとのテキストからそのまま抜き出した文(つまり表層表象)，もとのテキストの意味を変えないように言い換えた文(つまり命題表象)，もとのテキストから推論可能な文(つまり状況モデル)を使って，それらの記憶を調べた(Kintsch et al., 1990)．この実験では，記憶の保持量は，正しく再認できた割合と誤って再認した割合をもとに信号検出理論という方法を使って求めた．すると，図 6-4 に示したように，表層表象はわずか 40 分でほとんど忘却され，命題表象も表層表象とほぼ同様の割合で減少していったが，4 日後でも記憶が残っていた．これに対して，状況モデルは 4 日後も忘却は認められなかった(状況モデルは 3-6 節の精緻化による記憶の促進効果と関連している)．このように，それぞれのレベルの表象の忘却曲線が異なることから，これらはタイプが異なる表象であると考えられている．

コラム 6-2　テキストの理解の際の感情の推論

　テキストの理解の際には，しばしば登場人物の感情の推論も行われる．たとえば，ゲルンスバッヒャーらは，トムという主人公の感情の推論が起こるテキストを使って検討している(Gernsbacher et al., 1992)．そのテキストの概要は，「トムの友だちのジョーがコンビニでアルバイトをしていた．そのコンビニにトムが買い物に行った．そのとき，たまたまジョーが席を外したので，トムはレジから 10 ドル札を失敬した．後日，売り上げが足りないということで，ジョーがアルバイトをクビになったことをトムは知った」というものであった．そして一文一文ふつうの速さで読ませ，テキストの最後に「トムは罪悪感を感じた」か「トムは誇りを感じた」というどちらかの文を提示して，その文を読むのにかかる(つまり，理解できる)までの反応時間を測定した．このテキストの場合，通常はトムが罪悪感を感じると推論できる．実験の結果，テキストから推論される感情と一致する文のほうが一致しない感情をあらわした文よりも短い時間で読むことができた．この結果は，われわれが主人公の感情状態を推測しながらテキストを読んでいることを示している．

　同様に，ドゥヴェガらは，前半と後半でアーサーという主人公の感情が 180 度変化するテキストを使って検討している(de Vega et al., 1996)．すなわち，テキストの前半の概要は「ある日の朝，アーサーは，クラスで一番かわいい女子学生に，昼からテニスを教えてほしいと頼まれた．しかし，彼女が自分に気があるのか，それともテニスを口実にほかの男子学生にアプローチしたいのか，わからなかった」というもので，テキストの後半は，「その日の午後，約束通り，その女子学生がコートにやってきた．しかし，ほかにも男子学生がいるのに，ずっとアーサーに関心を示していた」というものだった．そして，それぞれ前半の最後と後半の最後に「アーサーは不安だった」か「アーサーは有頂天だった」のいずれかを提示して，その文を読むのにかかる時間を測定した．このテキストの場合，前半は不安を感じるだろうし後半は有頂天だろうと推論できる．それぞれの文の読み時間を調べたところ，図 6-5 に示したように，前半のテキストから推論される感情(不安)と一致している文の読み時間は推論と一致しない感情(有頂天)を表現した文よりも短かった．しかし，後半のテキストでは，推論と一致する感情(有頂天)の文のほうが推論と一致しない感情(不安)

の文よりも読みの時間が短くなったのである．

このように，テキストの理解の際の感情のはたらきについての研究も次第に盛んになってきている．

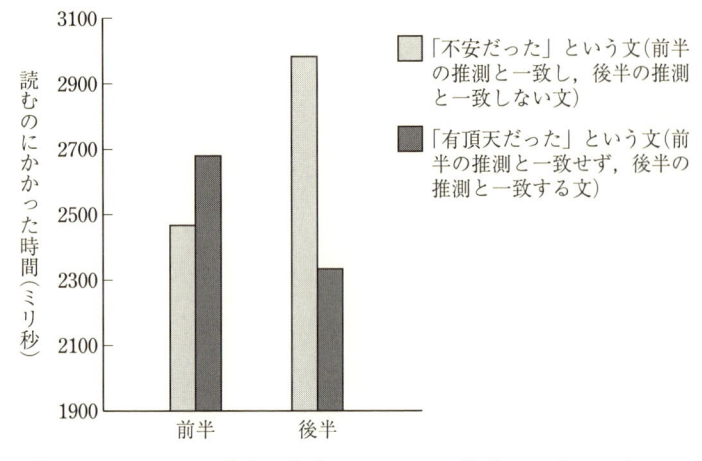

図 6-5 テキストの前半と後半のそれぞれの推論と一致する文と一致しない文の読み時間．(de Vega et al., 1996 をもとに作図)

凡例：
- 「不安だった」という文（前半の推測と一致し，後半の推測と一致しない文）
- 「有頂天だった」という文（前半の推測と一致せず，後半の推測と一致する文）

縦軸：読むのにかかった時間（ミリ秒）
横軸：前半，後半

6-5 言語産出のプロセス

ここからは，言語産出のなかでも，話すこと(**発話**と呼ばれる)のプロセスについてみていこう．この発話も言語理解と同様に，モジュールと系列性が仮定されている．われわれは日常場面で言語（母語）を話す際には，ほとんど自動的に頭に浮かんだことを口に出しているように感じている．しかし言語産出の場合も言語理解の場合と同様に，いくつかの段階を想定することができる．

(a) 発話の3段階モデル

一般に，言語の産出に至るまでに，3つのモジュールが仮定されている(Bock & Levelt, 1994)．すなわち，まずメッセージを大まかに決める段階，

```
┌─────────┐   ┌─────────────────────────────────┐   ┌─────────┐   ┌─────────┐
│メッセージの│ → │         文法的符号化             │ → │レキシムの│ → │音韻的   │ → 発話
│ 概念化  │   │ ┌─────────────┐ │   │組み立て │   │符号化   │
└─────────┘   │ │レンマの組み立て│ │   └─────────┘   └─────────┘
              │ │語彙の選択や機能の│ │
              │ │割り当て      │ │
              │ │語順や語尾の情報の│ │
              │ │付加         │ │
              │ └─────────────┘ │
              └─────────────────────────────────┘
```

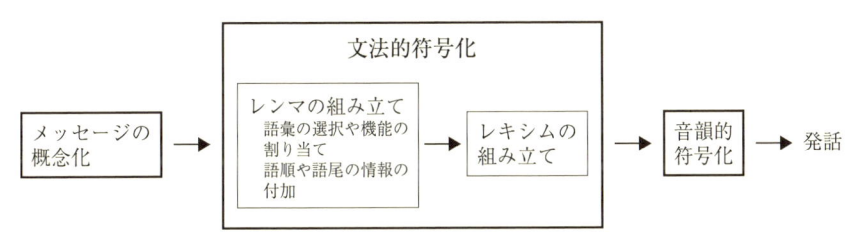

図6-6 言語産出のモデル．(Bock & Levelt, 1994 をもとに改変して作図)

次にメッセージを伝えるのに適切な単語や文を組み立てる段階，そして，それらを音にして発話する段階である．このような3つの段階が存在することは，慣れない外国語を話す場合を考えてみると，よく理解できる．たとえば，英語の初学者の場合，言いたいことがあってもそれを英語で言えないというもどかしさを感じることが多い．つまり，第1段階のメッセージの決定はできているのに，第2段階の単語や文の組み立てがうまくいかないのである．この場合，第3段階の発話に関してはそれほど問題がない．なぜならば，多くの人たちは英語の文字を(たとえ下手であっても)発声できるからである．

図6-6は，発話の3段階モデルを簡略化して示したものである．まず，第1段階が，発話の大まかな内容として，骨組みとなるメッセージを決定するための**概念化**(conceptualization)と呼ばれる段階である．たとえば「ライオンが人間を追いかける」という文を産出したい場合，5章の図5-4でみたような命題表象のようなものが大まかに組み立てられる．ただし，この段階ではまだ単語や文の形をなしていない．

第2段階は，単語や文の「部品」をもとに大まかに組み立てる**文法的符号化**(grammatical encoding)と呼ばれる段階である(**定式化**(formulation)と呼ばれることもある)．この段階では，意図された発話内容にもとづいて意味記憶内の心的辞書を参照しながら，まず対応する語彙の選択(「ライオン」「人間」「追う」)が行われ，単語や文の予備的枠組みが与えられる．次に，これらの発音の予備的輪郭が与えられると仮定されている．

最初に行われる単語や文の予備的枠組みとは，品詞(名詞や動詞)，主語，目

的語といった大まかな文法的関係が含まれる粗いスケッチのような状態を指す．これらはまだ単語の形を整えておらず，意味的情報や統語的情報の集まりであり，**レンマ**(lemma)と呼ばれている（レンマとは，もともとほかの定理を証明するために，便宜上一時的に設定される準備的な定理を示す用語である）．このようなレンマをもとに，それらを文法的に正しい語順（主語＋目的語＋述語）に組み立てたり，文法的に正しい語尾（複数形や現在形など）を付加する．

　レンマの組み立てに続いて行われる発音の予備的輪郭とは，音節の構造やアクセントのパタンなどをいう．これらは発音の運動情報はともなわないままの音韻的情報の集まりだけであり，**レキシム**(lexeme)と呼ばれている．

　最後の第3段階では，レンマとレキシムをもとに単語や文として**音韻的符号化**(phonological encoding)が行われ，口の筋肉を動かして発話される．

（b）発話の3段階モデルを支持する証拠

　発話のモデルのなかで，レンマ（意味的情報や統語的情報）とレキシム（音韻的情報）の処理モジュールを区別する根拠には，**喉まで出かかる現象**(tip of the tongue)と**発話エラー**(speech error)がある（コラム6-3を参照）．しかし最近では，絵の提示の際に妨害単語を干渉とする実験課題の結果が根拠とされることが多い（齊藤・吉川，2001）．この課題では，ターゲットの絵が提示され，参加者はその名前を発話することが求められる．ただし絵の提示とほぼ同時に，妨害単語が聴覚的または視覚的に提示される．すると多くの場合，この妨害単語によって，絵を命名するまでの反応時間が遅くなったり速くなったりする．ここで重要なのは，妨害単語はターゲットの絵（たとえば，ライオンの絵）と意味的に関連している場合（「シマウマ」），音韻的に関連している場合（「快音」）が提示されるということである（これ以外に，意味的にも音韻的にも無関連な単語も提示されることが多い）．つまり，発話の準備が整った文法的符号化の段階で妨害単語を提示し，その単語による影響を調べることで，発話プロセスがどのような状態にあるか推測するわけである．

　シュリィファーズらの実験では，それぞれの妨害単語をいつ提示するかとい

う時間(ターゲットの絵の提示の150ミリ秒前,ターゲットの絵と同時,ターゲットの絵の提示の150ミリ秒後)も操作されている(Schriefers et al., 1990). その結果,意味的関連の妨害単語が絵の提示の150ミリ秒前に提示されると絵の命名反応時間が(無関連の妨害単語の場合と比べて)遅くなった(一方,音韻的関連の妨害単語が提示されても何の妨害効果も認められなかった).これは,150ミリ秒前に提示された意味的関連の妨害単語のレンマの処理の最中に,ターゲットの絵が提示されることで,ターゲットの絵のレンマの処理と競合し,妨害(抑制)を受けたためと解釈できる.これに対して,絵と同時または絵よりも150ミリ秒遅れて,音韻的関連の妨害単語が提示されると,絵の命名反応時間が速くなった(一方,意味的関連の妨害単語が提示されても何の影響も認められなかった).これは,ターゲットの絵のレキシムの処理の際に,レキシムの一部を共有する音韻的関連の妨害単語の提示により音韻的情報の活性化が促進されたためと解釈できる.つまり,レンマの処理とレキシムの処理は独立に行われ,しかも意味的処理の後に音韻的処理が行われていることが推測できるのである.

ただし,意味的情報と音韻的情報の処理が独立していない(相互に影響し合うという)モデルも提唱され,両者のモデルのどちらが妥当であるかは現在もなお論争中である.

コラム 6-3 喉まで出かかる現象と言い間違い

　レンマ(意味的情報や統語的情報)とレキシム(音韻的情報)を区別する証拠の1つは,喉まで出かかる現象と呼ばれる経験である(Brown & McNeill, 1966). 喉まで出かかる現象とは,言いたい単語がわかっていて,もう少しで言えそうなのに,その単語を発音できない状態のことである.興味深いことに,その単語の同義語やそれが何文字であるかといった統語的情報はわかっている場合が少なくない.つまり,産出したい単語の意味や文字数がわかっているとは,レンマまでの処理はできているだがその発音の予備的輪郭つまりレキシムが処理できていない状態であると考えられる.実際,喉まで出かかる現象の場合,そ

の単語の出だしの音を聞かされると，それによって思い出せる場合がほとんどである．

　もう1つの証拠は，言い間違い，すなわち発話エラーである（寺尾，2002）．一般に，発話エラーは，単語を単位としたエラーと，音を単位としたエラーという2つのタイプに分けることができる．第1の単語を単位とした発話エラーとは，言い間違った単語と正しい単語は品詞が同じで，意味的関連性はあるが音韻的関連性がないというタイプのエラーである．たとえば，「ピラミッドにのぼったことがある」というつもりで「エジプトにのぼったことがある」という発話エラーがその例である．この例の場合「エジプト」と「ピラミッド」はどちらも名詞であり，両者の意味的関連性はとても強いが音韻的にはまったく似ていない．このようなエラーはレンマの選択の段階で間違った語彙を選択したことで起こったと考えられている．

　第2の音を単位としたエラーとは，単語内の個々の音の混乱にもとづいている．たとえば，「ジャパンカップ」と言おうとして「ジャカンカップ」となるようなエラーがその例である．また，特に2つの音が入れ替わるエラーは**音位転換**(sound metathesis)と呼ばれ，言い慣れていない単語で起こりやすい．たとえば，「マイケル・ジャクソン」という歌手の名前を間違って，「ジャイケル・マクソン」というようなエラーがその例である（このような単語の語頭音が入れ替わるエラーは，スプーナー(Spooner)という名前のオックスフォード大学の教師がしばしば起こしていたことに由来して**スプーナリズム**(spoonerisms)と呼ばれることがある）．これらの音を単位とした発話エラーの場合，レンマではなくレキシムの組み立ての準備段階で起こったものであると考えられている．

　しかし，喉まで出かかる現象も発話エラーもその出現率がきわめて低いので，最近は，本文で述べたように，絵の提示の際に妨害単語を干渉として提示する実験課題が使われることのほうが一般的である．

6-6　会話にみられる意図の伝達と理解
―― 会話の公準と語用論

　ここまで述べてきた言語産出のモデルは，単語や文を一方的に伝えるという

発話に関したモデルであった．しかし，会話という双方向的な観点から考えると，伝達メッセージは発話だけで伝えられるものではない．たとえば，もしアフリカにいて「ライオンが人間を追いかけている」と発話する場合，ただ単に字義通りの意味だけを伝えるのではなく，「助けに行かなければならない」とか「危険だから逃げなければならない」といった言外の意味が込められていることもある．言い換えれば，言語とは何かを「言う」ためだけに使われるわけではなく，何かを「する」ためにも使われる(Searle, 1969)．

（a）発話者の意図の伝達や理解全般に関する理論——語用論

これらの事実を受けて，グライスは，会話において意図的に伝えられることの多くは，必ずしも明示的には言語によって表現されていないということに注目した(Grice, 1989)．そして，話し手が明示的に表現していること以上の内容をどのようにして伝えるかを明らかにしようと試みた．グライスによれば，われわれが発話する際には，質，関係，量，様態という4つの**会話の公準**(maxims of conversation)を守っているという．すなわち，会話には，真実を(質の公準)，その話題に関連したこととともに(関係の公準)，過不足なく(量の公準)，明確に(様態の公準)，伝えるという約束事があるというのである．

これらの考え方がもとになり，字義通りの意味ではなく，その背後に込められた発話者の意図の伝達や理解のプロセスが注目されるようになってきた．このような発話者の意図の伝達や理解全般に関与する理論は**語用論**(pragmatics)と呼ばれる(Thomas, 1995)．たとえば，窓が閉められていて部屋が暑いときに「この部屋は暑いですね」と言った場合，それは「窓を開けてほしい」という話し手の意図が隠されていることがある．この場合，聞き手は発話の状況や文脈などの情報を調べて，そのメッセージの言語的意味だけではなく発話者の意図を推論して解読しなければならない．このことは，発話者は自分の意図を正しく推論してもらうような言語産出を行わなければならないということも示している．言い換えれば，これまで分けて考えてきた言語産出と言語理解はそれぞれ独立したプロセスではなく相互に影響し合っているといえるの

である．

（b）発話はどのように解釈され推論されるのか──関連性理論

　語用論のなかでもっとも影響力の大きいのが，スペルベルとウィルソンにより提唱された**関連性理論**(relevance theory)である(Sperber & Wilson, 1986)．この理論の核心は，われわれは関連性の高い情報を生得的に求める傾向があるというものである．発話そのものは実にさまざまな意味をもち得るのに，多くの場合，聞き手はそれを正しく理解して話し手の意図を知ることができる．彼らはそのようなことがなぜできるのかを明らかにしようとしたのである．

　聞き手からみれば，ある発話を解釈する理由は，その発話が聞き手にとって関連性があると期待するためである．関連性がなければその発話を解釈しても無駄になってしまう(ただし，発話を解釈するのには最小限の労力しかつぎ込みたくないという傾向も存在している)．したがって，発話者は聞き手にとって関連性のあるメッセージを産出することが期待されている．そこで，まず聞き手はそのメッセージの字義通りの言語的意味にしたがって解釈する．次にその解釈結果について，その場面に関連する文脈情報をもとに，あいまいさを取り除いたり指示対象を明らかにすることで発話の意図を推論していく．

　たとえば，先の「この部屋は暑いですね」という発話を聞いたとき，まず聞き手は「この部屋は暑い」という字義通りの言語的意味の解釈を行う．次に，このような発話が行われた背後には，何らかの話し手の意図があるという信念にしたがって，その場面に存在している文脈情報を選び出していく．つまり「暑いのは窓が閉まっているからだ」「外の風を入れると涼しくなる」「自分は窓際に座っている」などの文脈情報と結びつけて推論していけば，論理的には「窓を開けてほしい」という語用論的解釈が導き出される．

　近年では，このような語用論は，言語的コミュニケーションの場だけではなく，他人が何をどう感じているかを読み取る**心の理論**(theory of mind)と関連させた研究も行われている(コラム 6-4 も参照)．

コラム6-4 類人猿とのコミュニケーション

　誰もが知っているドリトル先生は，動物と自由に会話のできる人間の話である．では，ドリトル先生のように，動物と人間はコミュニケーションできないのだろうか．これまで，チンパンジーなどの類人猿にことばを教えようという多数の試みが行われてきたが，残念ながらそれらはいずれも成功したとはいいがたい．

　古く，ヘイズ夫妻は，ヴィッキーと名づけた赤ん坊のチンパンジーを自分たちの子どもとまったく同じように育てた．そのようにしても，ヴィッキーは，かろうじて「ママ」「パパ」「アップ」「カップ」の4語を不明瞭な発音で発話することしかできなかったし，言語理解もこれと同程度の低いレベルであった．しかしチンパンジーには，そもそも発話に必要な発声器官がそなわっていない．そのため，人間と同じ方法でコミュニケーションを訓練すること自体に無理があった．そこでガードナー夫妻は，ワショーと名づけた赤ん坊のチンパンジーに手話を教えてみた．この試みにより，ワショーは4年間で130語の単語を獲得し，人間の2歳児程度のコミュニケーションのレベル（具体的には2語文レベル）に到達したが，それ以上進歩することはなかった．しかし，手話を訓練しているようすをビデオによって詳細に分析した研究からは，チンパンジーが単に相手の手話をまねているだけで，自分の要求が通るまでいくつかの手話をでたらめに付け加えていることが明らかにされている．

　その後，プレマック夫妻は，サラという名のチンパンジーに，色，形，大きさの異なるプラスチックでできた130個の図形を使ったコミュニケーションの訓練を行った．その結果，名詞を並べ替えるだけのきわめて初歩的な文法ではあるものの，これらの図形を使って意思を伝達したり，相手の意図を理解することができたのである．さらにまた，ランボー夫妻はチンパンジーのラナに人工言語を教えてみた．この人工言語は7つの色と9つの幾何学的図形からできていた．これらの図形は大きなキーボードを使って画面に表示されるので，何かを要求する際には，正しい順序でキーを押さなければならなかった．このような状況でラナは何百もの文を学習することができた．近年では，ランボー夫妻は，ボノボという人間にきわめて近い類人猿に，絵記号を用いた言語訓練を行い，かなりの成果を上げている(Savage-Rumbaugh & Lewin, 1994)．日本

でも，同様の絵記号の訓練を受けてきたチンパンジーのアイが，ある程度の意思の疎通のできることが知られている(松沢, 1991)．

　これらの研究結果を綜合すると，類人猿にもある程度のコミュニケーション能力はあるといえよう．しかし，語用論のような高度な言語能力を身につけることができるのかどうかに関しては，現段階では否定的である．

まとめ

　言語の理解も産出も，モジュールという独立した要素が階層的に配列されたプロセスから構成されている．当初，これらのモジュールによる言語処理が，低いレベルから高いレベルにむかって段階的に進むと考えられてきたが，知識や推論などの高いレベルからも影響を受けていることがわかってきた．また，言語だけを切り離して研究するのではなく，意図の伝達や理解というコミュニケーションの側面からの検討も行われている．その結果，言語の使用される場面の状況や文脈など，言語以外の要因を分析する語用論の重要性が強調されるようになっている．

問題

- 言語理解における単語解析，統語解析，意味解析のそれぞれのはたらきについて説明してみよう．
- 他人の話したメッセージを誤解した日常場面の例を思い出して，なぜそのようなことが起こったのかを考えてみよう．
- 発話プロセスを3つの段階に分けるモデルについて，その証拠とされる現象や実験結果をあげて，説明してみよう．
- 語用論とは何かを身近なコミュニケーションの失敗例をあげて説明してみよう．

7 問題解決と意思決定

　日々の生活のなかで，われわれはさまざまな問題に直面する．問題解決とは，文字通り，それらの問題を解決するために行われる思考や行動のことである．この思考のなかには，既知の情報をもとに新たな情報を導き出すという推論も含まれる．問題解決と密接に関連した意思決定では，さまざまな選択肢が検討された上で，最適なものが選択され，それに応じた行動がとられる．この章では，どのように問題解決が行われるのか，また，思考や推論がどのようなはたらきをするのか，推論にみられる非合理的なバイアスにはどのようなものがあるのか，そして，人間の意思決定の特徴について学ぶ．

[キーワード]
▼

初期状態	類　　推
目標状態	創造的思考
ヒューリスティックス	演繹的推論
手段・目的分析	帰納的推論
機能的固着	プロスペクト理論

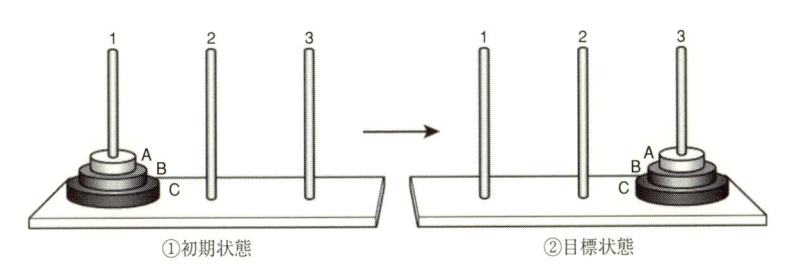

①初期状態　　　　　　　②目標状態

このハノイの塔というパズルは，①の状態から②の状態になるように，1枚ずつディスクをペグに差し込み移動させる．ディスクを重ねる際，それよりも小さいディスクの上に置いてはいけない．

7-1　目標と問題

われわれは，生きていくなかで，さまざまな**目標**(goal)をもっている．学生であれば，試験でよい成績(ないしは単位を落とさないレベルの成績)を取りたいという学業の目標や，大学の友人と仲良くしたという人間関係の目標などがあげられる．これらの目標が何の苦労もなしに達成されれば，そこに**問題**(problem)は生じない．事実，朝起きて，顔を洗ったり，歯を磨くといった習慣化された行動は，問題なくスムーズにこなせる．しかし，学業や人間関係の場合，うまく目標が達成されないことも多く，そもそもどうやって目標を達成すればよいかが明確ではないために，多くの問題が生じる．そこで，われわれは，このような**問題解決**(problem solving)のために，さまざまな解決方法を考えて何とか目標を達成しようと試みることになる(コラム 7-1 を参照)．

(a) 初期状態から目標状態への移行としての問題解決

このように，問題解決においては，何らかの明確な目標が存在することが重要である．この点で，明確な目標が存在せず，空想の世界で遊ぶような**白昼夢**(day-dream)とは異なっている．また，問題解決には，目標を達成するための方法を頭のなかで考えるという**思考**(thinking)だけではなく，それを実際の行動に移したり，行動を修正するという面も含まれている．

認知心理学では，問題解決に関して，いくつかの特徴的な用語が使われる．まず，目標を達成していない現在の状態は**初期状態**(start state)といわれ，目標を達成し終えた状態は**目標状態**(goal state)と呼ばれる．多くの場合，ひとっ飛びに目標状態に到達することは無理なので，ちょうど階段を 1 段 1 段昇るように，中間段階の**目的**(ends)がいくつか設定される．この場合の目的は，最終的に達成したい目標を小さく分割した**下位目標**(sub goal)とも呼ばれる．また，下位目標を一つ一つ達成していくための方法は，**オペレータ**(operator)といわれることがある．

（b）問題の2つのタイプ
——よく定義された問題と明確に定義されていない問題

　一般に，問題のタイプは，**よく定義された問題**（well-defined problem）と**明確に定義されていない問題**（ill-defined problem）に分けられている．よく定義された問題とは，問題の初期状態，解決に至る途中の状態，目標状態が明確であり，問題解決の際に使える方法の性質，使用時の制約に関する情報が明確なものをいう．よく定義された問題は，その領域に関する知識がほとんど不要である．たとえば，この章の扉に示した**ハノイの塔問題**（tower of Hanoi problem）は，①の初期状態から②の目標状態になるようにディスクを移動させることによって，問題の状態を変えていく．ただし以下の3つの制約条件がある．すなわち，一度に動かすことができるディスクは1枚だけで，ディスクをほかのディスクに重ねる際に，それよりも小さいディスクの上に置いてはいけない．また，ディスクをペグ以外の他の場所（机の上など）に置いてはいけない．

　ハノイの塔問題は，初期状態，目標状態，使うことのできる方法や制約がいずれも明確であり，正しい解決方法も1つだけなので，これまで問題解決の研究で好んで使われてきた（この章の扉の図はディスクが3枚だが，ディスクが4枚や5枚のタイプもあり，解決までの手数は多くなるが本質的な解決方法は同じである）．

　これに対して，明確に定義されていない問題とは，最初に例としてあげた学業や人間関係の問題がそうである．たとえば，試験でよい成績を取りたいという目標状態について考えてみよう．すると，「よい成績」とは何点以上であるのか，初期状態となる自分の現在の学習のレベルはどの程度なのか，そして目標達成のためにどのような手段をとればいいのか（勉強するとしても，具体的にはどのように勉強すればいいのか）などが明確ではないことがわかる．つまり多くの日常場面の問題は，初期状態，目標状態，目標達成の方法や制約に関する情報が不足している．しかも，問題解決のパタンが無数に存在するために，実験のような限られた時間内で調べることはむずかしい．したがって，どちらかといえば，よく定義された問題を研究することが行われてきたのである．

コラム 7-1 学習の分野での問題解決の方法
――試行錯誤と洞察

　動物の学習を対象とした研究結果をもとに，古くから，**試行錯誤**(trial and error)と**洞察**(insight)と呼ばれる2つのタイプの問題解決法が考えられてきた．試行錯誤とは，目標達成のために，やみくもに行動を試し，多くの間違いのなかから正しい問題解決の方法を見つけようとするものである．たとえば，複数の脱出方法のある**問題箱**(problem box)と呼ばれる箱にネコを閉じこめて，そこから自力で脱出できるまでの時間を測定してみると，何度も試行錯誤の経験を繰り返すうちに解決方法を見つけ，やがて短時間で脱出できるようになる(Thorndike, 1898)．われわれも遊園地などにある迷路から抜け出すときや解決の方法がまったく見当もつかない場合には，この試行錯誤を使っている．

　これに対して洞察とは，でたらめな行動をやみくもに繰り返さずに，さまざまな情報を分析し，確実に目標達成の見込みのある方法を選択するという問題解決法である．チンパンジーが手の届かない高いところにあるバナナを取るために，近くの箱を積み重ねて踏み台にするというのは洞察の例である(Köhler, 1917)．洞察は，ひらめきの瞬間と同時に起こることが多く，このひらめきの感覚は**アハ体験**(aha experience)ともいわれる(ひらめいたときに「アハ(aha)」と叫ぶことが多いことに由来している)．

　ここで，洞察を体験するために，図7-1の**2本の紐問題**(two-string problem)と呼ばれる問題を考えてみよう(Maier, 1931)．部屋に入ると，天井からつり下がっている2本の紐を結ぶようにいわれる．つまり①の初期状態を②の目標状態にするのが課題である．ただし③にあるように，この2本の紐を同時に手でつかむことはできない．室内には，椅子やベンチなどが置かれている．さて，やみくもにでたらめな行動をせずにこの問題を解決するためには，どうすればよいだろうか．

　10分以内に，この章の章末に示したような問題解決法を発見できたのは61名のうち24名(39%)であり(Maier, 1931)，その後行われた同じ実験でも20名中6名(30%)であった(Gick & Holyoak, 1983)．このように，この問題はそれほど簡単ではないが，解けなかった者も解答を教えられると，洞察と類似の体験ができるはずである．

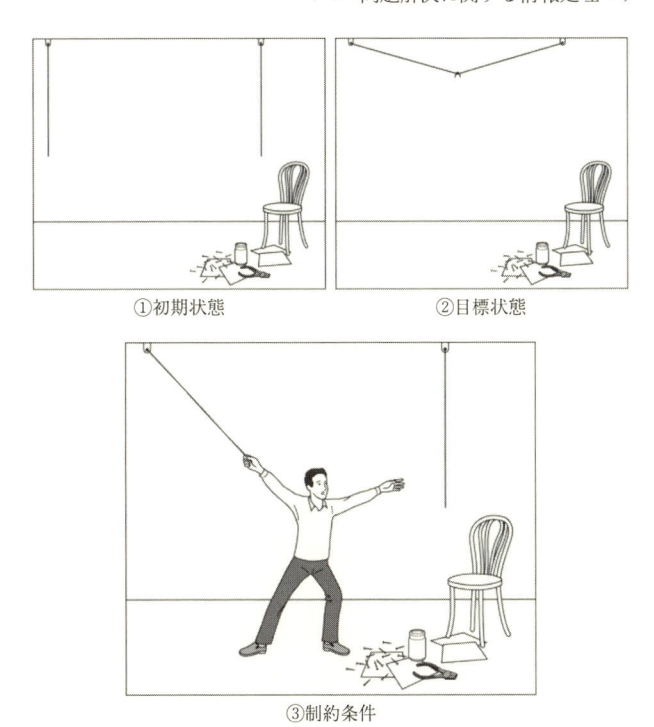

①初期状態　②目標状態　③制約条件

図 7-1 2本の紐問題．(Maier, 1931 をもとに作図)

　しかし，洞察という概念の定義はあいまいであり，どのような状況のときに，なぜ洞察が起こるのか，あるいはまた起こらないのかが明確ではなく，問題解決のようすを記述しているだけで，そのプロセスがどのようになっているかについては，よくわかっていない．

7-2　問題解決に関する情報処理モデル

　試行錯誤や洞察といった古典的な考え方に対して，認知心理学では，**情報処理モデル**(information-processing model)によって問題解決のプロセスの説明が行われている．情報処理モデルとは，問題解決の際に，頭のなかで使われる

表象や操作のようすを細かく分析しようというアプローチにもとづいている(0-2節を参照)．ここでは，情報処理モデルとして，もっとも有名で，その後の研究に大きな影響を与えたニューウェルとサイモンのモデルをみてみよう(Newell & Simon, 1972)．

(a) 一般問題解決(GPS)プログラム

　ニューウェルとサイモンは，問題を解決している最中の思考プロセスを参加者にすべて声に出させて，それらを記録した．このような発話プロトコル(protocol)をもとに，どのような種類の問題にも適用できる**一般問題解決**(**GPS**：general problem solver)というコンピュータ・プログラムを作った．そして，これを実際に動かして，人間と同様の出力やエラーがみられるかどうかを調べることで，人間の問題解決のプロセスを解明していったのである．

　このモデルでは，まず解決しなければならない目の前の問題を変換して適切な表象を作る(コラム7-2を参照)．これは**問題空間**(problem space)とも呼ばれ，われわれが達成できる一つ一つの小さい目的のことである．次に，現在の表象と目標状態の表象の差を小さくするような操作(オペレータ)の選択が繰り返されることによって，最終的に問題が解決できるように作られている．

(b) アルゴリズムとヒューリスティックス

　問題解決に使用されるオペレータには**アルゴリズム**(algorithm)と**ヒューリスティックス**(heuristics)と呼ばれる2つの解決方法が考えられている．アルゴリズムは，その時点で可能なすべての方法を調べ，解決に至る最適な方法を探索するというものである．これは，すべての方法を調べるのだから，たとえ時間がかかっても必ず正解にたどりつける．したがって，調べなければならない方法がそれほど多くなければ，アルゴリズムは確実な方法である．一般に，チェスや将棋のコンピュータ・プログラムは，このアルゴリズムにもとづいてその時点で可能なすべての手筋を計算した上で最適な解決方法を採用している．しかし，人間の場合，コンピュータ・プログラムほど膨大なアルゴリズムを覚

えておくことはできない．また，日常生活ではたった一つの正解を求めるような問題解決場面は少ないので，そもそもアルゴリズムの存在しない場合のほうが多い．

そこで，もう1つのヒューリスティックスという方法を使うことのほうが一般的である．ヒューリスティックスとは経験則とでもいうべきもので，たとえば，チェスや将棋の定石（じょうせき）などがヒューリスティックスに相当する．つまり，すべての方法を調べるのではなく，これを使えば正解にたどりつけるだろうという目星をつけた方法を選択的に採用するというものである．もちろん，選んだ方法が間違っていれば正解にはたどりつけないが，たいていの場合，アルゴリズムよりもはるかに迅速に問題が解決できる．

このようなヒューリスティックスの1つが，**手段・目的分析**(means-ends analysis)と呼ばれる方法である．これは一見むずかしそうに思われるかもしれないが，最終的な目標を小さい下位目標に分割するというもので，誰もが日常生活で行っている．たとえば，子どもを幼稚園に連れて行きたいが車が動かないという問題が発生した場合は，次のように下位目標（目的）に分割し，分割された下位目標を達成するための方法（オペレータ）を見つけていく(Newell & Simon, 1972)．すなわち，車が動かないのはバッテリーが駄目になっているからだ．だから，新しいバッテリーが必要だ．とすれば，バッテリーがあるのは修理工場だ．ならば，修理工場で交換してもらわなければならない．しかし，バッテリーが必要なことを修理工場の人間は知らない．では電話をかけよう，といった具合に，現在の状況と最終的な目標までの差を順次小さくしていく．ただし，たとえば電話しても修理工場が休みの場合もあるように，下位目標の設定を誤ったり，達成方法を間違って選択すると，最終的な目標を達成できないこともある．

(c) ハノイの塔問題に対するGPSプログラムの適用と限界

表7-1は，ハノイの塔問題に対して，GPSプログラムを適用したときのようすの一部である(Anderson, 1980)．最終的な目標が複数の下位目標（目的）に

表7-1 ディスクが3枚のタイプのハノイの塔問題にGPSプログラムを適用したときのようすの一部.（Anderson, 1980 より一部改変）

1.	目標：A, B, Cをペグ3に移す
2.	：差はCが3にないこと
3.	：下位目標：Cを3に移す
4.	：オペレータはCを3に移すこと
5.	：差はAとBがCの上にあること
6.	：下位目標：BをCの上から取りのぞく
7.	：オペレータはBを2に移すこと
8.	：差はAがBの上にあること
9.	：下位目標：AをBの上から取りのぞく
10.	：オペレータはAを3に移すこと
11.	：オペレータの条件と差がない
12.	：オペレータを適用せよ(Aを3に移せ)
13.	：下位目標を達成
14.	：オペレータの条件と差がない
15.	：オペレータを適用せよ(Bを2に移せ)
16.	：下位目標を達成

分割され，それに応じたオペレータが選択されていることがわかる．

ただし，GPSプログラムは，ハノイの塔問題のような，よく定義された問題にしか適用できないことや，一度に一つの問題だけを解決するように設計されているので適用範囲が限定され，現在では，もとのままの形では使われてはいない．とはいえ，情報処理モデルの形をとるGPSプログラムが，現在の多くのモデルに多大な影響を与えたことは間違いない．

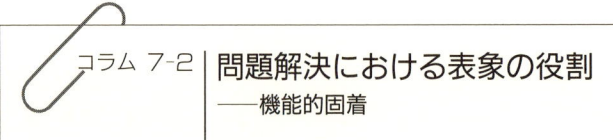

コラム 7-2　問題解決における表象の役割
——機能的固着

問題解決のための情報処理モデルで重要なことは，まず問題状況を適切な表象の形に変換しなければならないということである．このことを理解するために，図7-2の**ロウソク問題**(candle problem)を考えてみよう．この問題は，

図にあるような材料だけを使って，火をともしたロウソクを壁に固定しなければならない(Duncker, 1935)．いったいどのようにすればいいだろうか．

正解は章末に示したように，画鋲の箱から画鋲を全部取り出して，その箱を壁に画鋲で固定し，ロウソクの台として使うことである．この問題がむずかしいのは，画鋲の箱を「画鋲を入れるもの」というように固定観念で見てしまい，その物体の本来の用途以外の利用法に気づかないことが原因である．このように，目の前の事物のはたらきを一つの観点からしか見ない固定観念は，**機能的固着**(functional fixedness)と呼ばれる．先にみた2本の紐問題もペンチを工具として見てしまうことで，うまく解けなかったと考えられる．実際，ロウソク問題の場合，箱からロウソク，画鋲などを取り出して箱の外に並べておくことで，正解率が格段に高くなる．たとえば，画鋲を箱に入れたままだと7名中3名(42%)の者しか正答できないが，画鋲を箱から出しておくと全員(7名中7名)が正答できる(Duncker, 1935)．あるいはまた，画鋲の箱に「画鋲」と書いておくよりも，「箱」と書いておいたほうが正解率はずっと高くなる．

これらのことからわかるように，問題空間を適切な表象な変換できないと問題解決がむずかしくなってしまうのである．

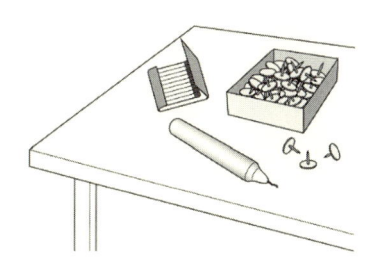

図 7-2 ロウソク問題．(Duncker, 1935をもとに作図)

7-3 類推による問題解決

われわれが未知の問題解決に取り組む際には，すでによく知っている事象との類似性を考えて，その事象で役に立った方法を使って解決することがある

(コラム 7-3 を参照)．このように新規の事象と既知の事象との間の類似性は，**類推**(アナロジー：analogy)と呼ばれる．たとえば，原子構造(原子核のまわりを電子がまわっている)を理解する際には，すでに知っている太陽系の構造(太陽のまわりを惑星がまわっている)からの類推が使われることがある．

したがって，類推による問題解決とは，目の前の新規な問題構造と既知の問題構造の類似性に着目することで，新規な問題の意味や構造が明確になって，問題が解決されることをいう(Holyoak & Thagard, 1995)．ここでは，この類推による問題解決をみてみよう．

(a) 新規な問題構造と既知の問題構造の類似性の対応づけ

類推による問題解決がうまくいくためには，2つの問題構造に含まれる関係の類似性にもとづいて，まず，異なっている対象物どうし(たとえば，原子核と太陽，電子と惑星)の**対応づけ**(mapping)を行うことが必要である(「対応づけ」という用語は，しばしば「写像」ともいわれる)．次に，既知の問題構造で明らかにされている関係を目の前の新規な問題構造に適用する．たとえば，太陽のまわりを惑星がまわっているという関係を，原子核のまわりを電子がまわっているという関係に適用するのである．

このような類推による問題解決を実感するために，次の**腫瘍問題**(tumour problem, **放射線問題**(radiation problem)と呼ばれることもある)について考えてみよう(Duncker, 1935)．

> ある医師が胃に悪性の腫瘍をもつ患者の治療を受けもつことになった．患部は体の奥深くにあるので，手術によって除去することはできない．唯一の方法は腫瘍に外部から強力な放射線を当てて破壊することしかない．しかし，この放射線は強力なので，そのまま使うと腫瘍以外の健康な細胞も破壊してしまう．健康な細胞を破壊せずに，悪性の腫瘍だけを破壊するためにはどうすればよいだろうか．

この腫瘍問題はきわめてむずかしく，大学生の場合でも正解率は 8% にすぎない(Gick & Holyoak, 1980)．そこで，類推による問題解決を促すために，腫瘍問題と構造的に同じ問題として，次のような**要塞問題**(fortress problem)

と名づけられた問題を先に与えて要約を書かせてみた．すると，類推による問題解決が起こり，もとの腫瘍問題の正解率は57%に上昇したのである(Gick & Holyoak, 1980)．

　ある将軍が要塞にいる独裁者を追放するために軍隊を送り込むことになった．要塞は国の中央にあって，まわりは農村に囲まれている．この要塞からはたくさんの道が放射状に伸びている．この道には独裁者によって地雷が埋められていて一度に大軍を送り込むと爆発してしまう．ただし，独裁者は自分の兵隊を要塞に出入りさせる必要があったので，少数の兵隊が通っても爆発しないようにしていた．この地雷を爆発させることなく，大軍を送り込んで要塞を攻略するにはどうすればよいだろうか．

要塞問題と腫瘍問題で，両者の対応づけられる要素を探すと，「将軍」と「医師」，「要塞」と「腫瘍」，「軍隊」と「放射線」の3つが考えられる．また，問題構造の類似性は，「要塞」に「軍隊(大軍)」を送り込もうとすると地雷によって全滅してしまうことと，「腫瘍」に「放射線」を当てようとするとまわりの健康な細胞を破壊してしまうことである．要塞問題の文章だけではわかりにくいこともあるので図7-3に示したような問題構造の略図を文章と一緒に示すと，腫瘍問題の正解率はいっそう高くなる(Gick & Holyoak, 1983)．結局，要塞問題では，図7-3①のように1カ所から大軍を送ると地雷により軍隊が全滅してしまうので，②のように，放射状の道から「軍隊(少数の兵隊)」を同時

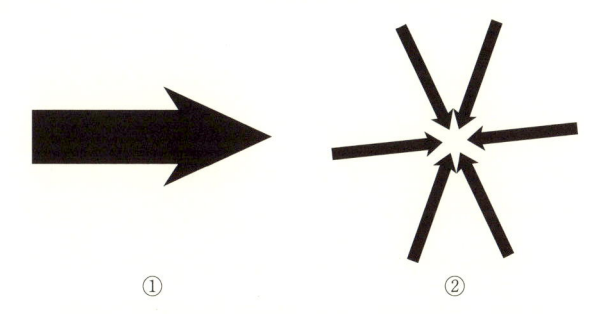

図7-3　要塞問題の構造を考える際に役に立つ略図．①1カ所から大軍を送ると地雷により軍隊が全滅してしまう，②放射状の道から少数の兵隊を送り要塞に収束させれば要塞を攻略できる．
(Gick & Holyoak, 1983)

に送り込んで「要塞」に収束させれば地雷をうまく通り抜けて要塞を攻略できる．したがって腫瘍問題の答は，章末に示したようにまわりの複数の場所から少しずつ「放射線」を同時に当てて「腫瘍」の箇所で収束させればよい．

このように，要塞問題からの類推による問題解決とは，(1)それぞれの問題で対応づけられる要素を明らかにした上で，(2)兵隊を多方向から分散させて1カ所に収束させるという要塞問題の関係を腫瘍問題に適用することである．腫瘍問題がそれだけでは解きにくいのは，放射線の照射は一方向という暗黙の知識が解決を邪魔することも理由の1つである(安西，1985)．この暗黙の知識は，ある意味では，先に述べた機能的固着と同じはたらきをしている．したがって，要塞問題を与えることによって，機能的固着が解消され，対応づけがうまくいき，類推による問題解決が可能となるのである．

(b) 類推による問題解決がうまくいくための条件

腫瘍問題でみたような類推による問題解決がうまくいくためには，要素の対応づけといった表面的特徴の類似性だけではなく，「分散させて収束させる」という問題構造の類似性も重要である．また，ただ単に類似の問題を与えるだけでは，類推による問題解決は自発的には生じないので，問題の類似性に注目させた上で，その類似性を積極的に問題解決に活用するように指示することが必要である．

一般に，類推による問題解決がうまくいくためには，次の4点に注意しなければならない．第1に，問題を比較するように明確な指示を与える．第2に，問題構造の類似した問題をいくつか見せる．第3に，これらの類似の問題の解決法が目の前の問題の解決に役に立つということを伝える．第4に，表面的な特徴だけではなく問題の構造をよく考えさせるということである．しかし，日常生活では，このような実験者による類推の利用法の指導が行われることがないために，類推が現実の問題解決に使われているかどうかが疑問視されることもある．

コラム 7-3 創造的思考の意識的プロセスと無意識的プロセス

　ここまで取り上げてきた問題は，よく定義された問題ばかりで，正解が1つであったり，正解に至る解決法が1つだけだった．したがって，過去の経験で役に立った方法を使えばうまくいくことが少なくない．これに対して**創造性** (creativity) とは，新たな発明や発見に代表されるように，それまでの正解や解決法とは異なる独創的な問題解決法に関連した能力であり，**創造的思考** (creative thinking) とは，この創造性を生み出す思考のことをいう．創造的思考のプロセスでは，意識的に問題解決に取り組んでいる間ではなく，問題解決を離れた状態において突然の洞察が起こることが多い．たとえば，数学者のポアンカレはある難問の解決法に長い間取り組んでいたが，旅に出てそのことをすっかりと忘れていた．にもかかわらず，馬車に乗るためにステップに足をかけた瞬間，解決法がひらめいたという．このように，意識的には問題解決に取り組んでいない際の洞察は，睡眠中にさえ起こることがある．たとえば，化学者のケクレはベンゼンの環状構造を夢のなかで発見したといわれているし，音楽家のポール・マッカートニーは「イエスタディ」のメロディを夢のなかで聞いたという．これらはいずれも創造的思考においては，集中して問題解決に取り組んでいる最中よりも，一見何も考えていない状態のほうが洞察が得られやすいことを示している．

　これらの逸話から示唆されるように，創造的思考は，意識的プロセスと無意識的プロセスの2つに分けられる．なかでも，もっとも有名なものがワラスによるもので，彼は創造的思考に至る段階を4つに分けている (Wallas, 1926)．すなわち，第1段階の**準備期** (preparation) では意識的に問題解決に必要な情報を収集し蓄積するだけで，まだ明確な解決方法は何も見えていない段階である．次の第2段階の**孵化期** (incubation) は，ちょうど親鳥が卵を温めるようにまだ解決の目処が立たず，一見すると問題から離れているように見えながらも，無意識的に問題の解決を目指している段階である．第3段階の**啓示期** (illumination) は，何かわかりそうだという予感に引き続いて，突然の洞察がやってくる段階である．ただし，この段階では，まだ実際に問題解決が成功したわけではない．第4段階の**検証期** (verification) は得られた洞察を現実的に検討す

ることで具体的な解決に到達する段階である．この4つの段階のうち，第1段階の準備期と第4段階の検証期が意識的プロセスであり，第2段階の孵化期と第3段階の啓示期は無意識的プロセスであると考えられている．

　創造的思考の4つの段階のうち，第2段階の孵化期の役割の1つは，問題から離れることで機能的固着を解消できることにあるのかもしれない．実際，パズルを使った実験では，問題を考えている途中に別の無関連な課題を行わせたり休憩を入れることで，機能的固着が解消され，その後の洞察が促進されやすくなることが明らかにされている．ただし，課題によっては，このような孵化期の効果が認められないという結果も報告されているので結論を出すまでにはさらに多くの検討が必要と思われる(Finke et al., 1992)．一方，第3段階の啓示期に関しては，洞察が無意識に進むことが実験的にも裏づけられている．つまり，洞察の不要な一般常識問題に答える場合には，自分がわかりそうだという予感が強ければ強いほど実際の正答率も高い．これに対して，ロウソク問題のような洞察を必要とする問題では，自分がどの程度解決できそうかという予感とはまったく無関係に，おそらく無意識に問題解決が行われ，正答が突然頭に浮かぶのである．

7-4　問題解決と感情

　ネガティブ感情やポジティブ感情の際には，問題解決はどのように行われるのだろうか．これまで明らかにされてきた知見からは，情報をどのように処理するかという情報処理のスタイルに感情が重要な役割を果たしているようである(高橋，2007)．

(a) 感情の違いと情報処理のスタイル

　問題解決の際の情報処理のスタイルは，ネガティブ感情とポジティブ感情では異なる．すなわち，ネガティブ感情とは環境内に何らかの脅威が存在するというシグナルであるのに対して，ポジティブ感情とは環境内に何も脅威が存在しない，ないしは生存にとって有益なものが存在するというシグナルと考える

ことができる．したがって，ネガティブ感情の場合は，さしせまった脅威を回避するために，まず目の前の刺激を丁寧に処理しようとする**精査型処理**(systematic processing)が行われる．これに対してポジティブ感情の場合は，目の前の刺激には問題がないのだから，あまり目の前の刺激にこだわらずに自分の知識や経験にもとづいた大ざっぱな**ヒューリスティック型処理**(heuristic processing)が行われるとされる．

このような感情の種類に応じた情報処理のスタイルの違いは，数多くの研究で確認されている．ただ，ネガティブ感情の場合は，そもそも問題解決に取り組もうという動機づけそのものが低くなってしまうことが多いために，実際の研究では，次にみるように，ポジティブ気分の際の問題解決の研究が多く行われている．

(b) ポジティブ気分と問題解決

多くの研究から，ポジティブ気分の際には問題解決が促進されるということが明らかにされている(Fredrickson, 2001; Isen, 2000)．たとえば，ポジティブ気分のもとでは，ロウソク問題のような洞察を要する問題の成績はよくなる．また，事例をカテゴリに分ける際の柔軟性が高くなったり，目の前の刺激にとらわれない独自の連想が生み出されることが知られている．

ではなぜポジティブ気分の際には問題解決や創造的思考が促進されるのだろうか．上に述べたように，ポジティブ気分の際には自分の知識に頼ったヒューリスティックス型処理が行われるとすれば，次のように考えることができよう．われわれの知識のなかでは，ポジティブな感情価をもった材料は，ネガティブな感情価をもったものよりも，表象の数そのものが多く，しかも互いに密接に結合しあっている．したがって，ポジティブ気分の際には，3-8節の記憶における気分一致効果の箇所で説明したように，これらポジティブな表象に活性化が広がり，利用しやすくなる．そのために，さまざまな角度から問題解決の糸口に気づくことができたり，解決を阻害する機能的固着を解消することにつながり，多くのアイデアを生み出すことができるのである．

7-5 演繹的推論としての三段論法

推論(reasoning)とは,われわれがすでに知っている情報(**前提**(premis)と呼ばれる)をもとに新たな情報(**結論**(conclusion)と呼ばれる)を導き出すプロセスを指す.推論には,**演繹的推論**(deductive reasoning)と**帰納的推論**(inductive reasoning)という2つの形式がある.このうちの演繹的推論とは,一般的な法則を個別的な事柄に適用することによって,知識を導き出す思考のタイプをいう.演繹的推論の場合,何の先行知識も必要なく,論理学的に定まった手順を踏んでいけば,必ず結論が正しいか正しくないか(つまり真か偽)が決まるというのが特徴である.

(a) 三段論法と雰囲気効果

三段論法(syllogism)とは,たとえば「すべての人間は必ず死ぬ」「ソクラテスは人間である」という2つの前提から「したがって,ソクラテスは必ず死ぬ」という結論を導く形式の演繹的推論のことである.この三段論法はまったく知識をもっていなくても,表面的な形式に着目してしかるべき手順を踏んでいけば,必ず結論にたどりつくことができる.たとえば「すべての教授は歌手である」「すべての歌手は詩人である」という前提から導き出される推論(「したがって,すべての教授は詩人である」)は,教授,歌手,詩人について,たとえ見たことも聞いたことがなくても,この推論が真であることがたやすくわかる.

しかし「すべて」の代わりに「何人か」などのことばが使われると,とたんにむずかしくなる.たとえば,「何人かの教授は歌手である」「すべての歌手は詩人である」「したがって,何人かの教授は詩人である」という推論はどうだろうか.一読したところこの推論は妥当であるようだが,実は間違っている.なぜなら,確かに「何人かの教授は詩人である」ということがあっても,同時に,詩人でも歌手でもない教授も存在するからである(コラム7-4を参照).

このように，前提に「何人か」という表現形式が含まれると，結論も「何人か」という表現形式のあるほうが受け入れられやすいことは，**雰囲気効果**(atomosphere effect)と呼ばれ，古くから知られてきた．ほかにも，前提に否定形が含まれる場合は否定形の結論が受け入れられやすく，それ以外の場合は，肯定形の結論が受け入れられやすいことも起こる．これらのことは，論理学的にみれば奇妙なことであるが，人間の演繹的推論の特徴をあらわしている．

（b）日常生活のなかでの三段論法の3つの誤り

三段論法に関しては，日常生活のなかで，次の3つの誤りがよく見受けられる(Halpern, 1990)．第1の誤りは，**信念バイアス**(belief bias)と呼ばれるものである．これは論理学的にみて結論は妥当であっても，それが正しくない場合があることに気づかないという誤りである．たとえば「血液型がA型の性格は真面目である」「教授の血液型はA型である」「したがって，教授の性格は真面目である」という三段論法を考えてみよう．これは論理学的な観点からは妥当な推論である．しかしこの場合，前提が正しいという判断者の信念に支えられた結論にすぎず，もし前提そのもの(「血液型がA型の性格は真面目である」)が間違っていれば，この結論は正しいということにはならない．

第2の誤りは，前提(「すべてのAはBである」)の逆も真である(「すべてのBはAである」)と考えてしまうという誤りである．たとえば，「すべての空を飛ぶ生物には羽が生えている」という前提をもとに，「羽が生えている生物は空を飛べる」というような誤りをしてしまうのがその例である．つまり，「羽が生えていても空を飛べない生物がいる」ということを無視している．

第3の誤りは，個人がもっている態度や信念にもとづく感情的な誤りである．たとえば，「凶悪犯罪を起こす若者は学校を長期欠席していることが多い」「学校を長期欠席している若者の家庭環境には問題のあることが多い」「したがって，凶悪犯罪を起こす若者の家庭環境には問題がある」という誤った三段論法がその例である．これは2つの前提が真であったとしても，結論は必ずしも真ではない(凶悪犯罪を起こす若者の家庭環境に問題のない場合もあるし，凶悪

犯罪を起こさない若者の家庭環境に問題のある場合もある）．しかし，この結論に同意する態度や信念をもっている人は，この三段論法が妥当であると誤って判断しがちである．

コラム 7-4　三段論法とメンタルモデル

　メンタルモデル(mental model)とは，三段論法における誤りやバイアスのもとにある心的プロセスを説明するために提唱された理論である(Johnson-Laird, 1981, 1983)．ここでいうメンタルモデルとは，前提や結論をもとに頭のなかに構成される表象のことである（厳密にはイメージとは異なるものの，理解しやすくするために今はイメージと同じとして説明を進める）．メンタルモデルの中心となる考え方は，メンタルモデルを使って一時的な仮説を作り，その一時的な仮説に合わない例（すなわち反証）があるかどうかを探してみて，もし反証が見つかれば，その一時的な仮説を捨てることを繰り返すという点にある．

　たとえば，「すべての歌手は教授である」（第1の前提）と「すべての詩人は教授である」（第2の前提）という2つの前提からどのような結論が導き出されるかを考えてみよう．まず，ある部屋にたくさんの俳優が集まっているところをイメージし，これらの俳優に対して，上の前提を満足させるような形で，歌手，教授，詩人といった役割を当てはめていく．たとえば，今，6名の俳優がいるとしよう．第1の前提によれば「すべての歌手は教授である」のだから，図7-4①のように3名の俳優にマイクをもった歌手と教授の役をやってもらう．なお，①の括弧と「?」は，それに該当する人がいるともいないともいえないことを示している（つまりこれらの3名は，教授なのか，教授ではないのかがわからない）．第2の前提である「すべての詩人は教授である」も，メンタルモデルであらわすと図7-4②のようになる（詩人には詩集をもってもらおう）．この段階で早とちりすると「すべての詩人は歌手である」という誤った結論を下す者が出てくると予想される．実際，実験では，確かにそのように間違う者が認められる．

　しかし，ここで重要なのは，こうして決めた配役を前提に反することなく一度こわして作り直すことができないかどうか（反証）を確かめることである．す

① 3名の俳優を使って「すべての歌手は教授である」（第1の前提）を考えてみた場合のメンタルモデルの例

② 3名の俳優を使って「すべての詩人は教授である」（第2の前提）を考えてみた場合のメンタルモデルの例

③ 4名の俳優を使って「歌手で教授」「詩人で教授」を考えてみた場合のメンタルモデルの例

④ 6名の俳優全員を使って「どの歌手も詩人ではない」を考えてみた場合のメンタルモデルの例

図7-4 メンタルモデルの例．(Johnson-Laird, 1981 より作図)

ると，たとえば図7-4③のように，4名の俳優を使って「歌手で教授」「詩人で教授」という配役を含むメンタルモデルを考えることが可能であることがわかる．もしこの時点で探索をやめれば，「歌手の何人かは詩人である」とか，逆に「詩人の何人かは歌手である」という誤った結論を出してしまうかもしれない．そこで，さらに探索を進めるために，今までのメンタルモデルのすべてをこわしてしまって作り直すと，図7-4④に示したように，「どの歌手も詩人ではない」という配役も作ることができる．すでに，図7-4②で「すべての歌手は詩人である」という配役のメンタルモデルも作れたことから，結局，与えられた前提からは，歌手と詩人の関係については，何も結論を決められないことが明らかとなる（つまり，この推論課題そのものが妥当ではない）．

　このように，メンタルモデルという考え方によれば，われわれが心のなかにメンタルモデルを作り上げ，それを操作することで推論を行うとされる．また，メンタルモデルの形成や操作には，ワーキングメモリ容量が必要となると考えられている．したがって，そのときに使えるワーキングメモリ容量に応じてメンタルモデルの形成や操作が影響を受け，結果として推論が困難になる場合も起こってくる．その後，メンタルモデルは，三段論法だけではなく，文法や言語の理解にも適用の幅が広げられている．

7-6　演繹的推論としてのウェイソンの選択課題

　図7-5に示したように，片面に英語の母音が書かれ，反対の面には数字が書かれている4枚のカードがあるとしよう．「カードの片面にAがあれば，その裏面は3である」という規則が正しいかどうかを調べるには，最小限，どのカードを裏返さなければならないだろうか．

(a) ウェイソンの選択課題と確証バイアス

　この問題はウェイソンによって考案されたので，一般に，**ウェイソンの選択課題**（Wason's selection task）とか4枚カード問題と呼ばれる（Wason, 1966）．現在までに，これと問題構造は同じで，カードの数字や文字，表現などをさま

7-6 演繹的推論としてのウェイソンの選択課題——197

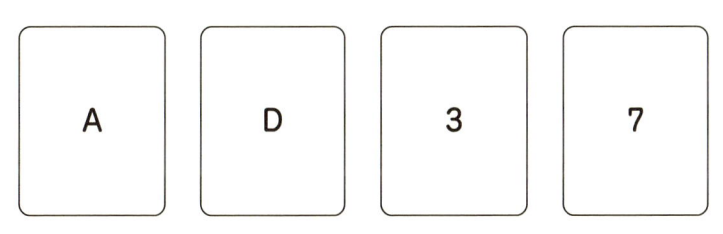

図7-5 ウェイソンの選択課題の例. (Evans, 1989)

ざまに変えて，数多くの研究が行われている．その理由は，この課題が見かけほどやさしくはなく，多くの者が共通の間違いをするために，人間の演繹的推論の特徴を調べるのに好都合だからである．図7-5の場合，「A」だけでよいとか，あるいはまた，「A」と「3」を調べればよいと答える者が多いが，これは間違いである．この問題の正解は，「A」と「7」であるが，実際の正解率は10%程度である(Oaksford & Charter, 1994)．

まず，「A」のカードを裏返すことは誰でもすぐに理解できる．実際，90%の者がこのカードを裏返すと答える．「A」の裏に「3」があれば規則の正しいことが証明されるし，もし「3」以外の数字があれば，それはこの規則が間違っているということを示すからである．したがって，この「A」を裏返すというのは論理学的にみて正しい答である．

ではなぜ「7」のカードも裏返さなければならないのだろうか．もしこの「7」のカードの裏側が「A」であれば，それはこの規則の反証となり，この規則は間違っていることがわかる．しかし，それ以外の文字であれば，それが何であろうと，規則に違反していないことが確かめられる．つまり，論理学にしたがうのならば，「PならばQ」という命題があり，それが真であるときには，「QでないならばPではない」という命題(これを論理学では対偶と呼ぶ)も必ず真であるので，この場合，「7」のカードを裏返してそこに「A」がないことを調べなければならない．

一方，「3」は裏返す必要はないにもかかわらず，60%もの者がこれを裏返してしまう．なぜ裏返す必要がないかといえば，この「3」のカードの裏側に「A」があれば，規則に一致していることを確認できるだけである．もし

「A」以外の文字があっても，上の規則を否定することにはならない．つまり，「Aならば3」という規則は，その逆(すなわち「3ならばA」)については何もいっていないからである．なお，「D」を裏返す必要はない．というのは，その裏側にどんな数字が書かれていても規則を否定できないからである．

このように，ウェイソンの選択課題の場合，論理学的にみて，反証があるかどうかを調べなければならないのだが，多くの者はそのような選択をしない．このような間違った選択が行われる理由は，思考の際の**確証バイアス**(confirmation bias)のためと考えられている(Wason, 1966)．確証バイアスとは，事前にもっている自分の仮説，理論，信念に合致する証拠だけを集め，それらに合わない証拠を避けるという傾向をいう(Evans, 1989)．この確証バイアスそのものは，ほかの演繹的推論の課題でも認められているが，ウェイソンの選択課題にかぎっては，現在では，確証バイアスではなく，**マッチングバイアス**(matching bias)という考え方によって説明されている(Evans & Over, 1996)．マッチングバイアスとはカードの選択の際に，記述された規則に含まれている表現に一致する形式のカードを選ぶという反応傾向を指している(これは三段論法の雰囲気効果と似ている)．

(b) ウェイソンの選択課題における実用論的推論スキーマ

ウェイソンの選択課題がむずかしい理由は，課題が数字や母音であり，規則を検証するためには抽象的な推論の規則(「PならばQ」と「QでないならばPではない」)を調べなければならないことが考えられる．事実，ウェイソンの選択課題と構造的にはまったく同じでも，身近な題材に変えると多くの者が正答できるようになる．たとえば，自分が警察官になったつもりで「ビールを飲んでいるなら20歳以上でなければならない」という規則の違反者を取り締まるとしよう(Griggs & Cox, 1982)．これは飲酒問題として知られている題材で，図7-6にある4枚のカードは4名の情報であるとしよう．つまり，片面には年齢，もう一方の片面には飲んでいるものが記載されている．この規則が守られているかどうかを調べるためには，どのカードを裏返す必要があるだろうか．

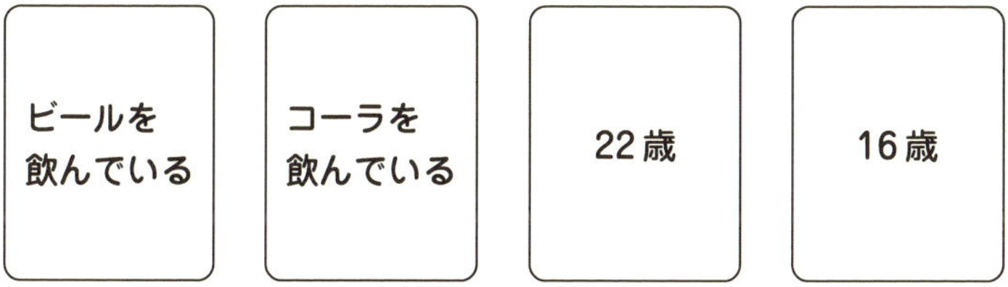

図 7-6 ウェイソンの選択課題と同じ構造を持つ飲酒問題.
(Griggs & Cox, 1982 より一部改変)

　実験の結果，73% の者が「ビールを飲んでいる」と「16歳」のカードを正しく選択できたのである．この問題は，ウェイソンの選択課題と構造的にはまったく同じなのに，なぜ身近な材料に変わると正答率が上がるのだろうか．そこで，考え出されたのが**実用論的推論スキーマ**(pragmatic reasoning schema)という考え方である(Cheng & Holyoak, 1985)．実用論的スキーマは，抽象的な推論の規則(「PならばQ」と「QでないならばPではない」)ではなく，推論すべき状況に特有の規則のことである(飲酒問題の場合，許可スキーマと呼ばれる)．すなわち，飲酒問題では，「酒を飲むなら20歳以上でなければならない」と，「20歳をこえていなければ酒を飲んではいけない」という2つの規則を検証しなければならないことが明確となり，この2つの規則を調べるために，「ビールを飲んでいる」と「16歳」のカードを裏返せばよいと判断されるのである(「コーラを飲んでいる」のは何歳でもよく，「22歳」なら何を飲んでもよい)．しかし，近年，進化心理学と呼ばれる新たな立場からウェイソンの選択課題についての再検討も行われている(8-3節を参照)．

7-7　帰納的推論とヒューリスティックス

　これまでみてきた演繹的推論に対して，もう一つの推論のタイプである帰納的推論とは，目の前にあるいくつかの個別的な事柄から一般的な法則を導き出す思考プロセスを指す．たとえば，「ライオン，ヒョウ，クマなどの猛獣は人を襲うことがある」という知識があれば，「猛獣は危険である」という一般的

な法則(結論)が得られる．ただし，危険でない猛獣も存在するので，演繹的推論とは異なり，この結論が真か偽かということは一義的には決まらず，その確からしさの程度だけが決まる．この場合，「十中八九，猛獣は危険だ」というのが妥当な結論であろう．

トヴェルスキーとカーネマンは，確率判断などの帰納的推論で，われわれがいくつものヒューリスティックスに頼っているということを明らかにしている(Tversky & Kahneman, 1973)．すでに GPS プログラムの箇所で述べたように，ヒューリスティックスとは経験則のようなもので，役に立つものもないわけではないが，論理学的な観点からみれば，誤っているものが多い．ここでは，**利用可能性**(availability)と**代表性**(representativeness)という2つのよく知られているヒューリスティックスをとりあげよう．

(a) 利用可能性ヒューリスティックスによるバイアス

利用可能性とは，ある課題を実行する際に注意を向けている情報や頭のなかに保持されている情報のように，すぐにその情報が引き出せる状態のことを指している．ある出来事の生起確率や生起頻度，事例数などを推論する際に，一つ一つの細かい情報をしらみつぶしに調べるのは時間も労力もかかり，記憶の負担も大きい．そこで，われわれは，簡便法として，頭のなかにすぐに思い浮かぶ情報だけを利用して推論する．このような推論のタイプが利用可能性ヒューリスティックスと呼ばれる．

たとえば，英単語のなかで3番目の文字が「k」である単語と「k」で始まる単語では，どちらのほうが多いだろうか．このような質問をすると，多くの者は3番目の文字が「k」である単語よりも「k」で始まる単語のほうが，多いと答える(Tversky & Kahneman, 1973)．しかし，これは間違いである．実際には，3番目の文字が「k」の単語のほうが多い．しかし，3番目の文字が「k」である単語(「lake」など)よりも，「k」で始まる単語(「king」「kick」「keep」など)のほうがはるかに想起しやすい(すなわち利用可能性が高い)．そのために，われわれは，誤った推論を行ってしまうと考えられている．

このような利用可能性ヒューリスティックスによる推論バイアスは，社会的な事象においてもみられる．たとえば，一般的にいって，病気によって死亡する確率と事故によって死亡する確率のどちらが高いだろうか．飛行機の墜落などの大事故によって多数の人が死亡すると，さまざまなメディアによってそれが大々的に報道される．そのため，事故死のほうがイメージの鮮明度が高くなり，その利用可能性が高くなる．この利用可能性にもとづいて，実際には病死のほうが確率が高いのだが，事故死のほうが確率が高いと推論されてしまうことがある．

また，利用可能性そのものは固定したものではなく，それを高めることもできる．たとえば，自分がある病気にかかっているところを具体的に何度もイメージさせることで，その病気にかかりやすくなると思い込むようになる．これは，イメージを繰り返すことで利用可能性が高くなってしまった結果であり，4-4 節で述べた偽りの記憶の形成とも関連している．また，いわゆる悪徳商法などで，顧客の不安をあおる際に，将来の具体的なイメージをもたせるテクニックが使われるが，これも利用可能性ヒューリスティックスによるバイアスを利用している．

（b）代表性ヒューリスティックスによるバイアス

メディアでセンセーショナルに報道される若者の凶悪犯罪に接すると，「近頃の若者はみな危険だ」といった偏ったイメージをもつことがある．このように，代表性とは，ごく一部の事例（一般に**標本**(sample)と呼ばれる）の特徴が，その集団全体の特徴を代表しているということである．つまり，代表性ヒューリスティックスとは，その事例の背後にある集団の特徴（親切な若者も多いなど）を無視して，目の前の限られた事例の特徴（一部の若者の凶悪事件）をその事例の属する集団全体に一般化してしまう簡便法である．

たとえば，目の前に 100 人の人間が集まっているとしよう．この集団の構成比率を調べると，70％ が弁護士で 30％ がエンジニアであった．今，このなかからランダムに選び出した 1 人の特徴を調べると，「この人物は 45 歳の男性で，

結婚していて4人の子どもがいる．どちらかといえば保守的で慎重であるが，野心ももっている．政治や社会問題に無関心で，余暇には日曜大工，ヨット，数学のパズルなどをして過ごすのが好きだ」ということがわかったとしよう．この人物は弁護士かエンジニアのいずれであると推論するだろうか．実験の結果，90％もの者がこの人物はエンジニアであると答えたのである(Kahneman & Tversky, 1973)．この場合，事前にわかっている構成比率(これを**基準比率**(base rate)という)から考えれば，人物の特徴とは無関係に，70％の割合で弁護士であると判断されなければならない．ところが，このような集団の基準比率を無視して，この人物の特徴がどれほどエンジニアの典型性(**ステレオタイプ**(streotype)と呼ばれる)に該当するかによって判断してしまうのである．

　同様に，タクシー問題として知られている問題も，集団の特徴である基準比率を無視するという代表性ヒューリスティックスの例である(Tversky & Kahneman, 1980)．ある町では，青色のタクシーが85％，緑色のタクシーが15％の割合で走っているとしよう(これが基準比率である)．この町でタクシーによるひき逃げ事件が起き，目撃者は「緑色のタクシーがひくのを見た」と証言した．裁判所が調べたところ，この目撃者の青色のタクシーと緑色のタクシーを判別できる識別力は80％であることがわかった．このとき，ひき逃げ事件を起こしたタクシーが(この目撃者の証言とは異なる)青色のタクシーであるという確率はどのくらいだろうか．この問題でも，多くの参加者は，「緑色のタクシーがひくのを見た」という目撃者の識別力が80％なのだから，青色のタクシーが事故を起こした確率は20％であると間違って判断してしまう．この場合も，先の問題と同様に，もともと青色のタクシーが85％走っているという基準比率が無視されている．基準比率を考慮に入れた**ベイズ統計学**(Bayesian statistics)と呼ばれる統計モデルに当てはめるのならば，青色タクシーがひき逃げ事件を起こした確率は41％となる．

　このような基準比率の無視という代表性ヒューリスティックスは，われわれの日常生活にも大きな影響を与えている(Gilovich, 1981)．たとえば，自分たちの結婚生活がうまくいくかどうかを考える際に，自分たちの相性はいいとか，

深く愛し合っているなどを判断の材料とするのではなく，世間の離婚率(すなわち基準比率)も冷静に考慮しておいたほうがよいかもしれない．

(c) ヒューリスティックスに対する批判

　カーネマンとトヴェルスキーが提唱したヒューリスティックスは，推論や判断の際に，われわれが示す非合理的なバイアスの数々を説明している．しかしながら，彼らはヒューリスティックスの記述をしているだけであって，どのような処理プロセスが関与しているのかを説明していないという批判がある．つまり，いつどのようにしてヒューリスティックスが使われるのかが明確ではないというのである．

　また，彼らの使っている課題が日常場面からかけ離れすぎているという批判もある．たとえば，日常場面では，彼らが使っている確率よりも頻度のほうがよく使われる．実際，頻度を使うと，基準比率の無視は起こりにくい．さらにまた，われわれの推論や判断は感情的な要因の影響を大きく受ける．たとえば，タクシー問題とまったく同じ構造のまま，「青色のタクシー」と「緑色のタクシー」をそれぞれ「黒人」と「白人」に，また，「ひき逃げ事件」を「強盗」に代えて，強盗を犯したのは黒人か白人かをたずねてみると，目撃者の識別力だけではなく，基準比率が考慮されるようになったのである(Hewstone et al., 1988)．

　したがって，今後は，感情の要因も含めて課題の設定をさまざまな角度から検討した上で，ヒューリスティックスについて，より詳細に検討を加えていくことが必要であろう．

7-8　意思決定とプロスペクト理論

　意思決定(decision making)とは，多くの場合，2つ以上の選択肢のなかから1つの選択肢を選ぶことである．たとえば学生であれば，どの科目を受講するかを決めたり，休日にどこに遊びに行くかを決めたり，より重大な意思決定

としては，どこに就職するかを決めることなどがあげられる．昔から，人が意思決定を行う際には，それぞれの選択肢を選ぶことによるメリットとデメリットを比較して，メリットがデメリットを上まわる量(**効用**(utility)と呼ばれる)を判断基準にすると考えられてきた．たとえば，進化論で有名なダーウィンは，結婚を決める際に，結婚することによるメリットとデメリットを書き並べて，メリットのほうがデメリットを上まわり効用があると予想できたので，最終的に結婚することに決めた．もし効用が判断基準ならば，効用を何らかの数値であらわすことによって，どの選択肢が選択されるかを予測することが可能になるはずである．しかし，次にみるように，このような効用に重点を置いた考え方とは一致しない現象が数多く報告され，現在では，効用だけで意思決定が行われるとは考えられていない．

(a) フレーミングの違いによる意思決定の変化

フレーミング(framing)とは，問題の枠組みを指し，選択肢の表現の仕方(つまり，表象)のことである．問題解決における機能的固着でみたように，フレーミングによって，ある種の固定観念に注意が向けられて，意思決定における選択の仕方が大きな影響を受けてしまう(Tversky & Kahneman, 1981)．たとえば，次のような意思決定の場面を考えてみよう．

　　アジアで発生した奇病によって，このままでは600人が死んでしまうという事態に置かれたとしよう．この病気への対策は2つしかない．すなわち，対策Aは200人が助かる．これに対して，対策Bは3分の1の確率で600人全員が助かり，3分の2の確率で誰も助からない．あなたなら，対策Aか対策Bのどちらを採用するだろうか．

実験の結果，72%の者は対策Aを選び，残りの28%の者は対策Bを選んだ．では，まったく同じ問題構造であるが，表現(フレーミング)を変えた次の場合はどうだろうか．

　　アジアで発生した奇病によって，このままでは600人が死んでしまうという事態に置かれたとしよう．この病気への対策は2つしかない．すなわち，対策Cは400人が

死ぬ．これに対して，対策Dは3分の1の確率で誰も死なないが，3分の2の確率で全員が死ぬ．あなたなら，対策Cか対策Dのどちらを採用するだろうか．

実験の結果，78%の者は対策Dを選び，残りの22%の者は対策Cを選んだ．さて，こうやって問題を並べるとすぐに気づくが，ここであげられている4つの対策は実はまったく同じこと(200人が助かり，400人が死ぬ)をフレーミングを変えて述べているにすぎない．つまり，どの対策の効用の値もまったく同じということになる．したがって，もし人間が効用にしたがって意思決定をするのなら，どの対策を選ぶ割合にも違いはないはずである．しかし，明らかに選択の割合はフレーミングによって大きく異なっている(これを**フレーミング効果**という)．

フレーミング効果は，この例のような架空の意思判断に限らず，休日を過ごす場所の決定のような身近な場面でも起こる(Shafir, 1993)．今，2つの候補地A, Bがあり，Aはプラス面(輝く太陽，美しいビーチ)とマイナス面(水温が低い，ナイトライフがない)をもち一長一短であるのに対して，Bは可もなく不可もないとしよう(ほどほどのロケーションでナイトライフもある)．この場合，「どちらを選びますか」と聞かれると，候補地Aのプラス面に焦点が当てられ，候補地Aが67%の者に選ばれる．これに対して，「どちらをやめますか」と聞かれると，先ほど多くの者に選ばれた候補地Aのマイナス面に焦点が当てられ，その選択率が48%に低下してしまう．これらのフレーミング効果からわかるように，われわれの意思決定は単純に効用だけを計算して決められているわけではないのである．

(b) 利得と損失を分けて考えるプロスペクト理論

カーネマンとトヴェルスキーによる**プロスペクト理論**(prospect theory)では，それまでの理論が効用という利得の側面だけの説明に焦点を当てていたのに対して，利得と損失とを分けた上でそれらをどのように認知するかによって，意思決定が左右されることを提唱した理論である(Kahneman & Tversky,

1979).なお,「プロスペクト」とは「予測」や「見込み」といった意味である.

プロスペクト理論における第1の特徴は,利得と損失を考える際に,それらを客観的なものとは考えずに,主観的価値にもとづくと考える点にある.具体的には,図7-7に示したように,利得も損失もない現在の状況を**参照点**(reference point)として仮定した上で,参照点から見て右側を利得とし,左側を損失と考える(ただし,参照点はあくまでもその人が主観的に決めるものである).そして,それぞれの利得と損失に応じて,主観的価値が決まると考える.つまり,利得が多くなればなるほど主観的価値は高くなり,損失が多くなればなるほど,主観的価値は低くなる.これはたとえていえば,100点満点のテストで60点をとっても,50点をめざしていたのなら満足であるが,70点をめざしていたのなら不満を感じるのと同じことである.

ここで重要な第2の特徴は,客観的な利得や損失の大きさに応じて一次関数的に主観的価値が上下するのではないという点である.すなわち,利得を得る場合,最初は小さな利得であっても主観的価値が大きく感じられ,次第に同じ大きさの利得では,その主観的価値の増え分は小さく感じる(図7-7では,参照点から右側に最初急激に主観的価値が増大し,やがてその増大の程度が小さくなる).これに対して,損失のほうは最初のうちは小さな変化が大きく感じられ,しだいにその損失の主観的価値は小さくなっていく(図7-7では,参照点から左側に最初急激に主観的価値が減少し,やがてその減少の程度が小さくなる).先の100点満点のテストのたとえでいえば,常に50点を目指していて1回目のテストで60点をとったなら,この10点は大満足であるが,2回目のテストで70点をとったとしても(20点も上まわっていても),1回目のテストほど満足度が高いわけではないということになる.

プロスペクト理論の第3の特徴は,われわれが利得よりも損失に対して,過敏に反応する(つまり損失を回避しようとする傾向が強い)ということである.別の見方をすれば,すでに利得がある場合は,**リスク回避的**(risk averse)となり,すでに損失がある場合は挽回をねらう**リスク志向的**(risk taking)になるということである.これも先のテストのたとえでいえば,すでに何度か試験

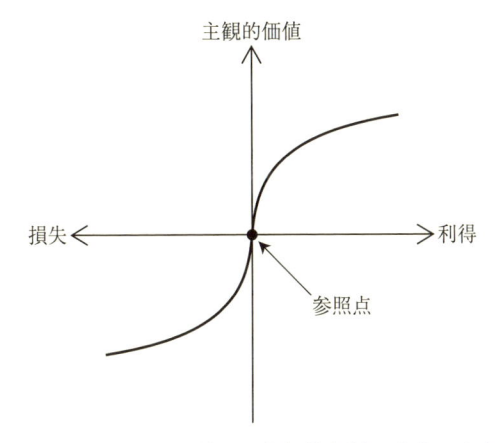

図7-7 プロスペクト理論での主観的価値の変化のようす．
(Tversky & Kahneman, 1981 より改変)

を受けて，その平均点が合格点に達していて確実に単位を取れそうな場合には，最後の試験を病気で欠席したとしても追試を受けない（もし追試の点数が悪いと単位を落とすことを恐れる）．これに対して，平均点が悪く単位を落としそうな場合は，一か八か追試で逆転をねらうということと同じである．

このような3つの特徴をもったプロスペクト理論は，心理学だけではなく経済学に対しても大きな影響を与え，提唱者の一人のカーネマンはこれらの意思決定モデルの功績により2002年にノーベル経済学賞を受賞している（残念ながらトヴェルスキーは1996年に死去していたので，ノーベル賞の規定により受賞できなかった）．

（c）プロスペクト理論によるフレーミング効果の説明

プロスペクト理論では先のフレーミング効果をどのように説明するのだろうか．まず，現在の状況が「このままでは600人が死んでしまう」ということなので，「600人が死んでしまう」というのが4つの対策すべての参照点となる．

対策Aと対策Bについては，いずれの選択肢の表現も「助かる」というポジティブな表現になっていて，このような悲劇的な状態から，少しでも多くの人を助けられるという利得を検討する問題になっている．しかも，対策Aは

「200人が助かる」という確実な利得の側面だけが強調されているのに対して，対策Bは「3分の2の確率で誰も助からない」という損失の部分が含まれている．したがって，確実な利得を求めて，リスク回避的な選択となる対策Aがとられる．

一方，対策Cや対策Dのようなフレーミングでは，いずれの選択肢でも「死ぬ」というネガティブな表現が使われている．つまり，何をしてもどうにもならない損失状態であることが暗示されている．この場合，対策Cでは，「400人が死ぬ」という確実な損失の側面が強調されているのに対して，対策Dは「3分の1の確率で誰も死なない」という利得の部分も含まれている．したがって，わずかでも損失を少なくするために，思い切って賭けに出るというリスク志向的な選択となる対策Dがとられるのである．

7-9 意思決定と感情

プロスペクト理論をはじめとして，これまで取り上げてきた研究では，意思決定は冷静な個人的な事象であって，後悔などの感情的要因や，モラルや規範などの社会的要因の入り込む余地はなかった．しかし，次にみるように，プロスペクト理論では説明のつかない現象が見つかり，これらの要因に関心が集まってきている．

(a) プロスペクト理論の問題点——感情的要因と社会的要因の欠如

プロスペクト理論では説明のつかない現象というのは，たとえば先ほどのアジアの奇病問題に関して，設定される人数が少ない場合や赤の他人ではなく親しい親族を想定させた場合には，フレーミング効果が得られなくなってしまうということである(Wang, 1996)．また，プロスペクト理論では損失を最小限にする(すなわち，思いきってリスク志向的な選択をとる)という予測が成り立つ状況であっても，わが子の命にかかわる意思決定の際には，あえて危険を冒さず何もしないという決定が行われる(Ritov & Baron, 1990)．さらにまた，

プロスペクト理論が意思決定の際に主観的価値の大きさを仮定しているにもかかわらず，その意思決定によって将来，後悔する可能性がある場合は，主観的価値の大きさではなく，後悔を避けようとする選択が行われる(Larrick, 1993)．これらの知見から，プロスペクト理論は，意思決定の際の感情的要因や社会的要因の影響を十分に考えていないという問題点が指摘されている．

(b) 意思決定の感情的要因と社会的要因に関する新しい研究

そこで，意思決定の際の感情的要因や社会的要因を積極的に取り入れた研究が多く行われるようになってきている．たとえば，意思決定の理由を正当化できるかどうかによって，決定そのものが大きな影響を受けることがある(Tversky & Shafir, 1992)．今，休日にハワイへ旅行に行くかどうかの決定を求められたとしてみよう．ただし，旅行の前にむずかしい資格試験を受けなければならない．もし，その試験に合格した場合は旅行に行くだろうか．では落ちた場合はどうだろうか．また，試験は受けたのだが，その試験結果がわからない場合を想定して，旅行に行くかどうかを考えてみよう．

実験の結果，合格した場合でも(54%が行く，30%が行くかどうかの決定を延期する，残りの16%が行かない)，落ちた場合でも(57%が行く，31%が決定を延期する，残りの12%が行かない)，意思決定のパタンはほとんど変わらなかった．ところが，試験結果がわからない場合は，旅行に行くという決定は32%となり，決定を延期すると答えた者の割合は61%でもっとも多くなった．試験に合格した場合はお祝いとして，また，試験に落ちた場合は慰労として，それぞれ旅行に行く正当な理由がある．これに対して，試験結果がわからない場合は，旅行に行く正当な理由が見つからない(他人にその意思決定の理由を正当化できない)．したがって，試験結果を知って，自分の決定を正当化できるまでは意思決定を延期するというように考えられている．

これはほんの一例であるが，このように，現在では，感情的要因や社会的要因こそが現実場面の意思決定で重要であるという認識が広がり，これらの要因を入れた研究が次第に増えつつある(コラム7-5も参照)．

コラム 7-5　意思決定における無意識の身体反応の役割
──ソマティックマーカー

　脳の前頭葉は，大ざっぱにいって，思考，判断，意思決定などのはたらきをする場所と，**前頭葉眼窩部**(orbital frontal area)と呼ばれる感情や意欲に関与している場所に分けることができる．そのため，前頭葉眼窩部に損傷を受けると，刺激に対して何の感情も感じなくなり，感情の変化もみられなくなってしまう．とりわけ，この部分は抑制や他者への心遣いや道徳性，すなわち社会性に関与していることがさまざまな研究から明らかにされている．この前頭葉眼窩部の役割が明確にされたきっかけとして有名なのが，フィニアス・ゲイジの事例である．19世紀に生きたゲイジは建設工事の現場監督であった．彼は有能なだけではなく，人からも信頼されていた．ゲイジが25歳のとき，ダイナマイトの爆破作業中に使っていた鉄の棒が顔面から頭部(前頭葉眼窩部)を突き抜けてしまったが，奇跡的に一命を取りとめた．しばらく入院して退院したあとは，記憶や言語などの知的能力の変化は認められなかったが，いわゆる社会性をまったく失ってしまった．人との約束を守ることもなく，自分を抑制することもできない人間に変わってしまったのである．また，何かを選択するという意思決定もうまくできなくなってしまった．つまり，目先のことしか判断できなくなったのである．その後，前頭葉眼窩部に損傷のある人々を調べた多くの研究からも，これらの人々が何らかの選択や意思決定を行うとき，長期的な展望に立った判断を下すことはできず，短期的な予測だけにもとづいて行動することが明らかにされている．

　これら前頭葉眼窩部の損傷者の意思決定の欠陥と感情の障害にもとづいて，ダマシオは，意思決定における**ソマティックマーカー**(somatic marker)の重要性を提唱している(Damasio, 1994)．「ソマティック」とは「身体の」という意味であり，ここでいう「ソマティックマーカー」とは「(意識できないほどの)身体の微妙な変化にもとづいた選択肢の色づけ」といった意味合いである．われわれが何かを選択したり，意思決定をする際には，必ずしも論理的かつ意識的な時間のかかるプロセスだけに頼っているわけではない．その前の無意識的な段階として，自覚できない身体の微妙な変化にもとづいて素早く選択肢が色づけされ，この色づけの影響を受けるという．もし色づけがネガティブ

なら選択や決定を躊躇するし，ポジティブなら進んで選択や決定が行われるという．ソマティックマーカーという考え方は，意思決定とは無関係と思われていた感情の役割を明らかにしたという意味で，きわめて興味深いものといえよう．

◇ま と め◇

われわれが問題解決を行う際には，しらみつぶしに解決方法を試す場合と，これだと見当をつけた解決方法を試みる簡便法がある．また，過去経験と目の前の問題状況の類似性に注目する類推が使われることもある．既知の情報から新しい情報を導き出す推論には，非合理的な誤りやバイアスが多く認められる．さらにまた，問題解決と同様，意思決定のプロセスでは，論理的にみて必ずしも合理的ではない判断が行われる．これらの問題解決，推論，意思決定にみられる人間特有のバイアスの理由として，感情という要因が注目されつつある．

◇問 題◇

- これまでに経験した日常生活での問題を思い出して，どのような問題解決の手順が可能であったかを考えてみよう．
- 演繹的推論と帰納的推論のそれぞれの特徴を説明し，雰囲気効果，確証バイアス，利用可能性ヒューリスティックス，代表性ヒューリスティックスといったバイアスについて例をあげて説明してみよう．
- 意思決定に関するプロスペクト理論を説明してみよう．
- 問題解決，推論，意思決定の3つがどのように関連し合っているかを考えてみよう．

181頁2本の紐問題の答．片方の紐にペンチをつるして振り子のように振り，戻ってきたところを結ぶ．

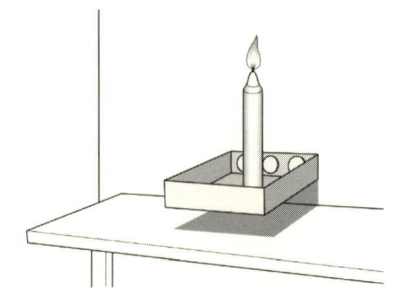

185頁ロウソク問題の答．

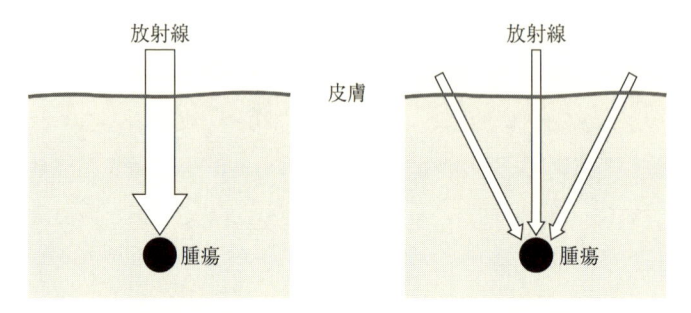

186頁腫瘍問題の答．右図のようにまわりの複数の場所から少しずつ放射線を同時に当てて腫瘍に収束させる．

8 認知と感情の心理学の新しい流れ

1950年代の後半に生まれた認知心理学は，すでに誕生から半世紀以上の時が経ち，大きな変貌を遂げつつある．この章では，認知心理学の新しい3つの流れとして，第1に，並列処理と分散表象を特徴とするコネクショニズム，第2に，環境との相互作用を重視する状況的認知，第3に，適応と進化の観点を強調する進化心理学について学ぶ．

［キーワード］
▼
コネクショニズム
並列分散処理
分散表象
状況的認知
社会構築主義
進　化
自然淘汰
適　応
情動的知性

これはチューリングテストと呼ばれ，キーボードを介して，別の部屋のコンピュータと人間を相手にコミュニケーションを行い，相手が人間かどうかを判定する．

8-1 並列処理と分散表象を特徴とするコネクショニズム

0-2節で述べたように，認知心理学では，人間の情報処理のプロセスをコンピュータになぞらえて考えてきた．すなわち，コンピュータは，外部から入力された情報を一時的に貯蔵し，これらの情報を規定のプログラムによって順番に処理し，最終的に処理された結果を出力する．これと同様に，人間も外部から受け取った情報を表象に変換して貯蔵し，これらの表象に対して系列的な処理を行って，その結果をもとに行動すると考えられてきた．しかし，このように人間の心をコンピュータのしくみにたとえることの問題点が次第に明らかになってきている（コラム8-1を参照）．なかでも，情報に対応する表象が作られ，それが系列的に処理を受けるという考え方に対する批判から生まれたのが**コネクショニズム**(connectionism)である．

(a) 人間の神経回路網に基礎を置いたコネクショニズム

コネクショニズムとは，人間の**神経回路網**(neural network)にヒントを得た根本的に新しい認知の枠組みである．ここでいう神経回路網とは人間の体内に無数に張りめぐらされている神経系統のことであり，脳のなかでは，無数の細胞が集まり，それぞれが有機的に結合してネットワークのような構造を作って情報を交換し合っている．コネクショニズムの特徴は，従来の系列的な処理を仮定するモデルとは異なり，並列的に情報処理が行われ，表象の結合のパタン，つまり**コネクション**(connection)を重視するという点にある（宮田，1996）．また，このような立場を取る研究者は**コネクショニスト**(connectionist)と呼ばれる．

コネクショニズムのはじまりは，マクレランドとラメルハートにより提唱された**並列分散処理**(PDP：parallel distributed processing)の考え方に由来する(Rumelhart et al., 1986)．したがって，コネクショニズムは，PDPモデル

と呼ばれたり，コネクショニストモデルと呼ばれることもある．ここでは単なる理論やモデルではなく，認知の新しい枠組みであることを強調するために，コネクショニズムという用語を使うことにする．

(b) コネクショニズムの特徴——並列処理と分散表象

　コネクショニズムの特徴は，**並列処理**(parallel processing)と**分散表象**(distributed representation)にある．第1の特徴である並列処理とは，**神経細胞**(neuron)が情報を伝達する際に，興奮による発火と呼ばれる現象が同時にいくつもの神経細胞で起こることである(ただし，同時に，いくつかの別の神経細胞では抑制が起こる)．ここで重要なことは，コネクショニズムは，このような神経活動をそっくりそのまま模倣したものではなく，それをヒントにして考えられたという点にある．したがって，神経細胞に該当するものはコネクショニズムではユニットと呼ばれ，それぞれのユニットどうしの結合には強度に違いが仮定されている．このようなユニットは，図8-1に示したように，いくつかの層を構成してネットワークの形で情報を伝達する(矢印がユニット間の結合を示している)．図8-1は，3つの層が仮定され，同じ階層にあるユニットどうしの結合はないために，情報の流れが一方向的なネットワークである．これ以外に，ユニットどうしが相互に結合しあっている相互結合ネットワークや，階層的ネットワークの一部のユニットからのフィードバックを加えた部分的再帰ネットワークと呼ばれる結合もある．ただし，ネットワーク構造の種類にかかわらず，いずれも並列処理が行われると仮定されている．

　また，図8-1では，○がユニットを示し，それぞれのユニットの興奮の強さは○の色の濃淡で表現されている．したがって，表象は，これらのユニットの興奮の全体的なパタンとして表現されることになる．これが分散表象と呼ばれるコネクショニズムの第2の特徴である．つまり，従来の認知心理学のモデルでは，図8-1でいえば，一つ一つのユニットが表象に対応し，たとえば「ライオン」や「ヒョウ」という別々の表象が表現されていた．これに対して，コネクショニズムでは，ユニットが1対1対応で表象に相当するのではなく，ユニ

出力パタン

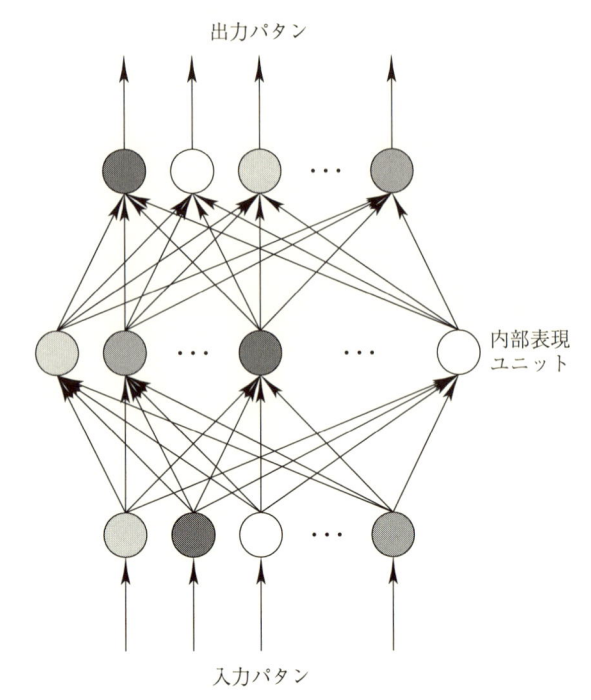

図 8-1　きわめて単純化された階層的ネットワークの例.
(Rumelhart et al., 1986 より改変)

内部表現ユニット

入力パタン

ット全体の興奮のパタンの違いで,「ライオン」や「ヒョウ」が表現される.

このように,従来のモデルが系列処理と固定された表象を考えてきたのに対して,コネクショニズムは並列処理と分散表象を考えるという点で,まったく異なった枠組みといえる.

(c) コネクショニズムにもとづくモデルの利点と限界

従来のコンピュータをもとにした認知のモデルに比べて,コネクショニズムは,2つの利点をそなえている.第1に,コネクショニズムにもとづくモデルは,人間の神経回路と類似の構造をもっているために,脳のしくみと認知との関係を解明しようとする認知神経科学との接点をもつことが可能となる.つまり,コネクショニズムにもとづくモデルの知見の裏づけを脳に直接求めること

ができるわけである．

　第2に，コネクショニズムでは，発達，学習，成熟などの対立する概念を統一的に説明することが可能になる．これはコネクショニズムにもとづくモデルが，**誤差逆伝播法**(error back-propagation)という学習機能をもっているために，従来のコンピュータモデルのようにあらかじめ詳細なアルゴリズムを用意しなくてよいという理由からである．誤差逆伝播法とは，ごく単純化していってしまえば，ネットワークからの出力が目標状態にならない場合（たとえば，「ライオン」を認識してほしいのに「ヒョウ」が認識された場合），目標状態と現在の状態の差（すなわち誤差）を小さくするために，出力層から入力層に逆向きに誤差を伝え結合の強さを調整していくという方法である．これは，システムが何度もエラーを犯していくうちに，自動的に正しい反応の学習が進んでいくという画期的な方法である(Rumelhart et al., 1986)．

　このような利点をもったコネクショニズムは，5-2節の概念の事例モデルや，6-2節の言語理解だけではなく，いわゆる高次認知過程としての記憶，学習，思考なども含めた心理学の広い範囲にわたって，さまざまな現象をうまく説明することができる(都築ら，2002)．とりわけ，コネクショニズムは無意識に起こる認知プロセスの予測や説明にもすぐれているために，従来の意識的な認知プロセスのモデルを補う方向でも研究が進められている(信原，2000)．

　しかし，従来の認知モデルの固定化された表象でも，コネクショニズムの分散表象でも，どちらも頭のなかに何らかの表象を考える点は変わらない．たとえてみれば，まんじゅうのなかに「あんこ」を使う点では同じであり，従来の認知モデルが「つぶあん」を，コネクショニズムが「こしあん」を使っているという違いにすぎないという厳しい見方もある(Clark & Toribio, 1994)．

コラム 8-1 ｜ コンピュータは知性をもつか？
　　　　　　　——チューリングテストと中国語の部屋

　認知心理学は，人間の知性をコンピュータの情報処理のしくみになぞらえて

発展してきた．一方，人工知能の研究では，人間の知性をコンピュータにもたせようという試みが行われてきた．それでは，いったい何を基準にコンピュータが人間の知性をもっているとみなせばいいのだろうか．

コンピュータが人間と同じ知性をもつかどうかを判定するテストが，この章の扉の絵にある**チューリングテスト**(Turing test)である．このテストは，イギリスの数学者であるチューリングが提案したものである(Turing, 1950)．すなわち，部屋にいる人間が別の部屋にいる相手(コンピュータか人間のいずれか)とキーボードを通して，さまざまな会話を交わし，相手がコンピュータなのか人間なのかを判定する．コンピュータにもかかわらず，それが人間であると判定されたときに，そのコンピュータは知性をもつとみなしてよいというテストである(チューリング自身は21世紀には機械が知性をもつようになると信じていた)．

このチューリングテストの考え方に対して，真っ向から反対しているのが，6-6節の語用論でも触れた哲学者のサールである(Searle, 1984)．彼は次のような中国語の部屋といわれる有名な例を出している．サールの根本的な疑問は，もしコンピュータで完璧に中国語を理解できるプログラムを完成させた場合，このプログラムは人間のように中国語を理解しているといってよいかということにあった．もう一度，この章の扉の絵を見てみよう．中国語がいっさいわからない人間が，左側の部屋に閉じこめられたとしよう．部屋には中国語の記号を形式的に操作するための詳細な手順の書かれた本が山のようにある．部屋の外から中国語による質問がくるので，何もわからないまま，本に書かれた形式的な操作だけを使って，完璧に答えたとしよう．この人間は中国語を理解しているといってよいだろうか．いうまでもなく，中国語を理解できているわけではない．つまり，外部からみれば完璧な中国語を返していても，それは中国語を理解していなくてもできるからである．これがコンピュータがやっていることであって，たとえチューリングテストに合格したとしても，そこには知性は存在しないとサールは主張したのである．

このように，コンピュータが人間のような知性をもつかどうかに関しては，現在もなお論争が続いていて，いまだに決着がついていない．

8-2 環境との相互作用を重視する状況的認知

認知心理学に対して，そこで検討されているのは日常から遊離した特殊な場面であって，生態学的妥当性に欠けているという批判がある．つまり，認知心理学が明らかにしてきた知見は，実験室などのきわめて限られた状況のもとで得られたものであって，われわれが日常場面で行っている真の認知プロセスを何も明らかにしていないというのである．

(a) 日常場面での有能性と生態学的アプローチ

日常場面では，人は思いのほか有能なことがある．たとえば，ブラジルの都市では，子どもたちが，生計のために花や菓子を観光客や通行人に売っている．彼らは貧困のため学校にはほとんど行けないので，当然，学校で学ぶ算数の出来はよくない．にもかかわらず，路上での商売に必要な算数の能力は卓越している．これは，第1に，生きていくために必要不可欠な能力であるために，そもそもその能力を獲得しようという強い動機づけがあること，第2に，学校の算数のような抽象的な操作ではなく，目の前にある具体的な事物が助けになっていること，という2つの理由のためである．この例からもわかるように，人は日常場面においては，しばしば学校や実験といった非日常場面ではみられない能力を示すことがある．

このような状況の違いによる有能性に焦点を当てたアプローチが，**状況的認知**(situated cognition)とか**分散認知**(distributed cognition)と呼ばれるものである(Lave, 1988; Lave & Wenger, 1991; 上野，1991,1999)．このアプローチの特色は，認知活動の際に，内的な表象の形成や操作をいっさい仮定せずに，他者や人工物などの**環境**(environment)との絶えざる相互作用のなかで認知活動が行われると考える点にある．これは，認知心理学やコネクショニズムが，その種類は違っても内的な表象の形成や操作によって認知活動が行われると考える立場とは，根本的に異なっている．

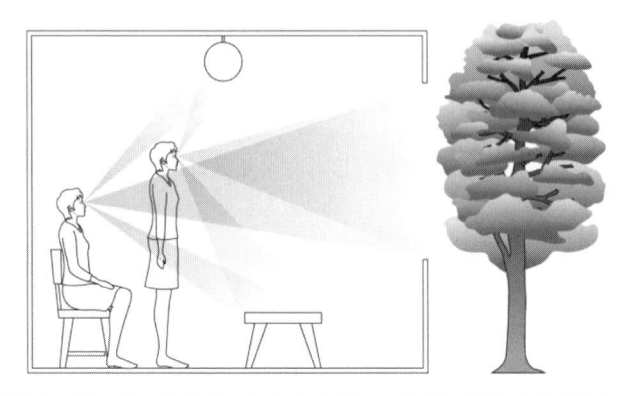

図 8-2 座っている位置から立ち上がった位置に移動することによって得られる，見えの情報の変化．(Gibson, 1979 より改変)

　状況的認知という概念が生まれてきた背景には，知覚心理学者であったギブソンによる視覚の理論がある(Gibson, 1979)．ギブソンは，視覚の成立に必要なものとして，われわれと外界の環境(他者，物体，場所など)との絶えざる相互作用を重視した．たとえば，図 8-2 に示したように，ある物体(目の前のテーブル，天井の電灯，部屋の外の木など)の視覚探索のために自分が環境内を移動することによって，その物体からの見えの情報は変わる．そして，見えの変化によって自分が環境内のどこをどのように移動しているか(たとえば，座っている位置から立ち上がった位置に移動したなど)という情報が新たに得られる．同時に，今度はどこへ向かってどのように移動すればよいかという情報も得られる．つまり，環境へのはたらきかけから新たな情報が得られ，それらの情報が次のはたらきかけを制約するという一連の相互作用のサイクルのなかから知覚が成立するというのである．

（b）頭のなかの表象を考えない状況的認知

　ギブソンは視覚だけを考えていたが，状況的認知では，このギブソンの考え方を認知全般に拡張して適用する．その中心となるのは，表象に相当するものが，頭の内部ではなく外部の環境に「埋め込まれている」という考え方である．
　たとえば，熟練したバーテンダーは何人もの客の注文に対してメモも取らず

に間違いなく対応するので,われわれはその卓越した記憶能力に感嘆してしまう.しかし,彼らの活動を詳細に観察すると,一人一人のドリンクの注文と同時にその注文に応じたグラスをカウンターに次々と置いている.バーで使われるグラスの色や形はドリンクごとに異なっているので,注文が終わった時点で今度は目の前にあるグラスを手がかりとしてカクテルを作ればよい.つまり注文に応じたグラスを置いていくことで,どのドリンクを作ればよいかという制約が環境内に作られ,その制約に応じてドリンクを作ればよいだけであって,バーテンダーは頭のなかに表象を作る必要はないのである(Beach, 1988).

また,6-5節で述べた言語産出でも,われわれが表象を形成した上で,それを操作して発話を行うというプロセスを考える必要はない.通常,会話の際には,相手のさまざまなふるまい(うなづく,首をかしげる,うれしそうな表情をする,質問する,黙りこむなど)によって,自分がどのような発話を行うかが方向づけられるし,制約が与えられる(上野,1991).つまり,相手との絶えざる相互作用によって会話は進んでいくのであって,これはちょうどギブソンのいう視覚探索と同じことである.

さらにまた,大型船が狭い海域を安全に航行するためには,その航行に携わる乗組員全員の協力で複雑な作業を行わなければならない.しかし,このような作業の手順や結果は,個々人の頭のなかに形成されるのではない.そうではなく,たとえば,全員の観察できる場所に海図という形で提示され,他者がどのような行動をとっているかが全員に共有されながら進められる.この例のように,表象に相当するものは,乗組員どうしの間に分散して存在すると同時に,人間と人工物(海図など)との間でも分散していると考えることができる(Hutchins, 1990).

状況的認知の考え方にしたがうと,ここであげた例以外のさまざまな現象が,環境との相互作用という側面から説明することができる.もちろん,状況的認知という考え方ですべてが説明できるかどうかは今後の研究結果を待たなければならない.しかし,状況的認知という考え方に注目することによって,少なくとも,これまでの認知心理学が環境や社会から切り離されていたという問題

点が浮き彫りになったことだけは確かであろう(コラム 8-2 を参照).

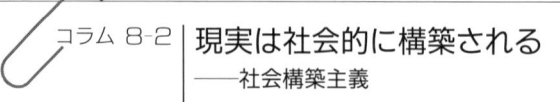

コラム 8-2 | 現実は社会的に構築される
──社会構築主義

　状況的認知における環境や社会の重視は，**社会構築主義**(social constructionism)や**構築主義**(constructionism)と呼ばれる社会学の立場とも共通している(「構築」の代わりに「構成」という用語を使う場合も同じ意味であるが，心理学の領域では構築という用語が使われることのほうが多い)．社会構築主義とは，現実はすべて社会的に構築されると考え，この構築プロセスを解明しようというアプローチである．もちろん，研究者によって細部の定義は異なっているが，物事の実在や本質(真理など)を想定する**本質主義**(essentialism)を真っ向から否定する点は共通している(Burr, 1995; 上野, 2001)．つまり，言語を通じてわれわれは外部の世界を取り込んだり，外部の世界とかかわるなかでその社会に共通する現実が形成されていくというのである．一見，社会心理学の考え方と類似しているように思われるかもしれないが，両者はまったく異なっている．すなわち社会心理学は，個人を揺るぎない実在とした上で，その個人が社会に影響を与えるか，逆に，社会が個人に影響を与えるかという 2 つの方向しか考えていない．これに対して社会構築主義では，そもそも個人は確固とした存在ではないと考え，個人と社会が絶えざる相互作用によってお互いに影響を与え変化し続けると考えている．

　このような社会構築主義は認知心理学に対しても大きな影響を与えている．たとえば，4 章で述べた自伝的記憶も，何らかの固定した記憶痕跡が存在すると考えるのではなく，想起の際の枠組みとなる言語によって，変容し続けるものとして考えることができる．また，5 章で述べた概念やカテゴリに関しても，確固とした実在物は存在せず，使われる言語や文化によって構築されるので，一定したものはないと考えられる．

　また，社会構築主義の立場からみれば，感情すらも構築されると考えられる．一般に感情は個人の内的かつ私的な経験であるとされる．これに対して社会構築主義によれば，文化によって意味づけが異なるというのである．たとえばサモア諸島に住むイファルク族では，社会的秩序をかき乱すような行為に対して

「ソング」という感情をことばや表情によって表出することが義務づけられている．「ソング」とは欧米でいう「怒り」と重複した概念であるが，イファルク族にとってそれは礼儀作法のようなものである．つまり，彼らにとって，感情とは自らの主観的体験や身体的変化とはまったく関係のないものであって，自分たちの暮らす社会のなかの出来事や他の人々との関係についての表現にすぎないのである(Lutz, 1986)．同様に，欧米の研究者によってしばしば指摘されるのが，日本にだけ存在する「甘え」という感情である(土居, 1973)．日本人ならすぐに理解できる「甘え」とは，子どもが親に示すような他者に深く依存した一体感を指す．欧米には「甘え」に相当する感情は存在しないが，日本では，人間だけではなく動物にもこの感情が存在すると考えられている．このような「甘え」の感情は生得的なものではなく，日本という特有な社会のなかで構築されたものと考えられるのである．

8-3 適応と進化の観点を強調する進化心理学

進化論を提唱したダーウィンは，その著書『種の起源』のなかで，やがて心理学に**進化**(evolution)の概念が取り入れられるという予想を書き残している(Darwin, 1859)．すなわち，進化の概念の基本原理は，特定の環境(たとえば灼熱の砂漠など)を生き抜くのに適した特質(堅い甲羅など)をもった個体のみが多く生き残り，そのような特質をもたなかった子孫は死に絶えるということである．このような**自然淘汰**(natural selection)というプロセスが，何千，何万世代もの個体の誕生と死によって繰り返されることで，次第にその環境に**適応**(adaptation)できる特質をもった個体が繁栄するようになる．これと同様のことが身体面だけではなく，心理面においても起こると考えるのが**進化心理学**(evolutionary psychology)である．ここでは，思考と記憶に関する進化心理学による説明をとりあげた後で，感情について考えよう．

(a) 進化心理学からみた思考と記憶のバイアス

適応の側面を強調する進化心理学では，心の多くの部分は，自分に損害を与

える「だまし屋」の探索や，生命を脅かすものの回避などからなると考えられている(Cosmides & Tooby, 1992)．つまり，それに見合った対価を払わずに利益だけを得るという「だまし屋」を発見することは適応的であるので，われわれには，このような「だまし屋」を探索する生得的な傾向が進化してきたと考えることができる．

このような考え方にもとづくと，われわれがウェイソンの選択課題(7-6節を参照)において，正しいカードを選択できるのは，「だまし屋」を探索している場合に限られると予想できる．たとえば，コスミデスは，ウェイソンの選択課題に，「だまし屋」の探索という設定をもち込んだ(Cosmides, 1989)．すなわち，ある部族には「キャッサバ」という栄養のある貴重な食べ物があるが，数が少なく貴重なので，この部族だけしか食べることができないとしよう．この部族民であるかどうかは，この部族の印である「入れ墨」を見ればわかる．このような前提のもと，図8-3に示したように，ウェイソンの選択課題と同じ構造をもつ4枚のカードを与えて，「キャッサバを食べるならば顔に入れ墨がなければならない」という規則を検証させてみたのである．つまり，「だまし屋」を探索させたのである．ここで重要なことは，この問題は，まったくなじみのない記述であるという点である．したがって，課題の記述が身近なものであると成績がよくなるという実用論的推論スキーマ説にしたがえば，使われている記述になじみがないために，そのようなスキーマが使えず，成績はよくないと予想される．一方，「だまし屋」の探索能力が生得的にそなわっていると仮定する進化心理学によれば，課題の記述が身近なものでなくとも，規則を破っている者の発見は容易なので，正答率が高くなると予想される．実験の結果をみると，進化心理学にもとづく予想と一致して，この場合の正答率はきわめて高くなったのである．このように，われわれの思考は純粋に論理的なものではなく，進化という側面に大きな影響を受けていることが次第に明らかにされている．

また，進化心理学の観点から記憶に関する検討も始まっている．一般に，顔の記憶は他者を識別する際にきわめて有用なものである．なかでも，「だまし

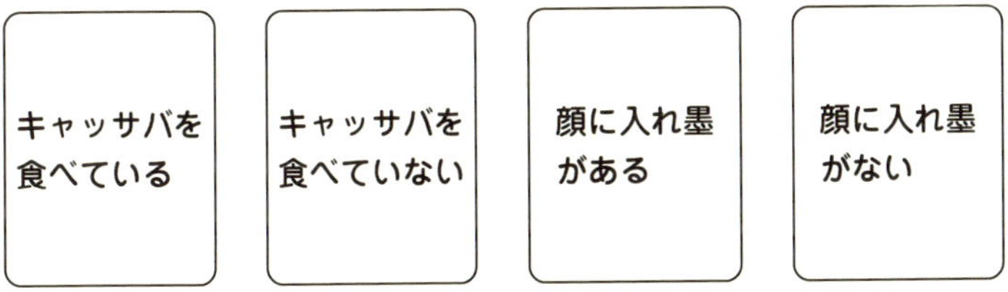

8-3 適応と進化の観点を強調する進化心理学——225

| キャッサバを食べている | キャッサバを食べていない | 顔に入れ墨がある | 顔に入れ墨がない |

図8-3 ウェイソンの選択課題と同じ構造をもつなじみのない問題．
(Cosmides, 1989)

屋」の顔をよく記憶しておくことが2度とだまされないために重要である．たとえば，ミーリィらは，白人の男性の顔写真を何枚か提示して，その容姿の魅力度を評定させた(Mealey et al., 1996)．このときに顔写真の提示と同時に，その人物が信頼できるかどうかについてのエピソードも付け加えた．たとえば，信頼できるエピソードとは，「この男性は野球場で働いている．彼は250ドルの入った財布を拾い，入っていた免許証を手がかりに財布をもち主に届けた」である．このような「信頼できる」「信頼できない」「どちらでもない」という情報以外に，その写真の人物の社会的地位が「高い」か「低い」かという情報も加えた．1週間後，これらの顔写真の記憶テストを行うと，信頼できない者の顔写真はよく覚えられていたのである(この傾向は，社会的地位の低い人物のほうが顕著であった)．これは写真だけの記憶であるが，実際に他者とのやりとりを想定した事態において非協力的といわれた人物の顔写真は，やはりよく覚えられている(Oda, 1997)．このように，人間の記憶に関しても適応と進化による影響が認められるのである．

(b) 進化心理学からみた感情——感情の適応的機能と情動的知性

　進化心理学の観点からみると，感情は理性や認知と対立するものではなく，むしろ，それらと協調的に結びつき，人びとの種々の適応をささえるものと考えられるようになってきている(遠藤, 1996, 2007; Frank, 1988; Izard, 1997)．その理由は，第1に，生物学的機能という観点からみて，感情が個体の生き残りや繁殖を保障する役目を果たしているからであり，第2に，社会的機能とい

う観点からは，人と人との間をつなぎ，社会やその価値観を維持するために必要不可欠と考えられるからである．

第1の観点である生物学的機能とは，感情が進行中の認知プロセスや行動に割り込み，注意をすべて奪い，その場の状況にふさわしい動機づけや情報処理，生理的な準備状態などをスタートさせるはたらきのことである．これはたとえば，2-3節でみたネガティブ刺激に対する注意のひきつけがそうである．また，4-3節でみたような記憶に及ぼす感情の影響を考えてもよく理解できる．すなわち，ネガティブ感情であろうが，ポジティブ感情であろうが，これらの感情のともなう出来事の記憶はよく保存されるのが一般的である．これは，このように感情のともなう記憶が利用しやすくなることによって，将来の同様の状況に対してもうまく対処できるという点で適応的である．さらにまた，7章のコラム7-5のソマティックマーカーの箇所で述べたように，感情に裏づけられた意思決定の重要性にも注目が集まっている．

第2の観点である社会的機能とは，広い意味での感情を介したコミュニケーションのはたらきを指し，個体と個体との関係の確立や維持などに役に立つということである．おそらく，われわれの祖先は，自分を襲う猛獣からの逃走，攻撃されたり脅威があるときの防御，さらには子どもの養育や配偶者との関係の確立に苦労したことであろう．このように，ヒトの進化の過程で祖先に繰り返しふりかかってきた適応上の難題に対処するために，表8-1に示したように，さまざまな感情が進化してきたと考えることができる(Oatley & Jenkins, 1996)．

とりわけ重要なことは，われわれの仲間と社会生活を送るなかで，これらの感情は一種のシグナルの役割を果たしていたという可能性である．たとえば，「怒り」は，こちらから攻撃する可能性が最大限であることを相手に伝え，親切にした相手から裏切りにあうのを防ぐことができる．同時に，自分の心の状態を表情や身振りなどによって相手に伝えれば，闘争などの無用なトラブルを事前に避けることができる．当然，これらの表情を含めた他人の感情を察することは，集団内で適応するために必要不可欠なものであり，これらの感情の察

表 8-1 まわりの世界との関係のなかで繰り返し起こった状況(事態)と情動.(Oatley & Jenkins, 1996)

関係	繰り返し起こった状況(事態)	情動
愛着	愛着対象と一緒になり,共に過ごすこと	喜び,愛情
	愛着関係の中断	困惑,不安
	愛着関係の回復	安堵(ときには怒り)
	愛着関係の喪失	悲しみ,絶望
世話	乳幼児を含む他者への援助	養護的愛情
協同	関係の確立とプランの設定	喜び
	プランの達成	喜び
	助け合い	感謝
	毛づくろい,セックス	喜び,愛情
	関係の破綻とプランの挫折	悲しみ
競合	地位や資源の奪い合いや防衛	怒り
	敗北	恐怖,恥
捕食	狩猟	興奮,喜び
	自分が狙われること	恐怖
無生物との接触	資源の発見	喜び
	危険との遭遇	恐怖
	毒物や汚染されたものとの接触	嫌悪

知能力は進化の過程で磨かれていったと思われる.

ここで述べた感情の生物学的機能と社会的機能という2つの適応の側面に注目することは,いわゆる**情動的知性**(emotional intelligence)とも深く関連している.情動的知性とは,従来の認知心理学で検討されてきた感情を除外した知性ではなく,感情の知覚や理解,感情の表現や制御などを含んだ能力を指す(Goleman, 1995).したがって,本書で述べてきたような認知と感情のさまざまな関係について理解することは,認知心理学の新しい流れを知るだけにとどまらず,日常生活を送る上で有用な情動的知性を高めることにもつながるといえよう.

まとめ

　従来の認知心理学の枠組みの中心は，系列処理と固定された表象にあった．これに対して，コネクショニズムでは，並列処理と分散表象が仮定されている．一方，固定された表象であれ，分散表象であれ，そもそも表象そのものを頭のなかに仮定するのではなく，それが環境のなかに「埋め込まれている」と考えるのが状況的認知である．進化心理学は，自然淘汰によって，次第にその環境に適応できる心理的特質をもった個体が生き残ったという枠組みにもとづいて発展しつつある．これら3つの新しい流れを取り込むことで，認知と感情の心理学がますます発展していくと思われる．

問題

- 従来の認知心理学の枠組みと比較しながら，コネクショニズムの並列処理と分散表象について説明してみよう．
- 状況的認知の考え方を適切な例をあげて説明してみよう．
- 進化心理学の考え方によって説明できると思われる日常場面の現象を考えてみよう．
- 感情の生物学的機能と社会的機能について説明してみよう．

あとがき

　本書は認知心理学の基本的な知見を紹介するテキストである．執筆にあたっては，初学者を念頭において，何よりも認知心理学の基本的な知見をわかりやすく伝えることを目指した．ここでいう基本的な知見というのは，およそ認知心理学を学ぶ者なら誰もが知っていなければならない最低限の知識と定義し，序章にも書いたように，欧米の定評のある認知心理学のテキストで紹介されている知見を中心に取り上げた．

　ただし，紙数の都合で，次の3点に関しては，省略せざるを得なかった．第1に，ふつうの認知心理学のテキストで必ず触れられている知覚やパタン認知といったトピックスを思いきって省いた．第2に，一般的な認知プロセスに焦点を絞り，認知の発達や個人差の問題については触れなかった．第3に，本書では認知に及ぼす感情の影響の記述はあっても，感情に及ぼす認知の影響については，ほとんど触れることができなかった．これらの省略したトピックスについては，類書を読むなどして，読者自身で学んでほしい．

　なお，参考文献に関しては，初学者にとって英語の文献はハードルが高いと考え，認知心理学で必ず引用される基本的な英語文献も適宜省略した（これらは読書案内や類書をもとに簡単に知ることができる）．そのかわり，翻訳があればたとえ抄訳であっても，図書館の利用を前提に，できるだけそれを載せるようにした．したがって，読書案内の文献に加えて，参考文献にあげた翻訳や日本語文献をあわせて読めば，本書の内容の理解がいっそう深まるはずである．

　最後に，著者が読者にお願いしたいのは，ただ単に知識を得るために本書を読むのではなく，日常場面と関連づけながら読み，本書で得られた知識を日常生活に生かしてほしいということである．序章に書いたように，知識は日常生活に生かしてこそ意味をもつ．本書が読者の日常生活に少しでも役立つことが著者の最大の願いである．

　2008年11月

高橋雅延

読書案内——さらに学習するために

第1章
R. コーネリアス(著)，齊藤勇(監訳)(1999)：『感情の科学——心理学は感情をどこまで理解できたか』誠信書房.
　感情に関するダーウィンの説，ジェームズ・ランゲ説，認知説，社会構築主義という4つの理論について丁寧に解説されている．
福田正治(2006)：『感じる情動・学ぶ感情——感情学序説』ナカニシヤ出版.
　感情の発達やその特性，感情の伝達，感情の障害，脳画像アプローチなど，広い範囲で感情が解説されている．巻末にジェームズ(1884)の論文の抄訳付き．
濱治世・鈴木直人・濱保久(2001)：『感情心理学への招待——感情・情緒へのアプローチ』サイエンス社.
　感情に関する基本的な事項が多数の図表とともに載せられ，発達心理学，社会心理学，産業心理学からみた感情についても記述されている．

第2章
三浦利章・横澤一彦(編)(2003)：「心理学評論——特集：視覚的注意」46巻3号，心理学評論刊行会.
　視覚的注意に関して意図的注意や自動的注意，非注意による見落とし，変化による見落としをはじめとした最新の動向を日本語で知ることができる．
下條信輔(1996)：『サブリミナル・マインド——潜在的人間観のゆくえ』中央公論社(中公新書).
　「サブリミナル」現象だけではなく，脳損傷から対人場面まで幅広いトピックスが実験とともに扱われ，心における無意識の役割について解説されている．
坂元章・森津太子・坂元桂・高比良美詠子(編)(1999)：『サブリミナル効果の科学——無意識の世界では何が起こっているか』学文社.
　閾下単純接触効果，感情プライミング効果だけではなく，対人判断やステレオタイプ，さらには，精神分析学との関連まで幅広く実験が述べられている．
A. ウェルズ・G. マシューズ(著)，箱田裕司・津田彰・丹野義彦(監訳)(2002)：『心理臨床の認知心理学——感情障害の認知モデル』培風館.
　抑うつや不安などの感情障害をとりあげ，感情や注意のメカニズムを認知心理学の研究成果にもとづいて検証し，新たな治療モデルを提案している．

第3章
高野陽太郎(編)(1995)：『認知心理学2　記憶』東京大学出版会.

短期記憶や長期記憶，概念と知識について，注意やコンピュータ・シミュレーションとの関連も加えられて，詳しく述べられている．
苧阪満里子(2002)：『脳のメモ帳　ワーキングメモリ』新曜社．
ワーキングメモリの基本的なしくみだけではなく，個人差や発達差の問題まで丁寧に解説されている．
A. J. パーキン(著)，鳥居方策・小山善子(訳)(2004)：『記憶——医療・心理・福祉・法律専門家への手引き書』新樹会創造出版．
記憶の基本的なしくみや発達のようすがわかりやすく解説された後で，記憶障害に焦点が絞られ，記憶の検査や記憶障害の具体的な対策が載せられている．

第4章

佐藤浩一・越智啓太・下島裕美(編著)(2008)：『自伝的記憶の心理学』北大路書房．
自伝的記憶に関して，研究方法や理論だけにとどまらず，自伝的記憶の機能の問題，時間的展望や語りとの関連まで，子どもや高齢者の研究も含みながら，多くの文献とともに，詳しく述べられている．
D. L. シャクター(著)，春日井晶子(訳)(2004)：『なぜ，「あれ」が思い出せなくなるのか——記憶と脳の7つの謎』日本経済新聞社(日経ビジネス人文庫)．
記憶研究の世界的権威の著者が，一般の読者向けに，日常生活の例を多用しながら，自伝的記憶に関する7つの謎(物忘れ，不注意，妨害，混乱，暗示されやすさ，書き換え，つきまとう記憶)を興味深く解説している．
太田信夫(編著)(2008)：『記憶の心理学』放送大学教育振興会．
放送大学のテキストとして，記憶に関する基礎的な事項が網羅されている．内容は，ワーキングメモリ，エピソード記憶，意味記憶，自伝的記憶，目撃記憶，潜在記憶，などの基礎的な知見だけではなく，新しい知見も盛り込まれている．
J. L. マッガウ(著)，大石高生・久保田競(監訳)(2006)：『記憶と情動の脳科学——「忘れにくい記憶」の作られ方』講談社．
脳科学を専門とする著者が，習慣と記憶との関係，短期記憶と長期記憶，感情と記憶の関係，ホルモンや薬物の記憶への影響などについて，丁寧に解説している．
太田信夫(編)(1999)：「心理学評論——特集：潜在記憶」42巻2号，心理学評論刊行会．
やや専門的だが，潜在記憶というテーマのもとに，測定法や理論だけではなく，子どもや高齢者，健忘症の人々，さらにはまた，神経心理学や社会心理学における潜在記憶の問題まで詳細に述べられている．

第5章

梅本堯夫(監修)，落合正行・土居道栄(編)(2002)：『認知発達心理学——表象と知識の起源と発達』培風館．

本書は表象と知識の発達的側面に重点が置かれ，基本的な知見を身につけた者が，さらに学習を深めるために読むのに適している．

J. T. E. リチャードソン(著)，西本武彦(監訳)(2002)：『イメージの心理学——心の動きと脳の働き』早稲田大学出版部．

著者は世界的な認知神経心理学者であり，イメージについて現象体験としてのイメージ，内的表象としてのイメージ，刺激属性としてのイメージ，記憶方略としてのイメージに分けて，脳研究の知見も含めながら，解説している．

第6章

川崎恵里子(編著)(2005)：『ことばの実験室——心理言語学へのアプローチ』ブレーン出版．

言語の理解に関する基本的な事項や知見がまとめられている．音韻の認知，視覚とことば，単語の認知から，比喩やあいまい文の理解，ワーキングメモリや記憶との関係，コミュニケーションの問題に至るまで，内容が豊富である．

森敏昭(編著)，21世紀の認知心理学を創る会(著)(2001)：『認知心理学を語る2　おもしろ言語のラボラトリー』北大路書房．

言語の心理学的研究にたずさわる10名の日本の中堅心理学者によるもので，各研究者の関心分野の基礎的知見に加え，自身の研究内容が興味深く書かれている．

大村彰道(監修)，秋田喜代美・久野雅樹(編著)(2001)：『文章理解の心理学——認知，発達，教育の広がりの中で』北大路書房．

文章の理解という観点から，第1部では，この分野の重要な知見とともに，コンピュータ・シミュレーションや脳神経にもとづいたアプローチが記述されている．第2部と第3部は，発達的観点と教育的観点から，文章理解が解説されている．

酒井邦嘉(2002)：『言語の脳科学——脳はどのようにことばを生みだすか』中央公論新社(中公新書)．

言語のモジュール説，言語の獲得，人工知能による言語処理，さらには，手話や子どもの言語獲得に至るトピックスを脳の研究と結びつけて解説している．

G. A. ミラー(著)，無藤隆・青木多寿子・柏崎秀子(訳)(1997)：『ことばの科学——単語の形成と機能』東京化学同人．

主として，単語から文に至るまでの言語の処理について，多数のカラー図版と興味深い囲み記事から平易に解説されている．

D. D. スタインバーグ(著)，竹中龍範・山田純(訳)(1995)：『心理言語学への招待』大修館書店．

本書は心理学の観点から言語を研究する心理言語学のテキストである．第1部では，子ども，動物，野生児，聴覚障害者，第2部では，文法，ことばの生得性，思考と文化，脳との関係，第3部では，第2言語に関して解説されている．

第7章

N. ランド(著)，若林茂則・細井友規子(訳)(2006)：『言語と思考』新曜社．
　言語と思考が密接に関連しているのはいうまでもないことである．本書は，言語と思考の関係，言語の社会的・文化的側面，言語習得の理論に加え，問題解決と意思決定が独立した章としてとりあげられ，いずれも読みやすい．

友野典男(2005)：『行動経済学——経済は「感情」で動いている』光文社(光文社新書)．
　意思決定をめぐるヒューリスティックス，フレーミング効果，プロスペクト理論などを経済学に応用したものが行動経済学である．本書は意思決定に関する認知心理学の基本的知見から最新の動向までをわかりやすく説明している．

森敏昭(編著)，21世紀の認知心理学を創る会(著)(2001)：『認知心理学を語る3　おもしろ思考のラボラトリー』北大路書房．
　10名の日本人研究者が，基礎的な知見と自身の研究成果を紹介している．類推，演繹的推論，帰納的推論，創造的思考以外に，協同的問題解決，批判的思考，メタ認知，問題解決と作文，確率判断，認知発達と教育まで幅広い．

市川伸一(1997)：『考えることの科学——推論の認知心理学への招待』中央公論社(中公新書)．
　一般読者向けに，演繹的推論と帰納的推論の解説が行われているだけにとどまらず，確率的な世界での推論も取り上げられている．また，推論を方向づける要因として知識，感情，他者の3つの要因についての説明も含まれている．

第8章

守一雄・都筑誉史・楠見孝(編著)(2001)：『コネクショニストモデルと心理学——脳のシミュレーションによる心の理解』北大路書房．
　難解な章もあるが興味のある章だけでも読むことで，コネクショニズムの現状と今後の研究方向を知るヒントが得られる．

J. H. カートライト(著)，鈴木光太郎・河野和明(訳)(2005)：『進化心理学入門』新曜社．
　進化心理学の重要な概念である性淘汰を軸に，人間の行動を明快に説明した上で，なぜ恐怖や不安といった感情があるのか，なぜ精神障害が存在するのかといった問いに対する答えや，脳の大きさと知能の進化についても，説明されている．

J. チャロキー・J. D. メイヤー・J. P. フォーガス(編)，中里浩明・島井哲志・大竹恵子・池見陽(訳)(2005)：『エモーショナル・インテリジェンス——日常生活における情動知能の科学的研究』ナカニシヤ出版．
　情動的知性に関する専門書．情動的知性の測定や，日常生活への応用面などを中心に情動的知性の第一線の研究者たちが執筆している．

参考文献

序章

Anderson, J. R. (2004) : Cognitive psychology and it's implications. 6th edition. Worth Publisher.
Eysenck, M. W. & Keane, M. T. (2005) : Cognitive psychology : A student's handbook. 5th edition. Psychology Press.
Foder, J. A. (1983) : The modularity of mind. MIT Press. 伊藤笏康・信原幸弘(訳)：精神のモジュール形式――人工知能と心の哲学，産業図書，1985.
Gardner, H. (1985) : The mind's new science: A history of the cognitive revolution. Basic Books. 佐伯胖・海保博之(監訳)：認知革命――知の科学の誕生と展開，産業図書，1987.
Medin, D. L., Ross, B. H., & Markman, A. B. (2005) : Cognitive psychology. 4th edition. Wiley.
Neisser, U. (1967) : Cognitive psychology. Appleton-Century-Crofts. 大羽蓁(訳)：認知心理学，誠信書房，1981.
Neisser, U. (1978) : Memory: What are the important questions? In M. M. Gruneberg, P. E. Morris & R. N. Sykes (Eds.), Practical aspects of memory. Academic Press, pp. 3-24. 富田達彦(訳)：記憶：何が重要な質問か？ 観察された記憶――自然文脈での想起(上)，誠信書房，1988, pp. 3-23.
Norman, D. A. (1980) : Twelve issues for cognitive science. *Cognitive Science*, 4, 1-32. 佐伯胖(監訳)：認知科学の展望，産業図書，1984, pp. 295-342.
Posner, M. I. & Raichle, M. E. (1994) : Images of mind. Freeman. 養老孟司・加藤雅子・笠井清登(訳)：脳を観る――認知神経科学が明かす心の謎，日経サイエンス社，1997.
Sternberg, R. J. (2006) : Cognitive psychology. 4th edition. Thomson Wadsworth.
Stirling, J. (2000) : Cortical functions. Routledge. 苧阪直行・苧阪満里子(訳)：大脳皮質と心――認知神経心理学入門，新曜社，2005.
戸田正直(1992)：感情――人を動かしている適応プログラム，東京大学出版会.

第1章

Bear, M. F., Connors, B. W., & Paradiso, M. A. (2007) : Neuroscience: Exploring the brain. 3rd edition. Lippincott Williams & Wilkins. 加藤宏司・後藤薫・藤井聡・山崎良彦(監訳)：神経科学――脳の探求，西村書店，2007.
Beck, A. T. (1979) : Cognitive therapy and the emotional disorders. International Universities Press. 大野裕(訳)：認知療法――精神療法の新しい発展，岩崎学術出版社，1990.
Darwin, C. (1872) : The expression of the emotions in man and animals. University of Chicago Press. 浜中浜太郎(訳)：人及び動物の表情について，岩波書店，1931.
Ekman, P. & Friesen, W. V. (1975) : Unmasking the face. Prentice-Hall. 工藤力(訳編)：表情分析入門――表情に隠された意味をさぐる，誠信書房，1987.
Ekman, P. Levenson, R. W., & Friesen, W. V. (1983). Autonomic nervous system activity distinguishes among emotions. *Science*, **221**, 1208-1210.

Ekman, P., Friesen, W. V., O'Sullivan, M., Chan, A., Diacoyanni-Tarlatzis, I., Heider, K., Krause, R., LeCompte, W. A., Pitcarin, T., Ricci-Bitti, P. E., Scherer, K., Tomita, M., & Tzavaras, A.(1987) : Universals and cultural differences in the judgements of facial expressions of emotion. *Journal of Personality and Social Psychology*, 53, 712 -717.
Ellis, A. & Harper, R. A.(1975) : A new guide to rational living. Prentice-Hall. 北見芳雄(監修)國分康孝・伊藤順康(訳) : 論理療法, 川島書店, 1981.
Hohmann, G. W.(1966) : Some effects of spinal cord lesions on experienced emotional feelings. *Psychphysiology*, 3, 143-156.
Izard, C. E.(1991) : The psychology of emotions. Plenum Press. 荘厳舜哉(監訳)比較発達研究会(訳) : 感情心理学, ナカニシヤ出版, 1996.
James, W.(1884) : What is an emotion? *Mind*, 19, 188-205.
Kunst-Wilson, W. R. & Zajonc, R. B.(1980) : Affective discrimination of stimuli that cannot be recognized. *Science*, 207, 557-558.
Lazarus, R. S.(1991) : Cognition and motivation in emotion. *American Psychologist*, 46, 352-367. 森井ひろみ(訳) : 情緒における認知と動機, イマーゴ, 3, 1992, pp. 144-167.
Lazarus, R. S. & Alfert, E.(1964) : Short-circuiting of threat by experimetanlly altering cognitive appraisal. *Journal of Abnormanl and Social Psychology*, 69, 195-205.
Lazarus, R. S. & Folkman, S.(1984) : Stress, appraisal, and coping. Springer. 本明寛・春木豊・織田正美(監訳) : ストレスの心理学——認知的評価と対処の研究, 実務教育出版, 1991.
LeDoux, J.(1996) : The emotional brain: The mysterious underpinnings of emotional life. Simon & Schuster. 松本元・川村光毅・小幡邦彦・石塚典生・湯浅茂樹(訳) : エモーショナル・ブレイン——情動の脳科学, 東京大学出版会, 2003.
Lindsay, P. H. & Norman, D. A.(1977) : Human Information processing: An introduction to psychology, 2nd edition. Academic Press. 中溝幸夫・箱田裕司・近藤倫明(共訳) : 情報処理心理学 III——言語と思考, サイエンス社, 1985.
Markus, H. R. & Kitayama, S.(1991) : Culture and the self : Implications for cognition, emotion, and motivation. *Psychological Review*, 98, 224-253.
中野良樹(2005) : 生理指標の基礎と感情研究への応用, 佐藤香(編) : 感情現象の諸相, ナカニシヤ出版, pp. 1-25.
Schachter, S. & Singer, J. E.(1962) : Cognitive, social, and physiological determinants of emotional state. *Psychological Review*, 69, 379-399. 大山正・岡本栄一(監訳) : 情動状態の認知的, 社会的, 生理学的決定因, キースタディーズ心理学(下), 新曜社, 1993, pp. 31-52.
高橋雅延(2002) : 感情の操作方法の現状, 高橋雅延・谷口高士(編著) : 感情と心理学——発達・生理・認知・社会・臨床の接点と新展開, 北大路書房, pp. 66-80.
Zajonc, R. B.(1980) : Feeling and thinking : Preferences need no inferences. *American Psychologist*, 35, 151-175.

第2章

Bradley, B. P., Mogg, K., & Lee, S. C.(1997) : Attentional biases for negative information in induced and naturally occurring dysphoria. *Behaviour Research and Therapy*, 35, 911-927.

Bradshaw, J. L. (1974) : Peripherally presented and unreported words may bias the perceived meaning of a centrally fixated homograph. *Journal of Experimental Psychology*, **103**, 1200-1202.

Broadbend, D. E. (1958) : Perception and communication. Pergamon Press.

Byrne, D. (1959). The effect of subliminal food stimulus on verbal responses. *Journal of Applied Psychology*, **43**, 249-252.

Corbetta, M. & Shulman, G. L. (2002) : Control of goal-directed and stimulus-driven attention in the brain. *Nature Reviews Neuroscience*, **3**, 201-215.

Deutsch, J. A. & Deutsch, D. (1963) : Attention : Some theoretical considerations. *Psychological Review*, **70**, 80-90.

Gotlib, I. H. & McCann, C. D. (1984) : Construct accessibility and depression : An examination of cognitive and affective factors. *Journal of Personality and Social Psychology*, **47**, 427-439.

Hansen, C. H. & Hansen, R. D. (1988) : Finding the face in the crowd: An anger superiority effect. *Journal of Personality and Social Psychology*, **54**, 917-924.

Kahneman, D. (1973) : Attention and effort. Prentice-Hall.

Kahneman, D. & Treisman, A. (1984) : Changing views of attention and automaticity. In R. Parasuraman & D. R. Davies (Eds.), Varieties of attention. Academic Press, pp. 29-61.

熊田孝恒(1992)：リレー連載 視覚探索(2)ポップアウト，数理科学，**345**, 78-82.

MacKay, D. G. (1973) : Aspects of the theory of comprehension, memory and attention. *Quarterly Journal of Experimental Psychology*, **25**, 22-40.

Marcel, A. J. (1983) : Conscious and unconscious perception: An approach to the relations between phenomenal experience and perceptual processes. *Cognitive Psychology*, **15**, 238-300.

Meyer, D. E. & Schvaneveldt, R. W. (1971) : Facilitation in recognizing pairs of words : Evidence of a dependence between retrieval operations. *Journal of Experimental Psychology*, **90**, 227-234.

Mogg, K., Bradley, B. P., & Williams, R. (1995) : Attenitional bias in anxiety and depression: The role of awareness. *British Journal of Clinical Psychology*, **34**, 17-36.

Morris, J. S., Öhman, A., & Dolan, R. J. (1998) : Conscious and unconscious emotional learning in the human amygdala. *Nature*, **393**, 467-470.

Murphy, S. T. & Zajonc, R. B. (1993) : Affect, cognition, and awareness: Affective priming with optimal and suboptimal stimulus exposures. *Journal of Personality and Social Psychology*, **64**, 723-739.

Neely, J. H. (1977) : Semantic priming and retrieval from lexical memory: Roles of inhibitionless spreading activation and limited-capacity attention. *Journal of Experimental Psychology: General*, **106**, 226-254.

Neisser, U. & Becklen, R. (1975) : Selective looking: Attending to visually specified events. *Cognitive Psychology*, **7**, 480-494.

Öhman, A., Flykt, A., & Esteves, F. (2001) : Emotion drives attention: Detecting the snake in the grass. *Journal of Experimental Psychology: General*, **130**, 466-478.

Posner, M. I. (1980) : Orienting of attention. *Quarterly Journal of Experimental Psychology*, **32**, 3-25.

Robertson, I. H. & Halligan, P. W.(1999):Spatial neglect: A clinical handbook for diagnosis and treatment. Psycology Press. 佐藤貴子・原寛美(訳):半側空間無視の診断と治療,診断と治療社, 2004.
Schneider, W. & Shiffrin, R. M.(1977):Controlled and automatic human information processing: I. Detection, search, and attention. *Psychological Review,* **84**, 127-190.
Shiffrin, R. M. & Schneider, W.(1977):Controlled and automatic human information processing: II. Perceptual learning, automatic attending, and a general theory. *Psychological Review,* **84**, 1-66.
嶋田博行(1994):ストループ効果——認知心理学からのアプローチ,培風館.
Sperling, G.(1960):The information available in brief visual presentations. *Psychological Monographs,* **74**(Whole No. 498), 1-29.
Stroop, J. R.(1935):Studies of interference in serial verbal reactions. *Journal of Experimental Psychology,* **18**, 643-662.
Treisman, A. M.(1960):Contextual cues in selective listening. *Quarterly Journal of Experimental Psychology,* **12**, 242-248.
Treisman, A.(1986):Features and objects in visual processing. *Scientific American,* **254**, 106-115. 高野陽太郎(訳):特徴と対象の視覚情報処理,サイエンス,1987年1月号, pp. 86-98.
Underwood, G.(1974):Moray vs. the rest: The effects of extended shadowing practice. *Quarterly Journal of Experimental Psychology,* **26**, 368-372.
von Wright, J. M., Anderson, K., & Stenman, U.(1975):Generalization of conditioned GSRs in dichotic listening. In P. M. A. Rabbitt & S. Dornic(Eds.), Attention and performance V. Academic Press, pp. 194-204.
Watts, F. N., McKenna, F. P., Sharrock, R., & Trezise, L.(1986):Colour naming of phobia-related words. *British Journal of Psychology,* **77**, 97-108.
Williams, J. M. G., Mathews, A., & MacLeod, C.(1996):The emotional stroop task and psychopathology. *Psychological Bulletin,* **120**, 3-24.
八木善彦・熊田孝恒・菊地正(2004):注意の初期選択説・後期選択説を巡る研究動向——注意の負荷理論を中心として,心理学評論,**47**, 478-500.
山鳥重(1985):神経心理学入門,医学書院.
横澤一彦・大谷智子(2003):見落とし現象における表象と注意——非注意による見落としと変化の見落とし,心理学評論,**46**, 482-500.

第3章

Anderson, M. C., Bjork, R. A., & Bjork, E. L.(1994):Remembering can cause forgetting: Retrieval dynamics in long-term memory. *Journal of Experimental Psychology: Learning, Memory, and Cognition,* **20**, 1063-1087.
Atkinson, R. C. & Shiffrin, R. M.(1971):The control of short-term memory. *Scientific American,* **225**, 82-90. 船津孝行(訳):記憶をコントロールする機構,サイエンス,1971年11月号,pp. 68-73.
Baddeley, A. D.(2000):The episodic buffer: A new component of working memory? *Trends in Cognitive Sciences,* **4**, 417-423.
Baddeley, A. D. & Hitch, G. J.(1974):Working memory. In G. H. Bower(Ed.), The psychology of learning and motivation, vol. 8. Academic Press, pp. 47-89.

Bower, G. H. (1970): Analysis of a mnemonic device. *American Scientist*, **58**, 496-510.
Bower, G. H. (1992): How might emotions affect learning? In S-Å. Christianson (Ed.), The handbook of emotion and memory: Research and theory. Lawrence Erlbaum Associates, pp. 3-31.
Bower, G. H., Gilligan, S. G., & Monteiro, K. P. (1981): Selectivity of learning caused by affective states. *Journal of Experimental Psychology: General*, **110**, 451-473.
Bower, G. H., Monteiro, K. P., & Gilligan, S. G. (1978): Emotional mood as a context for learning and recall. *Journal of Verbal Learning and Verbal Behavior*, **17**, 573-585.
Brown, J. (1958): Some tests of the decay theory of immediate memory. *Quarterly Journal of Experimental Psychology*, **10**, 12-21.
Craik, F. I. M. & Lockhart, R. S. (1972): Levels of processing: A framework for memory research. *Journal of Verbal Learning and Verbal Behavior*, **11**, 671-684. 大山正・岡本栄一（監訳）：処理の水準——記憶研究の枠組み，キースタディーズ心理学（上），新曜社，1993, pp. 67-83.
Craik, F. I. M. & Tulving, E. (1975): Depth of processing and the retention of words in episodic memory. *Journal of Experimental Psychology: General*, **104**, 268-294.
Ebbinghaus, H. (1885): Über das Gedächtnis: Untersuchungen zur experimentelle Psychologie. Duncker & Humblot. 宇津木保（訳）望月衛（閲）：記憶について，誠信書房，1978.
Glanzer, M. & Cunitz, A. R. (1966): Two storage mechanisms in free recall. *Journal of Verbal Learning and Verbal Behavior*, **5**, 351-360.
Godden, D. R. & Baddeley, A. D. (1975): Context-dependent memory in two natural environments: On land and underwater. *British Journal of Psychology*, **66**, 325-331.
伊藤美加(2000)：気分一致効果を巡る諸問題——気分状態と感情特性，心理学評論，**43**, 368-386.
Jenkins, J. G. & Dallenbach, K. M. (1924): Obliviscence during sleep and waking. *American Journal of Psychology*, **35**, 605-612.
Miller, G. A. (1956): The magical number seven, plus or minus two: Some limits on our capacity for processing information. *Psychological Review*, **63**, 81-97. 高田洋一郎（訳）：不思議な数"7"，プラス・マイナス2——人間の情報処理容量のある種の限界，培風館，1972, pp. 13-44.
西崎友規子・苧阪満里子(2004)：文章理解とワーキングメモリの個人差——保持と検索の視点から，心理学研究，**75**, 220-228.
Paivio, A. (1969): Mental imagery in associative learning and memory. *Psychological Review*, **76**, 241-263.
Peterson, L. R. & Peterson, M. J. (1959): Short-term retention of individual verbal items. *Journal of Experimental Psychology*, **58**, 193-198.
Phihal, W. & Born, J. (1997): Effects of early and late nocturnal sleep on declarative and procedural memory. *Journal of Cognitive Neuroscience*, **9**, 534-547.
Scoville, W. B. & Milner, B. (1957): Loss of recent memory after bilateral hippocampal lesions. *Journal of Neurology, Neurosurgery and Psychiatry*, **20**, 11-21.
高橋雅延(2011)：超記憶力者を通して記憶の原理を知る，鳥居修晃・川上清文・高橋雅延・遠藤利彦（編）：心のかたちの探求：異型を通して普遍を知る，東京大学出版会, pp. 121-139.
Treffert, D. A. (1989): Extraordinary people. Harper & Row. 高橋健次（訳）：なぜかれら

は天才的能力を示すのか——サヴァン症候群の驚異, 草思社, 1990.
Tulving, E. & Pearlstone, Z.(1966): Availability versus accessibility of information in memory for words. *Journal of Verbal Learning and Verbal Behavior,* 5, 381-391.
Tulving, E. & Thomson, D. M.(1973): Encoding specificity and retrieval processes in episodic memory. *Psychological Review,* 80, 352-373.

第4章

Bartlett, F. C.(1932): Remembering: A study in experimental and social psychology. Cambridge University Press. 宇津木保・辻正三(訳): 想起の心理学, 誠信書房, 1983.
Bremner, J. D.(2002): Does stress damage the brain? Understanding trauma-related disorders from a mind-body perspective. W. W. Norton & Company. 北村美都穂(訳): ストレスが脳をだめにする, 青土社, 2003.
Brewer, W. F. & Treyens, J. C.(1981): Role of schemata in memory for places. *Cognitive Psychology,* 13, 207-230.
Brown, R. & Kulik, J.(1977): Flashbulb memories. *Cognition,* 5, 73-99. 富田達彦(訳): フラッシュバルブ記憶, 観察された記憶——自然文脈での想起(上), 誠信書房, 1988, pp. 27-48.
Conway, M. A.(1996): Autobiographical knowledge and autobiographical memories. In D. C. Rubin(Ed.), Remembering our past: Studies in autobiographical memory. Cambridge University Press, pp. 67-93.
Friston, K. J. & Price, C. J.(2003): Degeneracy and redundancy in cognitive anatomy. *Trends in Cognitive Sciences,* 7, 151-152.
Hodges, J. R., Patterson, K., Oxbury, S., & Funnell, E.(1992): Semantic dementia: Progressive fluent aphasia with temporal lobe atrophy. *Brain,* 115, 1783-1806.
Hyman, I. E. Jr., Husband, T. H., & Billings, F. J.(1995): False memories of childhood experiences. *Applied Cognitive Psychology,* 9, 181-197.
Johnson, M. K. & Raye, C. L.(1981): Reality monitoring. *Psychological Review,* 88, 67-85.
Kail, R.(1990): The development of memory in children. 3rd edition. Freeman. 高橋雅延・清水寛之(訳): 子どもの記憶——おぼえること・わすれること, サイエンス社, 1993.
Loftus, E. F.(1979): Eyewitness testimony. Harvard University Press. 西本武彦(訳): 目撃者の証言, 誠信書房, 1987.
Loftus, E. F. & Palmer, J. C.(1974): Reconstruction of automobile destruction: An example of the interaction between language and memory. *Journal of Verbal Learning and Verbal Behavior,* 13, 585-589. 富田達彦(訳): 自動車事故の再構成, 観察された記憶——自然文脈での想起(上), 誠信書房, 1988, pp. 130-137.
Milner, B.(1970): Memory and the medial temporal regions of the brain. K. H. Pribram & D. E. Broadbent(Eds.), Biology of memory. Academic Press, pp. 29-50 安田一郎(訳): 記憶と脳の側頭葉内側領域, イマーゴ, 2, 1991, pp. 198-209.
Nelson, K.(1993): The psychological and social origins of autobiographical memory. *Psyhological Science,* 4, 7-14.
Parkin, A. J.(1987): Memory and amnesia: An introduction. Blackwell. 二木宏明(監訳): 記憶の神経心理学——記憶と健忘のメカニズムを探る, 朝倉書店, 1990.
Rubin, D. C.(1999). Autobiographical memory and aging. In D. C. Park & N. Schwarz

(Eds.), Cognitive aging: A primer. Psychology Press, pp. 131-149. ロノ町康夫・坂田陽子・川口潤(監訳)：認知のエイジング：入門編. 北大路書房, 2004, pp. 121-137.

Rubin, D. C., Wetzler, S. E., & Nebes, R. D.(1986)：Autobiographical memory across the lifespan. In D. C. Rubin(Ed.), Autobiographical memory. Cambridge University Press, pp. 202-221.

榊美知子(2006)：エピソード記憶と意味記憶の区分——自己思惟的意識に着目して，心理学評論, **49**, 627-643.

清水寛之(編著)(2008)：メタ記憶——記憶のモニタリングとコントロール，北大路書房.

Squire, L. R.(1987)：Memory and brain. Oxford University Press. 河内十郎(訳)：記憶と脳——心理学と神経科学の統合, 医学書院, 1989.

高橋雅延(2002)：偽りの記憶と協同想起，井上毅・佐藤浩一(編)：日常認知の心理学, 北大路書房, pp. 107-125.

高橋雅延(2005)：感情と記憶，日本児童研究所(編)：児童心理学の進歩(2005年版), **44**, 金子書房, pp. 1-32.

高橋雅延・佐藤浩一(編)(2008)：心理学評論——特集：自己と記憶, **51**, 心理学評論刊行会.

Tulving, E.(1983)：Elements of episodic memory. Oxford University Press. 太田信夫(訳)：タルヴィングの記憶理論——エピソード記憶の要素，教育出版, 1985.

Tulving, E., Hayman, C. A. G., & Macdonald, C. A.(1991)：Long-lasting perceptual priming and semantic learning in amnesia: A case experiment. *Journal of Experimental Psychology: Learning, Memory, and Cognition*, **17**, 595-617.

Tulving, E., Schacter, D. L., & Stark, H. A.(1982)：Priming effects in word-fragment completion are independent of recognition memory. *Journal of Experimental Psychology: Learning, Memory, and Cognition*, 8, 336-342.

van der Kolk, B. A., McFarlane, A. C., & Weisaeth, L.(1996)：Traumatic stress: The effects of overwhelming experience on mind, body, and society. Guilford Press. 西澤哲(監訳)：トラウマティック・ストレス——PTSDおよびトラウマ反応の臨床と研究のすべて，誠信書房, 2001.

Vargha-Khadam, F., Gadian, D. G., Watkins, K. E., Connelly, A., Van Paesschen, W., & Mishkin, M.(1997)：Differential effects of early hippocampal pathology on episodic and semantic memory. *Science*, **277**, 376-380.

Wagenaar, W. A.(1986)：My memory: A study of autobiographical memory over six years. *Cognitive Psychology*, **18**, 225-252.

Waldfogel, S.(1948)：The frequency and affective character of childhood memories. *Psychological Monographs*, **62**(Whole No. 291), 1-39. 富田達彦(訳)：児童期記憶, 観察された記憶——自然文脈での想起(上), 誠信書房, 1988, pp. 89-93.

第5章

Ahsen, A.(1984)：ISM: The triple code model for imagery and psychophysiology. *Journal of Mental Imagery*, 8, 15-42.

Bower, G. H., Black, J. B., & Turner, T. J.(1979)：Scripts in memory for text. *Cognitive Psychology*, **11**, 177-220.

Brooks, L. R.(1968)：Spatial and verbal components of the act of recall. *Canadian Journal of Psychology*, **22**, 349-368.

Chambers, D. & Reisberg, D.(1985): Can mental images be ambiguous? *Journal of Experimental Psychology: Human Perception and Performance*, **11**, 317-328.
Collins, A. M. & Loftus, E. F.(1975): A spreading-activation theory of semantic processing. *Psychological Review*, **82**, 407-428.
Collins, A. M. & Quillian, M. R.(1969): Retrieval time from semantic memory. *Journal of Verbal Learning and Verbal Behavior*, **8**, 240-247.
Cooper, L. A. & Shepard, R. N.(1984): Turning something over in the mind. *Scientific American*, **251**, 114-120. 大山正・高城薫(訳): イメージ上の物体の回転, サイエンス, 1985年2月号, pp. 34-42.
Finke, R. A.(1986): Mental imagery and the visual system. *Scientific American*, **254**, 76-83. 下條信輔・市川伸一(訳): 心的イメージと視覚システム, サイエンス, 1986年5月号, pp. 102-111.
Kosslyn, S. M.(1980): Image and mind. Harvard University Press.
Kosslyn, S. M., Ball, T. M., & Reiser, B. J.(1978): Visual images preserve metric spatial information: Evidence from studies of image scanning. *Journal of Experimental Psychology: Human Perception and Performance*, **4**, 47-60.
Lang, P. J.(1979): A bio-informational theory of emotional imagery. *Psychphysiology*, **16**, 495-512.
Murphy, G. L. & Medin, D. L.(1985): The role of theories in conceptual coherence. *Psychological Review*, **92**, 289-316.
Nosofsky, R. M.(1988): Exemplar-based accounts of relations between classification, recognition, and typicality. *Journal of Experimental Psychology: Learning, Memory, and Cognition*, **14**, 700-708.
Pylyshyn, Z. W.(1984): Computation and cognition: Toward a foundation for cognitive science. MIT Press. 佐伯胖(監訳)信原幸弘(訳): 認知科学の計算理論, 産業図書, 1988.
Rosch, E.(1973): On the internal structure of perceptual and semantic categories. In T. E. Moore(Ed.), Cognitive development and the acquisition of language. Academic Press, pp. 111-144.
Rosch, E.(1975): Cognitive representations of semantic categories. *Journal of Experimental Psychology: General*, **104**, 192-233.
Rosch, E. & Mervis, C. B.(1975): Family resemblances: Studies in the internal structure of categories. *Cognitive Psychology*, **7**, 573-605.
Rosch, E. Mervis, C. B., Gray, W. D., Johnson, D. M., & Boyes-Braem, P.(1976): Basic objects in natural categories. *Cognitive Psychology*, **8**, 382-439.
Roth, I. & Frisby, J. P.(1986): Perception and representation: A cognitive approach. Open University Press, pp. 17-77. 長町三生(監修)認知科学研究会(訳): 認知心理学講座 2, 知覚と表象, 海文堂, 1989, pp. 1-83.
Russell, J. A.(1980): A circumplex model of affect. *Journal of Personality and Social Psychology*, **39**, 1161-1178.
Schank, R. C.(1982): Dynamic memory: A theory of reminding and learning in computer and people. Cambridge University Press. 黒川利明・黒川容子(訳): ダイナミック・メモリ——認知科学的アプローチ, 近代科学社, 1988.
Schank, R. C. & Abelson, R. P.(1977): Scripts, plans, goals and understanding: An

inquiry into human knowledge structures. Lawrence Erlbaum Associates.
Shaver, P., Schwartz, J., Kirson, D., & O'Connor, C.(1987)：Emotion knowledge: Further exploration of a prototype approach. *Journal of Personality and Social Psychology,* **52**, 1061-1086.
Shepard, R. N. & Metzler, J.(1971)：Mental rotation of three-dimensional objects. *Science,* **171**, 701-703.
Wittgenstein, L.(1953)：Philosophical investigations. Macmillan. 黒崎宏(訳・解説)：『哲学的探求』読解, 産業図書, 1997.

第6章

Bock, K. & Levelt, W.(1994)：Language production: Grammatical encoding. In M. A. Gernsbacher(Ed.), Handbook of psycholinguistics. Academic Press, pp. 945-984.
Brown, R. & McNeill, D.(1966)：The "tip of the tongue" phenomenon. *Journal of Verbal Learning and Verbal Behavior,* **5**, 325-337.
Damasio, A. R. & Damasio, H.(1992)：Brain and language. *Scientific American,* **267**, 62-71. 岩田淳(訳)：脳と言語, 日経サイエンス, 1992年11月号, pp. 62-71.
de Vega, M., León, I., & Díaz, J. M.(1996)：The representation of changing emotions in reading comprehension. *Cognition and Emotion,* **10**, 302-321.
Frazier, L. & Rayner, K.(1982)：Making and correcting errors during sentence comprehension: Eye movements in the analysis of structually ambiguous sentences. *Cognitive Psychology,* **14**, 178-210.
Gernsbacher, M. A., Goldsmith, H. H., & Robertson, R. R. W.(1992)：Do readers mentally represent characters' emotional states? *Cognition and Emotion,* **6**, 89-111.
Grice, P.(1989)：Studies in the way of words. Harvard University Press. 清塚邦彦(訳)：論理と会話, 勁草書房, 1998.
芳賀純(1979)：二言語併用の心理——言語心理学的研究, 朝倉書店.
井関龍太(2004)：テキスト理解におけるオンライン処理メカニズム——状況モデル構築過程に関する理論的概観, 心理学研究, **75**, 442-458.
Kintsch, W.(1994)：Text comprehension, memory, and learning. *American Psychologist,* **49**, 294-303.
Kintsch, W., Welsh, D., Schmalhofer, F., & Zimny, S.(1990)：Sentence memory: A theoretical analysis. *Journal of Memory and Language,* **29**, 133-159.
MacDonald, M. C., Pearlmutter, N. J., & Seidenberg, M. S.(1994)：Lexical nature of syntactic ambiguity resolution. *Psychological Review,* **101**, 676-703.
松沢哲朗(1991)：チンパンジーから見た世界, 東京大学出版会.
McClelland, J. L. & Rumelhart, D. E.(1981)：An interactive activation model of context effects in letter perception: Part 1. An account of basic findings. *Psychological Review,* **88**, 375-407.
Morton, J.(1969)：Interaction of information in word recognition. *Psychological Review,* **76**, 165-178.
Reicher, G. M.(1969)：Perceptual recognition as a function of meaningfulness of stimulus material. *Journal of Experimental Psychology,* **81**, 275-280.
Rumelhart, D. E. & McClelland, J. L.(1982)：An interactive activation model of context effects in letter perception: Part 2. The contextual enhancement effect and some

tests and extensions of the model. *Psychological Review,* **89**, 60-94.
齊藤章江・吉川左紀子(2001)：単語産出における語彙アクセスの性質についての最近の研究，心理学評論，**44**, 253-270.
Savage-Rumbaugh, S. & Lewin, R.(1994)：KANZI: The ape at the brink of the human mind. Brockman. 石館康平(訳)：人と話すサル「カンジ」，講談社，1997.
Schriefers, H., Meyer, A. S., & Levelt, W. J. M.(1990)：Exploring the time course of lexical access in language production: Picture-word interference studies. *Journal of Memory and Language,* **29**, 86-102.
Schuberth, R. E. & Eimas, P. D.(1977)：Effects of context on the classification of words and nonwords. *Journal of Experimental Psychology: Human Perception and Performance,* **3**, 27-36.
Searle, J. R.(1969)：Speech acts: An essay in the philosophy of language. Cambridge University Press. 坂本百大・土屋俊(訳)：言語行為——言語哲学への試論，勁草書房，1986.
Shaywitz, S. E.(1996)：Dyslexia. *Scientific American,* **275**, 78-84. 鈴木圭子(訳)：読字障害，日経サイエンス，1997年2月号，pp. 112-121.
Sperber, D. & Wilson, D.(1986)：Relevance: Communication and cognition. Harvard University Press. 内田聖二・中逵俊明・宋南先・田中圭子(訳)関連性理論——伝達と認知，研究社，1993.
Taft, M.(1991)：Reading and the mental lexicon. Lawrence Erlbaum Associates. 広瀬雄彦・川上綾子・八田武志(訳)：リーディングの認知心理学——基礎的プロセスの解明，信山社出版，1995.
寺尾康(2002)：言い間違いはどうして起こる？，岩波書店.
Thomas, J.(1995)：Meaning in interaction: An introduction to pragmatics. Longman. 浅羽亮一(監修)：田中典子・津留崎毅・鶴田庸子・成瀬真理(訳)：語用論入門——話し手と聞き手の相互交渉が生み出す意味，研究社，1998.
塚崎崇史・石井敬子(2004)：認知における言語・文化相対性——Sapir-Whorf仮説再考，心理学評論，**47**, 173-186.

第7章

Anderson, J. R.(1980)：Cognitive psychology and its implications. Freeman. 富田達彦・増井透・川崎惠理子・岸学(訳)：認知心理学概論，誠信書房，1982.
安西祐一郎(1985)：問題解決の心理学——人間の時代への発想，中央公論社(中公新書).
Cheng, P. W. & Holyoak, K. J.(1985)：Pragmatic reasoning schemas. *Cognitive Psychology,* **17**, 391-416.
Damasio, A. R.(1994)：Descartes' error: Emotion, reason, and the human brain. Grosset/Putnam. 田中三彦(訳)：生存する脳——心と脳と身体の神秘，講談社，2000.
Duncker, K.(1935)：Zur Psychologie des Productiven Denkens. Verlag von Julius Springer. 小宮山栄一(訳)：問題解決の心理——思考の実験的研究，金子書房，1947.
Evans, J. St. B.(1989)：Bias in human reasoning: Causes and consequences. Lawrence Erlbaum Associates. 中島実(訳)：思考情報処理のバイアス，信山社出版，1995.
Evans, J. St. B. T. & Over, D. E.(1996)：Rationality and reasoning. Psychology Press. 山祐嗣(訳)：合理性と推理——人間は合理的な思考が可能か，ナカニシヤ出版，2000.
Finke, R. A., Ward, T. B., & Smith, S. M.(1992)：Creative cognitin. MIT Press. 小橋康

章(訳)：創造的認知——実験で探るクリエイティブな発想のメカニズム,森北出版,1999.
Fredrickson, B. L.(2001) : The role of positive emotions in positive psychology: The broaden-and-build theory of positive emotions. *American Psychologist,* **56**, 218-226.
Gick, M. L. & Holyoak, K. J.(1980) : Analogical problem solving. *Cognitive Psychology,* **12**, 306-355.
Gick, M. L. & Holyoak, K. J.(1983) : Schema induction and analogical transfer. *Cognitive Psychology,* **15**, 1-38.
Gilovich, T.(1981) : How we know what isn't so: The fallibility of human reason in everyday life. The Free Press. 守一雄・守秀子(訳)：人間この信じやすきもの——迷信・誤信はどうして生まれるか,新曜社,1993.
Griggs, R. A. & Cox, J. R.(1982) : The elusive thematic-materials effect in Wason's selection task. *British Journal of Psychology,* **73**, 407-420.
Halpern, D.(1990) : Reasoning. In M. W. Eysenck(Ed.), The Blackwell dictionary of cognitive psychology. Blackwell, pp. 304-308. 野島久雄・重野純・半田智久(訳)：認知心理学事典,新曜社,1998, pp. 221-227.
Hewstone, M., Benn, W., & Wilson, A.(1988) : Bias in the use of base rates: Racial prejudice in decision-making. *European Journal of Social Psychology,* **18**, 161-176.
Holyoak, K. J. & Thagard, P.(1995) : Mental leaps: Analogy in creative thought. MIT Press. 鈴木宏昭・河原哲雄(監訳)：アナロジーの力——認知科学の新しい探求,新曜社,1998.
Isen, A. M.(2000) : Positive affect and decision making. In M. Lewis & J. M. Hviland (Eds.), Handbook of emotions. 2nd edition, Guilford Press, pp. 417-435.
Johnson-Laird, P. N.(1981) : Mental models in cognitive science. In D. A. Norman(Ed.), Perspectives on cognitive science, Lawrence Erlbaum Associates, pp. 147-191. 三宅なほみ(訳)：認知科学におけるメンタルモデル,佐伯胖(監訳)：認知科学の展望,産業図書,1984, pp. 185-249.
Johnson-Laird, P. N.(1983) : Mental models. Cambridge University Press. 海保博之(監修)AIUEO(訳)：メンタルモデル——言語・推論・意識の認知科学,産業図書,1988.
Kahneman, D. & Tversky, A.(1973) : On the psychology of prediction. *Psychological Review,* **80**, 237-251.
Kahneman, D. & Tversky, A.(1979) : Prospect theory: An analysis of decision under risk. *Econometrica,* **47**, 263-291.
Köhler, W.(1917) : Intelligenzprufüngen an Menshenaffen. Springer. 宮孝一(訳)：類人猿の知恵試験,岩波書店,1962.
Larrick, R. P.(1993) : Motivational factors in decision theories: The role of self-protection. *Psychological Bulletin,* **113**, 440-450.
Maier, N. R. F.(1931) : Reasoning in humans: II. The solution of a problem and its appearance in consciousness. *Journal of Comparative Psychology,* **12**, 181-194.
Newell, A. & Simon, H. A.(1972) : Human problem solving. Prentice-Hall.
Oaksford, M. & Chater, N.(1994) : A rational analysis of the selection task as optimal data selection. *Psychological Review,* **101**, 608-631.
Ritov, I. & Baron, J.(1990) : Reluctance to vaccinate: Omission bias and ambiguity. *Journal of Behavioral Decision Making,* **3**, 263-277.

Shafir, E.(1993) : Choosing versus rejecting: Why some options are both better and worse than others. *Memory & Cognition,* **21**, 546-556.
高橋雅延(2007)：感情と認知，鈴木直人（編）：感情心理学，朝倉書店, pp. 36-53.
Thorndike, E. L.(1898) : Animal intelligence: An experimental study of the associative processes in animals. Columbia University Press, pp. 12-31.
Tversky, A. & Kahneman, D.(1973) : Availability: A heuristic for judging frequency and probablitiy. *Cognitive Psychology,* **5**, 207-232.
Tversky, A. & Kahneman, D.(1980) : Causal schemas in judgements under uncertainty. In M. Fishbein(Ed.), Progress in social psychology. Lawrence Erlbaum Associates, pp. 49-72.
Tversky, A. & Kahneman, D.(1981) : The framing of decisions and the psychology of choice. *Science,* **211**, 453-458.
Tversky, A. & Shafir, E.(1992) : The disjunction effect in choice under uncertainty. *Psychological Science,* **3**, 305-309.
Wallas, G.(1926) : The art of thought. Cape.
Wang, X. T.(1996) : Domain-specific rationality in human choices: Violations of utility axioms and social contexts. *Cognition,* **60**, 31-63.
Wason, P. C.(1966). Reasoning. In B. M. Foss(Ed.), New horizons in psychology. Penguin Books, pp. 135-151.

第8章
Beach, K. D.(1988) : The role of external mnemonic symbols in acquiring an occupation. In M. M. Gruneberg, P. E. Morris & R. N. Sykes(Eds.), Practical aspects of memory: Current research and issues, vol. 1, Wiley, pp. 342-346.
Burr, V.(1995) : An introduction to social constuctionism. Routledge. 田中一彦(訳)：社会的構築主義への招待——言説分析とは何か，川島書店，1997.
Clark, A. & Toribio, J.(1994) : Doing without representing? *Synthese,* **101**, 401-431. 金杉武司(訳)：表象なしでやれるのか？　門脇俊介・信原幸弘(編)：ハイデガーと認知科学，産業図書，2002, pp. 205-251.
Cosmides, L.(1989) : The logic of social exchange: Has natural selection shaped how humans reason? Studies with the Wason selection task. *Cognition,* **31**, 187-276.
Cosmides, L. & Tooby, J.(1992) : Cognitive adaptations for social exchange. In J. H. Barkow, L. Cosmides, & J. Tooby(Eds.), The adapted mind: Evolutionary psychology and the generation of culture. Oxford University Press, pp. 163-228.
Darwin, C.(1859) : On the origin of species by means of natural selection or the preservation of favoured races in the struggle for life. John Murray. 八杉龍一(訳)：種の起源，岩波書店(岩波文庫)，1990.
土居健郎(1971)：「甘え」の構造，弘文社．
遠藤利彦(1996)：喜怒哀楽の起源——情動の進化論・文化論，岩波書店．
遠藤利彦(2007)：感情の機能を探る，藤田和生(編)：感情科学，京都大学学術出版会，pp. 3-34.
Frank, R. H.(1988) : Passions within reason: The strategic role of the emotions. W. W. Norton. 山岸俊男(監訳)：オデッセウスの鎖——適応プログラミングとしての感情，サイエンス社，1995.

Gibson, J. J. (1979) : The ecological approach to visual perception. Houghton Mifflin. 古崎敬・古崎愛子・辻敬一郎・村瀬旻(訳)：生態学的視覚論——ヒトの知覚世界を探る, サイエンス社, 1985.
Goleman, D. (1995) : Emotional intelligence. Bantam Books. 土屋京子(訳)：EQ——こころの知能指数, 講談社, 1996.
Hutchins, E. (1990) : The technology of team navigation. In J. Galegher, R. E. Kraut, & C. Egido(Eds.), Intellectual teamwork: Social and technological foundations of cooperative work. Lawrence Erlbaum Associates, pp. 190-220. 宮田義郎(訳)：チーム航行のテクノロジー, 安西祐一郎・石崎俊・大津由紀夫・波多野誼余夫・溝口文雄(編)：認知科学ハンドブック, 共立出版, 1992, pp. 21-35.
Izard, C. E. (1997) : Emotions and facial expressions: A perspective from differential emotions theory. In J. A. Russell, & J. M. Fernández-Dols(Eds.), The psychology of facial expression. Cambridge University Press, pp. 57-77.
Lave, J. (1988) : Cognition in practice: Mind, mathematics and culture in everyday life. Cambridge University Press. 無藤隆・山下清美・中野茂・中村美代子(訳)：日常生活の認知行動——ひとは日常生活でどう計算し, 実践するか, 新曜社, 1995.
Lave, J. & Wenger, E. (1991) : Situated learning : Legitimate peripheral participation. Cambride University Press. 佐伯胖(訳)：状況に埋め込まれた学習——正統的周辺参加, 産業図書, 1993.
Lutz, C. (1986). The domain of emotion words of Ifaluk. In R. Harré(Ed.), The social consruction of emotions. Blackwell, pp. 267-288.
Mealey, L., Daood, C., & Krage, M. (1996) : Enhanced memory for faces of cheaters. *Ethology and Sociobiology*, **17**, 119-128.
宮田義郎(1996)：コネクションとしての学習, 波多野誼余夫(編)：認知心理学5　学習と発達, 東京大学出版会, pp. 87-117.
信原幸弘(2000)：考える脳・考えない脳——心と知識の哲学, 講談社(講談社現代新書).
Oatley, K. & Jenkins, J. M. (1996) : Understanding emotions. Blackwell.
Oda, R. (1997) : Biased face recognition in the prisoner's dilemma game. *Evolution and Human Behavior*, **18**, 309-315.
Rumelhart, D. E., McClelland, J. L., & the PDP research group(1986) : Parallel distributed processing: Explorations in the microstructure of cognition. MIT Press. 甘利俊一(監訳)：PDPモデル——認知科学とニューロン回路網の探索, 産業図書, 1989.
Searle, J. R. (1984) : Minds, brains, and science. BBC. 土屋俊(訳)：心・脳・科学, 岩波書店, 2005.
Turing, A. M. (1950) : Computing machinery and intelligence. *Mind*, **59**, 433-460. 坂元百大(監訳)：マインズ・アイ——コンピュータ時代の「心」と「私」(上), ティビーエス・ブリタニカ, 1984, pp. 70-94.
都築誉史・河原哲雄・楠見孝(2002). 高次認知過程に関するコネクショニストモデルの動向, 心理学研究, **72**, 541-555.
上野千鶴子(編)(2001)：構築主義とは何か, 勁草書房.
上野直樹(1991)：状況的認知, 日本児童研究所(編)：児童心理学の進歩(1991年版), **30**, 金子書房, pp. 282-315.
上野直樹(1999)：仕事の中での学習——状況論的アプローチ, 東京大学出版会.

索　引

英　字

fMRI（機能的磁気共鳴断層撮影法）　9
GPS（一般問題解決）　182
MEG（脳磁図）　9
NIRS（近赤外線分光法）　9
PET（陽電子断層撮影法）　9
PTSD（外傷後ストレス障害）　110
SCR（皮膚伝導反応）　22
TMS（経頭蓋磁気刺激法）　10

ア　行

アイデンティティ　104
アナロジー　186
アハ体験　180
アルゴリズム　182
暗黙知　143
閾下単純接触効果　32
意識　38
意思決定　203
維持リハーサル　79
一次課題　42
一般的な出来事　107
一般問題解決（GPS）　182
偽りの記憶　111, 112
意図的注意　50
意味解析　161
意味記憶　100, 101
意味的処理　85
意味的プライミング　56
意味ネットワークモデル　133
イメージ　141
イメージ化　89
ウェイソンの選択課題　196
ウェルニッケ失語　152
ウェルニッケ野　8
運動性失語　152
エスノグラフィ　10
エピソード記憶　100
エピソードバッファ　82
演繹的推論　192
オペレータ　178
音位転換　172
音韻的符号化　170
音韻ループ　81
音素　155

カ　行

ガーデンパス文　160
ガーデンパス理論　160
外傷後ストレス障害（PTSD）　110
回想的記憶　116
回転盤追跡　119
概念化　169
海馬　80
回復された記憶　113
回復された記憶・偽りの記憶論争　113
下位目標　178
会話の公準　173
確証バイアス　198
覚醒　16
カクテルパーティ現象　38
家族的類似性　128
活性化　135
活性化拡散モデル　135
カテゴリ　126
カテゴリ化　126

感覚記憶　43
感覚性失語　152
感覚登録機　43
眼球運動　47
干渉　63, 73
感情　11
感情混入モデル　97
感情状態　32
感情ストループ効果　65
感情特性　32
感情プライミング効果　58
関連性理論　174
記憶痕跡　72
記憶術　89
記憶範囲　75
記憶負荷　83
基準比率　202
基礎レベル　132
技能　119
機能的固着　185
機能的磁気共鳴断層撮影法(fMRI)　9
帰納的推論　192, 199
気分　16
気分一致効果　96
気分状態依存効果　95
基本情動　17
記銘　68
逆唱　72
逆向干渉　73
逆向健忘　79
逆向抑制　73
鏡映描写　119
共感覚　91
凝視　48
恐怖症　65
近赤外線分光法(NIRS)　9
空間的手がかり　47
啓示期　189
形態素　155

経頭蓋磁気刺激法(TMS)　10
系列位置曲線　77
系列位置効果　78
系列再生　75
結合探索　46
言語産出　152
言語相対性仮説　154
言語理解　152
顕在記憶　118
検索　68
検証期　189
減衰　72
健忘症　79
語彙　155
語彙決定　56
後期選択モデル　41
構築主義　222
行動　3
行動主義　3
コード化　76
構文法　159
効用　204
心の理論　174
誤差逆伝播法　217
個人差にもとづく比較　34
コネクショニスト　214
コネクショニズム　214
コネクション　214
語用論　173
コンストラクショニスト理論　162
コンピュータ・シミュレーション　6

サ 行

再学習　70
再構成　114
再構成的想起　111
再生　70
再認　70
サヴァン症候群　90

作業記憶　81
作動記憶　81
サピア-ウォーフ仮説　154
サブリミナル　32
サブリミナル効果　58
参照点　206
三段論法　192
ジェームズ-ランゲ説　26
自我　105
自覚　54
視覚探索　45
色聴　91
視空間的記銘メモ　82
刺激　3
思考　178
試行錯誤　180
自己思惟的意識　100
事後情報　117
視床　110
自然淘汰　223
実験　5
実験的誘導法　33
失語症　152
実用論的推論スキーマ　199
自伝の記憶　103
自動化　60
自動的処理　60
自動的注意　50
社会構築主義　222
自由再生　77
従属変数　6
熟達化　62
手段・目的分析　183
腫瘍問題　186
順向干渉　73
順向抑制　73
準備期　189
状況の認知　219
状況モデル　163

条件づけ　3
情動　16
情動的知性　227
情報処理　4
情報処理モデル　181
初期状態　178
初期選択モデル　39
初頭性効果　78
処理水準　85
自律神経系　21
事例　126
事例モデル　130
進化　223
進化心理学　223
親近性効果　78
神経回路網　214
神経科学　10
神経心理学　7
人工知能　10
人生の時期　107
心的回転　142
心的辞書　155
心的走査　142
心的努力　41
推論　162, 192
スキーマ　137
スクリプト　138
ストループ効果　63
ストレス　29
スプーナリズム　172
制御的処理　60
精査型処理　191
生態学的妥当性　12
精緻化　87
精緻化リハーサル　79
制約依存モデル　161
前向健忘　80
潜在記憶　118
全体報告法　43

前頭前野　110
前頭葉眼窩部　210
想起　68
相互活性化モデル　157
創造性　189
創造的思考　189
属性　126
側頭葉　80
ソマティックマーカー　210

タ行

対応づけ　186
体制化　88
態度　12
代表性ヒューリスティックス　201
短期記憶　74
短期貯蔵庫　75
単語完成　120
単語認知　155
単語優位効果　155
単純接触効果　31
知覚的負荷理論　42
逐語情報　163
知識　76
チャンク　75
注意　38
注意資源　41
中央実行系　82, 83
中国語の部屋　218
チューリングテスト　218
長期記憶　75
長期貯蔵庫　75
貯蔵　68
直観像　90
追唱　38
定義的属性　127
定義的特徴　127
定式化　169
ディストラクタ　71

適応　13
出来事の細部　107, 108
テキスト　162
テキストベース　163
デフォルト値　138
典型性　127
典型性効果　128
展望的記憶　115
統計学　6
統語解析　159
洞察　180
統制　49
頭頂葉　148
特徴探索　46
特徴統合理論　47
独立変数　6
トラウマ記憶　110

ナ行

内観　3
内言　82
二次課題　42
二重課題　42
二重貯蔵庫モデル　75
2本の紐問題　180
2要因理論　26
認知　2
認知科学　10
認知心理学　4
認知的経済性　134
認知療法　31
ネットワーク説　95
脳磁図（MEG）　9
ノード　133
脳波　8
喉まで出かかる現象　170, 171

ハ行

バイリンガル　154

白昼夢　178
場所づけ法　90
橋渡し推論　162
発話エラー　170, 172
ハノイの塔問題　179
半側空間無視　50
反応　3
反応選択モデル　41
反復プライミング　120
光トポグラフィ　9
非注意による見落とし　51
皮膚伝導反応(SCR)　22
ヒューリスティック型処理　191
ヒューリスティックス　182, 183
評価　29
表情　17
表層形式　163
表層表象　163
フィルターモデル　39
孵化期　189
符号化　68
符号化特定性原理　94
部分報告法　44
プライミング効果　56
ブラウン-ピーターソン課題　72
フラッシュバルブ記憶　109
フレーミング　204
フレーミング効果　205
ブローカ失語　152
ブローカ野　7
プロスペクト理論　205
プロトタイプモデル　129
雰囲気効果　193
分散認知　219
分散表象　215
文法的符号化　169
文脈　93
文脈依存効果　94
ベイズ統計学　202

並列処理　215
並列分散処理　214
変化による見落とし　52
扁桃核　23, 110
忘却　69
忘却曲線　70
放射線問題　186
保持　68
ホモンクルス　143
本質主義　222

マ 行

マッチングバイアス　198
民族誌学　10
無意味綴り　69
明確に定義されていない問題　179
命題　138
命題表象　163
メタ記憶　116
メンタルモデル　163, 194
目撃記憶　116
目撃証言　116
目的　178
目標　178
目標状態　178
文字認知　155
モジュール　5
問題　178
問題解決　178
問題空間　182
問題箱　180

ヤ 行

誘導探索　47
要塞問題　186
幼児期健忘　105
要旨情報　163
陽電子断層撮影法(PET)　9
容量モデル　41

予期的推論　162, 163
抑圧　105
抑圧された記憶　113
抑制　64, 157
よく定義された問題　179
読み書き障害　152

ラ　行

リアリティモニタリング　115
リーディングスパンテスト　84
リスク回避的　206
リスク志向的　206
リスト　69
リハーサル　70
利用可能性ヒューリスティックス　200
両耳分離聴取　38
理論ベースモデル　131
リンク　134
類推　186
例示化　138
レキシム　170
レミニッセンス・バンプ　104
練習　60
連想的プライミング　56
レンマ　170
ロウソク問題　184
ロゴジェン　156
ロゴジェンモデル　156
論用語　173
論理療法　31

ワ　行

ワーキングメモリ　81
ワーキングメモリ容量　84

高橋雅延

京都教育大学教育学部教育学科卒業,教育学博士.
聖心女子大学教授.
著書として『記憶における符号化方略の研究』(北大路書房),
編著書として『感情と心理学——発達・生理・認知・社会・臨床の接点と新展開』(北大路書房),共著書として『日常認知の心理学』(北大路書房),『視覚シンボルの心理学』(ブレーン出版),『感情心理学』(朝倉書店),共訳書として『子どもの記憶』(サイエンス社)などがある.

心理学入門コース 2
認知と感情の心理学

2008 年 12 月 17 日　第 1 刷発行
2018 年 12 月 5 日　第 2 刷発行

著　者　　高橋雅延
発行者　　岡本　厚
発行所　　株式会社　岩波書店
　　　　　〒101-8002 東京都千代田区一ツ橋 2-5-5
　　　　　電話案内 03-5210-4000
　　　　　http://www.iwanami.co.jp/

印刷・三秀舎　カバー・半七印刷　製本・松岳社

© Masanobu Takahashi 2008
ISBN 978-4-00-028112-6　　Printed in Japan

時代の要請に応える，新しい心理学テキストの決定版
心理学入門コース
全7巻

心理学は，社会学や教育学から脳科学や情報科学にいたるまで，さまざまな周辺諸科学との学際的な連携を深め，多方向に進展をみせている．また，現実社会で起きている多様な「心の問題」に対して，具体的で有効な解決策を提示しはじめている．「実際に使える応用の学」を意識した，自学自習にも使える入門的テキスト．

A5判，上製カバー

*1 **知覚と感性の心理学** ……… 244頁　本体2900円
　　三浦佳世

*2 **認知と感情の心理学** ……… 264頁　本体2700円
　　高橋雅延

*3 **学校教育と学習の心理学** …… 278頁　本体2700円
　　秋田喜代美・坂本篤史

4 **発達と加齢の心理学**
　　遠藤利彦

*5 **社会と人間関係の心理学** …… 256頁　本体2500円
　　松井　豊・上瀬由美子

*6 **臨床と性格の心理学** ……… 202頁　本体2600円
　　丹野義彦・坂本真士・石垣琢磨

*7 **脳科学と心の進化** ………… 256頁　本体2600円
　　渡辺　茂・小嶋祥三

*既刊（2018年12月現在）

―――― 岩波書店刊 ――――
定価は表示価格に消費税が加算されます
2018年12月現在